KB162464

CEO의 편지

CEO의 편지

초판 1쇄 인쇄 | 2015년 11월 25일
초판 1쇄 발행 | 2015년 12월 1일

지은이 | 양은우
펴낸곳 | 함께북스
펴낸이 | 조완욱

등록번호 | 제1-1115호
주소 | 412-230 경기도 고양시 덕양구 행주내동 735-9
전화 | 031-979-6566~7
팩스 | 031-979-6568
이메일 | harmkke@hanmail.net

ISBN 978-89-7504-641-4 03320

무단 복제와 무단 전재를 금합니다.
잘못된 책은 바꾸어 드립니다.

이 도서의 국립중앙도서관 출판예정도서목록(CIP)은 서지정보유통지원시스템 홈페이지(http://seoji.
nl.go.kr)와 국가자료공동목록시스템(http://www.nl.go.kr/kolisnet)에서 이용하실 수 있습니다.(CIP제어
번호: CIP2015031915)

경영자의 입장에서 사원들에게 해주고 싶은 이야기

CEO의 편지

양은우 지음

하께
BOOKS

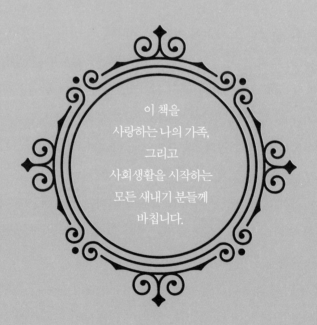

이 책을
사랑하는 나의 가족,
그리고
사회생활을 시작하는
모든 새내기 분들께
바칩니다.

대학을 졸업하고 사회에 첫발을 내디딘 지 벌써 25년이라는 시간이 지났다. 그리고 어느 사이엔가 직장생활에 종지부를 찍게 되었다. 겉으로 보기에 나의 직장생활은 전반적으로 순탄한 편이었지만 그 안에는 기쁨과 즐거움, 슬픔과 노여움, 영광과 좌절의 시간들이 실타래처럼 복잡하게 엉켜 있다. 때로는 그 실타래를 잘 풀어나가기도 했지만 때로는 매듭을 풀지 못해 힘들어했던 순간들도 많았다. 누구나 지나간 시간에 대해서는 만족하기 힘든 법이지만 돌이켜보면 나의 직장생활 역시 만족스러운 순간보다는 보다 잘 할 수 있지 않았을까 하는 후회가 남는 순간이 더 많은 듯하다.

지금 와서 되돌아보면 직장생활을 하는 동안 누군가 옆에서 조언을 해주고 힘이 되어 줄 수 있는 사람이 있었다면 나의 직장생활이 지금의 모습과는 달라질 수 있지 않았을까 하는 생각이 든다.

내가 나태해졌을 때 따끔하게 혼내주고, 자만할 때 부족한 면을 일깨워주고, 원칙 없이 편의만 쫓으려고 할 때 직장생활의 진정한 의미를 깨닫게 해주고, 주위 사람들과의 인간적인 갈등에 시달릴 때 인간관계의 지혜를 깨우쳐 줄 수 있는 멘토가 있었다면 지금과 전혀 다른 곳에 서 있을 수도 있지 않았을까?

어쩌면 그것이 내 스스로의 부족함에 대한 핑계처럼 들릴 수도 있겠지만 뒤늦은 후회를 최소화할 수 있는 구실은 될 수 있지 않을까 여겨진다.

이 책은 그러한 나의 뒤늦은 후회를 기반으로 앞으로 기나긴 시간 동안 직장생활을 해야 하는 젊은 후배들이 같은 후회를 반복하지 않길 바라는 마음으로 집필하게 되었다.

직장생활이라는 길은 초기에는 순탄하고 넓지만 갈수록 폭이 좁아지고 낭떠러지가 나타나는 험난한 여정이라 할 수 있다. 그래서 정신을 바짝 차리고 걷지 않으면 어느 순간엔가는 길 주위로 밀려나고 사람들에 떠밀려 낭떠러지 밑으로 떨어질 수도 있다. 하지만 비록 낭떠러지로 둘러싸여 있고 언제 떨어질지 몰라 불안한 마음이 드는 좁은 길일지라도 스스로 어떤 마음가짐을 가지고 어떻게 노력하느냐에 따라 도착지점에 차이가 날 수 있다.

그래서 사회생활을 시작한 지 얼마 되지 않은 젊은이들에게 앞서 그 길을 지나온 선배로서 그 노하우를 전할 수 있다면 그 길을 반드시 걸어야만 될 후배들의 입장에서는 조금이나마 그 길을 걷는 것이 위안이 되지 않을까 하는 마음에 펜을 들게 되었다.

그러한 나의 깨달음에 주위에서 본 동료와 상사들의 요구, 주위 사람들과의 인터뷰를 통해 사회생활을 새롭게 시작하는 직장인들에게 들려주고 싶은 이야기들을 덧붙였다.

오랜 시간의 경험을 통해 직장생활의 노하우가 쌓이고, 회사를 이끌어가는 리더의 입장에 있는 사람들이 생각하고 있는 것들을 전달할 수 있다면, 직장생활을 새롭게 시작하는 사람들에게는 직장생활에서 길을 잃지 않을 수 있는 나침반과 같은 지침이 될 수 있으리라.

필자가 직장생활을 하면서 뒤늦게 '아차' 하며 깨달았던 문제들, 미리 알았더라면 큰 힘이 되었을 수 있겠다고 생각했던 문제들, 그리고 리더와 경영자들이 사회생활 경험이 적은 후배직원들에게 해주고 싶은 이야기들을 담아냄으로써 이 책이 새롭게 출발하는 직장인들에게 미약하나마 멘토 역할을 해주길 바라는 심정이다.

나의 욕심으로는 이 책을 사회생활을 하는 동안 반복해서 읽어봤으면 좋겠다는 생각이 든다. 마치 생텍쥐페리가 쓴 쓴 『어린왕자』가 읽는 시기에 따라 마음에 와 닿는 느낌이 달라지는 것처럼 이 책 역시 사회생활을 처음 시작할 때, 5년쯤 지난 후에, 그리고 또다시 5년이 지난 후에 이 책을 다시 읽어보면 가슴에 와 닿는 것이 다를 수도 있다. 시간이 지날수록 직장에 첫발을 내디딜 때의 마음가짐은 점차 희석될 것이고 어느 순간엔가는 그 초심을 완전히 잃어버릴 수도 있을 것이다. 반면에 직장생활에 대한 자신만의 철학이 자리 잡았을 수 있다.

이 책을 읽으면서 흐트러진 초심을 다잡고 성공적인 직장생활에 대한 마음가짐을 되새겨볼 수 있다면 기쁨이겠다.

부디 이 책이 좋은 멘토 역할을 해줄 수 있길 기원하는 바이다.

| 입사 1주차 |
직장 생활의 비전과 목표

|입사 4주차|
성공적인 직장 생활을 위한 자기 계발

입사1주차

직장 생활의 비전과 목표

처음처럼,
오늘 그 마음 그대로

공기는 더할 나위 없이 상쾌했지만, 날씨는 꽤 쌀쌀한 편이었다. 2월 말이고 봄이 멀지 않았음에도 불구하고 막바지 추위가 끈질기게 따라붙고 있었다. 적어도 영하 4, 5도 정도는 될 듯싶었다. 지하철역에서 회사까지 걸어가는 동안 코끝이 붉게 달아올랐고, 양쪽 귀는 얼어붙어 따가운 느낌마저 들었다. 코트와 가죽장갑으로 감싼 몸은 추위를 그다지 느끼지 못했지만 차가운 공기에 그대로 드러난 얼굴은 추위를 피해갈 수 없었다. 앞으로 맞닥뜨리게 될 사회생활이 이렇게 매서울 것이라고 예고하는 것은 아닐지 우석은 걱정이 되었다. 넥타이를 지나치게 바짝 조여 맨 탓인지 목이 답답하다는 생각이 들었다. 꽉

조인 매듭을 돌려 티 나지 않도록 살짝 느슨하게 만들자 숨쉬기가 훨씬 가벼워졌다.

회사 출입문을 들어서기에 앞서 우석은 흠흠 하며 목청을 가다듬었다. 긴장하지 않으려고 노력했지만 그럴수록 더욱 온몸이 조여오는 듯한 느낌이었다.

오늘은 2주간의 신입 사원 연수를 마치고 처음으로 자신이 배치받은 부서로 출근하는 날이었다. 이미 연수원에서 교육을 받기 시작한 날로부터 사회생활이 시작되긴 하였지만, 실질적으로 사회에 발을 들여놓는 날은 오늘이나 다름없었다.

드디어 회사 현관을 지나 사무실 문 앞에 도착했다. 떨리는 가슴을 진정시키기 위해 우석은 심호흡을 깊게 한 후 힘차게 사무실 문을 열고 들어섰다.

"안녕하십니까? 신입 사원 최우석입니다."

사무실에 들어서기 무섭게 우석은 90도로 허리를 숙이며 큰 소리로 사람들에게 인사를 건넸다. 조용한 사무실에 우석의 목소리가 쩌렁쩌렁 울려 퍼졌다. 사람들의 시선이 일시에 우석에게로 쏠렸다. 우석의 얼굴이 금세 노을처럼 붉게 물들었다. 잠깐 어색한 침묵이 흘렀다. 어디선가 '쿡'하는 웃음소리도 들리는 것 같았다. '아, 괜한 짓을 했나?' 하며 민망함에 몸 둘 바를 모르던 순간, 사무실 가장 안쪽 자리에서 중년의 남자가 우석에게로 다가왔다. 웨이브가 진 짙은 머리숱에 얇은 금속테가 둘러진 안경을 쓴 지적인 모습의 사내였다.

"어서 와요. 앞으로 같이 일하게 될 전략팀장 홍기훈입니다. 환영합니다."

그러자 여기저기에서 환영한다는 인사말들이 터져 나왔다. 박수 소리도 들렸다.

"자, 우선 인사부터 나누죠. 따라오세요."

신입 사원 연수가 끝나고 희망 부서를 지원하는 자리에서 우석은 면접위원들에게 전략기획팀에서 일하고 싶다는 의견을 피력하였고 그 의견이 받아들여져 전략기획팀으로 배치받게 된 것이다.

홍기훈 팀장의 첫인상은 부드럽고 지적이면서도 어딘가 까다롭고 만만치 않을 것 같다는 느낌이 들었다. 그의 안내로 우석은 사무실 직원들과 인사를 나눈 후 자신의 자리로 안내되었다.

"오늘부터 일주일 동안은 OJT가 있습니다. 각 부서별로 돌아가면서 업무소개가 있을 텐데 오늘과 내일은 인사, 총무 등 다른 부서의 OJT가 있을 예정이고, 우리 부서 OJT는 수요일부터 시작될 겁니다. 잠시 후 9시부터 시작되니까 긴장 풀고 잠시 자리에 앉아 기다리세요. 그리고 오늘 저녁에는 최우석 씨 환영회가 있어요. 약속 없죠?"

"네. 없습니다."

홍기훈 팀장은 우석을 자리에 안내한 후 자신의 자리로 돌아갔다. 후하고 짧은 안도의 한숨이 우석의 입에서 터져 나왔다. 우석의 자리는 전략기획팀의 맨 마지막 줄에 있었다. 이곳이 이제 앞으로 자신의 역량을 펼쳐 나갈 꿈의 공간이라는 생각이 들어 가슴이 벅차올랐다. 긴장이 살짝 누그러지자 깔끔하게 정돈된 책상이 눈에 들어왔다. 갓

포장을 푼 듯 보호필름이 떨어지지 않은 LCD 모니터와 회사 로고와 이름이 금색으로 선명하게 찍힌 갈색의 업무 수첩, 그리고 각종 필기구 및 포스트잇, 계산기 등 사무용품들이 책상 위에 가지런히 정돈되어 있었다. 그 옆으로 일주일 동안의 OJT 계획서가 놓여 있었다. PC의 전원을 켜고 잠시 앉아 OJT 계획서를 살펴보는 사이 누군가 우석의 곁으로 다가왔다.

"안녕하세요. IT를 담당하고 있는 이현준입니다. 인트라넷에 접속하려면 우선 아이디와 비밀번호가 필요한데요, 여기 인트라넷 아이콘을 누르고 들어간 후에 상단에 있는 등록 버튼을 누르고 원하는 아이디와 비밀번호를 등록하세요. 그리고 아이디는 저한테 통보해 주시고요."

IT 담당자의 설명에 따라 우석은 인트라넷에 접속한 후 등록 버튼을 눌렀다. 사용하고 싶은 아이디와 비밀번호를 등록하라는 메시지 창이 떴다. 우석은 학생 때부터 쓰던 아이디를 계속 쓸까 하다가 이젠 학생의 티를 벗고 본격적으로 사회생활을 시작한다는 의미에서 새로운 아이디를 만들기로 하였다.

잠시 고민하다가 우석은 '최고가 되어 보자.'라는 생각으로 'forthebest'라고 정하였다. 다행히도 그 아이디를 쓰는 직원은 없었다.

인트라넷에는 회사의 각종 뉴스와 정보들이 가득 담겨 있었다. 오늘 생일을 맞은 사람들의 정보도 알아볼 수 있었고, 지방 사업장의 소식도 알아볼 수 있었다.

OJT는 쉴 새 없이 진행되었다. 오전에는 총무팀에서 회사 생활에 대한 전반적인 설명이 있었고, 인사팀에서는 각종 인사규정과 연봉제, 교육체계 등에 대한 안내가 있었다.

처음 사회에 발을 내딛는 우석에게는 용어부터 모든 것들이 낯설기만 했다. 때로는 알아듣지 못하는 말이나 이해가 되지 않는 부분도 있었지만 티를 내지 않기 위해 쉴 새 없이 고개를 끄덕였다. 한편으로는 자신도 이제 전문가의 길을 걸을 수 있다는 것에 가벼운 흥분이 느껴지기도 했다. 어느새 오전 시간이 마무리되고 있었다.

"자, 오전 OJT는 여기까지 하죠. 점심시간은 12시부터 1시까지입니다. 점심 식사 후 오후에 이 자리로 다시 오면 됩니다."

안내를 맡은 인사팀의 김영아 대리가 말했다. 오전 OJT를 마치고 자리에 돌아오자 점심시간까지 20여 분 정도 시간이 남아 있었다. 우석은 다시 인트라넷에 접속했다. 그 사이에 몇 가지 메일이 도착해 있었다. 대부분은 인사팀에서 보낸 공지사항이나 필요한 서류를 요구하는 내용이었지만 그중 눈에 띄는 메일이 하나 있었다. 보낸 사람의 이름이 대표이사 명의로 되어 있었고. 메일의 제목은 '신입 사원에게 드리는 CEO의 편지'였다.

대표이사의 얼굴은 연수원에서 교육을 받으며 먼발치에서 본 적이 있었다. 우석은 메일을 클릭했다. 팝업창이 열리면서 메일 내용이 떴다.

안녕하세요, 신입 사원 여러분.

대표이사를 맡고 있는 조원석입니다. 여러분의 입사를 축하합니다. 연수원에서 만나기는 했지만 이렇게 메일로 다시 만나게 되어 무척 반갑습니다. 여기저기 사업장이 분산되어 있는 관계로 일일이 인사 나누지 못하고 메일로 대신하게 되었습니다. 아마도 제 메일이 여러분들이 회사에서 받은 첫 메일일 텐데, 사무실에 출근한 첫날 대표이사의 메일을 받아보니 기분이 괜찮죠?

저는 올해로 회사 생활이 30년을 조금 넘어가고 있습니다. 스물일곱 살의 나이에 직장 생활을 시작했는데 30년의 세월이 눈 깜짝할 사이에 지나가 버렸네요.

지금 여러분은 사회에 첫발을 내디디면서 새로운 삶을 시작한다는 기대와 두려움이 교차할 것이라 생각됩니다. 30년 전의 저 역시 마찬가지였습니다. 그때는 지금처럼 인터넷이 발달한 시대가 아니다 보니 간접적으로나마 사회생활을 경험해 볼 기회가 없었습니다. 요즘처럼 자유로운 분위기도 아니었고 직장 내의 위계질서도 상당히 엄격한 편이었습니다. 그래서 출근 첫날부터 바짝 긴장해서 실수도 참 많이 했던 것 같습니다.

그 당시만 해도 모든 문서를 손으로 직접 작성했는데 거의 완성이 다 된 보고서에 커피를 쏟아 못쓰게 만든 적도 있었습니다. 이후로도 한동안 실수도 잦고 사고도 많이 치는 바람에 한때는 고문관 소리를 들을 정도였습니다.

그렇게 어수룩하게 시작했던 직장 생활이 벌써 30년을 넘기고 있네요. 운이 좋아 이렇게 대표이사 자리에까지 오르게 되었지만 사실 지금의 자리에까지 오는 것이 그리 순탄하지만은 않았습니다.

저의 지나온 삶을 되돌아볼 때 성공의 순간도 많았지만, 시행착오의 순간들도 참 많았습니다. 기쁘고 즐거운 시간도 있었지만, 슬프고 힘든 시간도 있었습니다. 세상을 다 얻은 것처럼 행복한 순간도 있었지만, 내 자신이 무능한 사람이라는 좌절감에 사로잡혀 보낸 시간도 있었습니다. 남들보다 빨리 승승장구하여 높은 직급에 올랐을 때는 마치 내가 이 세상에 최고인 양 자만하기도 하였지만, 어느 순간에는 회사를 그만두어야 하느냐 하는 고민 때문에 며칠 밤을 잠 못 들기도 하였습니다.

그렇게 수많은 부침(浮沈)이 있었지만 저는 결국 이 자리에까지 오게 되었습니다. 저는 참 운이 좋고 행복한 사람이라고 여겨지는데 제가 힘들고 어려울 때마다, 좌절하고 낙담할 때마다, 그리고 용기를 잃고 비틀거릴 때마다 제 옆에는 저를 격려하며 일으켜 세워준 분들이 계셨습니다. 그분들이 아니었다면 제가 이 자리까지 오지 못했을 것입니다. 그분들은 절망을 희망으로, 고통을 환희로, 슬픔을 기쁨으로, 포기를 도전으로 바꿔주신 분들입니다. 반면에 주위를 둘러보면 정말 어렵고 힘든 순간을 이겨내지 못해서 회사를 자의 반 타의 반으로 떠나는 분들도 많이 봤습니다.

이러한 제 경험들은 제게 특별한 사명을 부여하였습니다. 제가 주위분들을 통해 어려운 순간들을 극복해 낼 수 있는 힘을 얻었듯이 저 역시 후배들에게 어렵고 힘든 순간들을 슬기롭게 극복해 낼 수 있는 힘을 주는 사람이 되어야 한다는 것입니다.

지금도 저는 저의 생각이 늘 옳다고 생각하지는 않지만, 적어도 여러분보다 인생을 앞서 살아온 사람으로서, 그리고 더 많은 경험을 가진 사람으로서 후배들을 이끌어 준다면 여러분들이 앞으로 직장 생활을 해나가는 데 도움이 될 수 있지 않을까 생각합니다.

이제부터 4주간에 걸쳐 매일 아침 여러분들은 제가 보낸 메일을 받게 될 겁니다. 그 메일에는 그동안 제가 회사 생활을 하면서 겪은 경험을 바탕으로 성공적인 직장인이 될 수 있도록 이끌어 줄 수 있는 조언들이 담겨 있을 겁니다. 여러분들이 모두 잘되길 바라는 마음으로 진심 어린 이야기들을 나누고자 하오니 잘 읽어보고 조금이나마 여러분의 사회생활에 도움이 되었으면 합니다.

오늘은 간단히 한 가지만 말씀드리겠습니다. 여러분들은 직장 생활을 시작하며 무엇이든 열심히 최선을 다하며 최고가 되겠다고 각오를 다졌으리라 생각합니다. 회사의 발전에 중추적인 역할을 하는 사람이 되겠으며, 나로 인해 회사가 더욱 성장할 수 있도록 만들겠다는 각오가 되어 있을 겁니다.

여러분, 그 마음 변치 말기 바랍니다. 여러분들이 지금 하고 있는 생각이 사회생활을 시작하는 여러분들의 초심(初心)입니다.

초심은 늘 숭고하고 아름답습니다. 누구나 초심을 잊지 않는다면 못할 일이 없을 겁니다. 하지만 시간이 지나면서 환경에 익숙해지고 타성에 젖어 매너리즘에 빠지기도 하고, 때로는 자존심 상해서 의욕이 상실되고, 때로는 실패하고 좌절하는 일을 겪다 보면 지금 가지고 있는 초심은 어느 사이엔가 눈이 녹듯 흔적도 없이 사라져 버릴지도 모릅니다. 생각하는 대로 사는 것이 아니라 사는 대로 생각하고 그것을 어쩔 수 없었다고 합리화시킬지도 모릅니다.

초심을 지킨다는 것은 참으로 어려운 일입니다. 살을 빼겠다는 사람이 처음 살을 빼기로 결심한 마음을 잊지 않는다면 머지않아 살을 뺄 수 있을 겁니다. 담배를 끊고자 결심한 사람이 처음 담배를 끊기로 한 결심을 잊지 않는다면 비록 힘들긴 해도 담배를 끊는 일이 어렵지 않을 겁니다. 아무리 자존심 상하고 어려운 일이 닥치더라도 내가 맡은 일에 최선을 다하겠다는 처음의 각오를 잊지 않는다면 여러분들은 어떠한 난관도 이겨내고 자신이 원하는 삶, 성공적인 인생을 보내게 될 것입니다.

그러나 초심을 잃지 않는다는 것은 결코 쉬운 일이 아닙니다. 중도에 좌절하고 포기하고 떠나는 것은 모두 초심을 잃고 그것을 기억하지 못하기 때문입니다.

여러분, 오늘의 마음가짐을 다시 한번 잘 되새겨 보고 그 마음을 잊지 않도록 노력하기 바랍니다. 그 마음을 액자에 담듯 여러분들의 가슴속에 잘 새겨서 잊혀지지 않도록 자주 들춰 보기 바랍니다.

여러분의 입사를 다시 한 번 환영합니다.

대표이사 조원석

메일을 다 읽었을 때 누군가 다가와 어깨를 쳤다.

"우석 씨, 밥 먹으러 갑시다."

우석은 메일을 닫고 선배의 뒤를 따라나섰다. 사장으로부터 받은 메일 내용이 우석의 가슴에 여운을 남겼다.

'처음처럼, 오늘 그 마음 그대로.'

직장 생활의
뚜렷한 목표를 세워라

간밤에 우석은 자신의 신입 사원 환영식에서 홍기훈 팀장을 비롯한 모든 선배 사원들이 돌아가며 술을 권하는 바람에 평소보다 많은 술을 마셨지만 이른 아침부터 눈이 번쩍 뜨였다. 회사에 늦으면 안 된다는 강박관념 때문인지 누가 깨우지 않았음에도 한 번에 자리를 박차고 일어나 회사로 향했다.

회사로 향하는 지하철에서 우석은 어제 사장의 편지를 곰곰이 되새겨 보았다.

'지금은 신입 사원이라 과음한 다음 날임에도 불구하고 이렇게 일찍 일어나서 출근하지만, 시간이 지나 어느 정도 직장 생활에 적응하고 난 후에도 이렇게 할 수 있을까? 대학에 처음 들어갔을 때도, 군대를 마치고 대학에 다시 복학했을 때도 처음에는 늘 각오가 대단했었지만 시간이 지나면서 그 마음들이 다 흐지부지되고 말았어.'

우석은 속으로 사장의 말대로 초심을 지킨다는 것이 쉬운 일만은 아니라는 생각이 들었다.

사무실에 도착하니 8시가 조금 넘은 시간이었고 아직 대다수는 출근 전이었다. 전날의 술로 인해 다들 평소보다 조금씩 늦는 것 같았다. 우석은 자판기에서 커피 한 잔을 뽑아 자리에 앉았다. 혹시나 하는 마음으로 인트라넷에 접속해 보니 대표이사가 보낸 메일이 도착해 있었다. 메일 발송 시간은 오전 7시 30분이었다.

'육십이 다 된 분이 오전 7시 반에 메일을 보냈다면 회사에는 도대체 몇 시에 나오시는 거야?'

우석은 혀를 내두르며 메일을 열었다.

신입 사원 여러분, 좋은 아침입니다. 아마도 어제는 배치받은 부서에 출근한 첫날이니 대부분 환영 모임을 가졌겠지요?

저도 출근 첫날 회식하던 때가 생각나네요. 그때는 신입 사원이라고 얼마나 술을 먹이던지 그만 정신을 잃고 말았는데 눈을 떠보니 회사 근처 여관이더군요. 첫 출근 날이 외박 날이 되고 말았던 기억이 납니다.

오늘은 여러분에게 직장 생활의 목표에 대해 말씀드릴까 합니다. 여러분들은 직장 생활을 시작하면서 다짐한 목표가 있습니까?

어떤 일을 할 것이며, 장기적으로 직장 생활을 통해 어떤 역량을 갖출 것인지, 직장에서 어떤 위치까지 오를 것이며 직장 생활을 통해 무엇을 얻을 것인지 명확한 지향점이 있습니까?

그래서 제 친구 이야기를 해 볼까 합니다. 고등학교 시절, 제게는 친한 친구 두 사람이 있었습니다. 실명을 거론하기는 그러하니 편의상 A와 B라고 지칭하도록 하겠습니다.

A와 B 두 친구는 모두 법대에 진학하는 것이 목표였습니다. 그런데 두 친구의 역량이 같지는 않았죠. A는 타고난 머리가 우수한 데다 공부도 열심히 하여 일류 대학 법학과에 어렵지 않게 입학했습니다. 하지만 B는 A만큼 좋은 머리를 타고나지는 않았습니다. 그럼에도 불구하고 B는 법대에 진학하겠다는 목표를 가지고 열심히 공부했습니다. 다행히도 원하는 대로 법과 대학에 진학하기는 했지만, 소위 말하는 삼류 대학이었습니다. 어쨌거나 두 친구는 목표한 대로 법과 대학에 진학하는 데는 성공했습니다.

하지만 두 친구의 운명은 법과 대학에 진학하면서부터 달라지기 시작했습니다. 뛰어난 머리 덕분에 일류 법과 대학에 입학한 A는 방심하기 시작했습니다. 법관이 되겠다는 막연한 꿈이 있기는 했지만, 언제 어떻게 시험을 볼 것이며 사법고시에 합격하기 위해 어떠한 노력을 할 것인지 등에 대해 구체적인 계획도 없이 연일 노는 데만 정신이 팔려 있었습니다. 모든 과정이 순조롭게 풀리자 자만심으로 인해 자신이 해야 할 모든 일들을 차일피일 미루게 된 것이죠.

반면 어렵게 삼류 대학의 법과 대학에 진학한 B는 자신이 부족하다는 사실을 알고 대학에 입학하는 순간부터 법관이 되기 위한 구체적인 목표와 계획을 세우고 그것을 달성하기 위해 노력했습니다.

결론은 여러분들도 예상할 수 있겠죠? A는 4학년이 되어서야 겨우 사법고시에 응시했지만 낙방하고 졸업 이후에도 몇 년인가 더 시험을 봤지만 모두 실패하여 결국 대기업의 법무팀에 입사하였습니다. 그 이후 평범한 직장인으로 생활하다가 이미 오래전에 은퇴하고 지금은 로스쿨 진학을 준비하는 학생들을 대상으로 학원을 운영하고 있습니다.

반면 B는 2학년 때부터 줄곧 시험에 응시하였고 4학년 졸업을 앞두고 사법고시에 합격하여 꿈에 그리던 법관이 되었습니다. 그뿐이 아닙니다. 사법연수원 시절부터 밤을 새워가며 노력한 끝에 동기들보다 가장 빨리 진급을 했고 지금은 이름만 들으면 알만한 성공한 법관이 되었습니다.

여러분, 두 사람의 차이가 무엇일까요? 타고난 머리의 차이일까요, 아니면 노력의 차이일까요?

저는 이 사례가 인생의 목표와 관련된 것이라고 생각합니다. A는 자신이 똑똑하고 그래서 조금만 노력하면 무엇이든 할 수 있을 것이라는 자만심 때문에 자기 인생에 대한 중·장기적인 목표가 없었습니다. 하지만 B는 자신의 부족함을 잘 알고 있었고 그래서 그 부족함을 채우기 위해 중·장기적인 목표를 세우고 그것을 달성하기 위해 부단히 노력하였습니다.

결국 A는 자신이 원했던 삶과 전혀 다른 삶을 살게 되었고, B는 자신이 원했던 삶을 살고 있습니다.

A는 자신의 삶이 원했던 미래 모습과 다르다 보니 삶에 만족감이나 행복을 느낄 수 없어 늘 불평불만이 가득했습니다. 지금도 만나면 자신의 신세를 한탄하는 바람에 거북한 경우가 종종 있습니다.

반면 B는 어린 시절 그렸던 미래의 모습이 그대로 이루어지자 삶이 즐겁고 행복하게 느껴진다고 합니다. 그래서 그 친구를 만나면 늘 즐겁습니다.

인생의 분명한 목표를 가졌느냐 그렇지 못하느냐의 여부가 삶의 질을 좌우할 수 있습니다. 개인의 삶에 있어서 달성하고자 하는 명확한 목표가 있는 것과 그렇지 못한 것 사이에는 분명한 차이가 있습니다. 명확한 목표가 있는 경우에는 그 목표를 달성하기 위해 모든 행동이 그것에 맞추어지게 되지만 그렇지 못한 경우에는 그저 하루하루 의미 없이 살아갈 뿐입니다.

인생의 목표는 삶의 장기적인 비전이며 광활한 바다를 온갖 비바람과 파도에 맞서 이겨내며 무사히 목적지에 도달할 수 있게 이끌어주는 항해 계획과 같습니다.

출발에 앞서 항로와 목적지가 분명하면 최단거리를 이용하여 안전하게 원하는 항구로 들어갈 수 있지만, 항로와 목적지가 분명하지 않으면 망망대해에서 정처 없이 떠다니다 표류할 수도 있습니다.

사람들을 만나다 보면 간혹 하루하루 최선을 다해 살아가는 것이 좌우명이라고 말하는 사람들을 볼 수 있습니다.

주어진 삶을 최선을 다해 산다는 것은 좋은 말이죠. 하지만 목표 없이 최선을 다하는 것은 무더운 여름날 허허벌판에 선풍기 한 대를 틀어 놓고 시원해지길 바라는 것과 다를 바 없다고 생각합니다. 에너지 낭비이고, 시간 낭비일 뿐이라는 것이죠.

잠시 일본 최고 부자라고 하는 소프트뱅크 손정의 회장의 사례를 들어보도록 하겠습니다.

손정의 회장의 경우 어린 시절 아버지의 사업 실패로 인해 무척 가난했다고 합니다. 하지만 그에게는 가난한 삶을 통해 '사업을 일구겠다.'는 큰 목표가 있었습니다. 그는 자신의 목표를 달성하기 위해서 열아홉 살 때 '인생 50년 계획'을 세웠답니다.

그 내용을 살펴보면 '반드시 20대에 사업을 일으키고 이름을 떨친다. 30대에 적어도 1천억 엔의 자금을 모은다. 40대에는 커다란 사업을 일으킨다. 50대에는 사업에서 큰 성공을 이룬다. 60대에는 다음 경영자에게 사업을 물려준다.'는 것인데 이를 이루기 위한 보다 구체적이고 세부적인 목표를 가지고 있었습니다.

손정의 회장은 분명한 목표가 있었기에 스스로 세운 목표를 달성하기 위해 밤낮을 가리지 않고 학업에 매달렸으며 17세에 미국으로 건너가 불과 7개월 만에 고등학교 2학년 편입, 3주 만에 고등학교 과정 수료, 대입 검정고시 합격 등 상상할 수 없는 초스피드로 학업 과정을 마칠 수 있었습니다. 미국으로 건너갈 당시 그는 영어에 대해서는 까막눈이다시피 했는데도 말입니다.

그는 또 19세에 일본 샤프사에 '말하는 어학사전' 특허권을 판매하였고, 20세에 학생의 신분으로 창업을 하여 성공을 이루었으며, 22세에 친구에게 사업을 넘기고 일본으로 귀국하여 23세에 '일본 소프트뱅크'를 설립하였습니다. 그 이후 '야후' 등 120개 기업을 인수하였고 성공적인 사업 과정을 거쳐 인터넷 세계에서 제왕적인 존재가 되었죠.

이러한 손정의 회장의 성공은 그가 이루고자 하는 인생의 목표가 분명하였고, 장기적인 비전을 가지고 있었기 때문입니다. 뚜렷한 목표와 장기적인 비전이 있었기에 모든 사고와 행동이 그에 맞추어 정렬될 수 있었고 그 꿈을 이룰 수 있었던 겁니다.

저는 오늘, 직장 생활을 시작하는 여러분에게 제일 먼저 직장 생활의 분명한 목표를 세우라고 말씀드리고 싶습니다.

앞에서 얘기한 제 친구들과 손정의 회장의 사례에서 보듯이 인생의 장기적인 목표가 분명한 사람과 그렇지 못한 사람 간에는 결과에서 차이가 생길 수밖에 없습니다. 그리고 이 차이는 시간이 지나면 지날수록 점점 더 크게 벌어지게 됩니다. 앞으로 시간이 날 때마다 여유를 가지고 한 번 곰곰이 생각해 보기 바랍니다.

여러분이 직장 생활을 통해 얻고자 하는 것은 무엇이며, 도달하고자 하는 목표 지점은 어디이며, 그곳에 이르기 위해서는 무엇을 어떻게 해야 하는지 등에 대해서 말입니다.

그런데 왜 직장 생활에 목표가 필요할까요?

단적으로 말씀드리자면 직장 생활은 무한하지 않기 때문입니다.

제가 입사할 당시만 해도 고용에 대한 불안 없이 한 번 입사하면 정년이 될 때까지 평생직장의 개념이 보장되었습니다. 하지만 요즘은 세상이 많이 달라졌습니다. 외환위기 이후 구조조정이 상시화되면서 고용에 대한 보장은 옛말이 되고 말았습니다.

이제 자신의 힘으로 스스로 살아남지 않으면 누구도 자신을 돌봐 줄 사람이 없는 세상이 되어 가고 있습니다. 기업 간의 경쟁이 더욱 심해지고 직장인들 사이에도 치열한 경쟁이 벌어집니다. 그럴수록 '자리'에 대한 불안은 더욱 커질 겁니다.

그러다 보니 과거 '평생직장'의 개념이 이제는 '평생직업'의 개념으로 바뀌고 있습니다. 한 기업에서 오래 일하는 것이 아니라 한 가지 일을 여러 기업에서 수행하는 개념으로 바뀌고 있는 것이죠.

여러분들 중 상당수는 임원이 되기 전에 자의 반 타의 반으로 인해 회사를 떠나게 될 것입니다. 저 역시 이 회사의 대표이사를 맡고 있지만 언제 회사를 떠나게 될지 모릅니다.

이렇게 '평생직장'에서 '평생직업'으로 변화하는 시기에 살아남기 위해서는 자신만의 전문적인 분야를 가지고 있지 않으면 안 됩니다. 다른 사람들과 비교하여 상대적으로 떨어지는 실력을 가지고 있다면 요즘처럼 개인 간의 경쟁이 치열한 세상에서 살아남기는 쉽지 않을 겁니다. 결국 한 분야에서 전문가의 수준에 올라야 하는 것이고 이를 이용하여 자신의 평생직업으로 삼을 수 있게 되는 것이죠.

만일 여러분이 특정 분야의 전문가라면 그 분야의 일을 수행할 사람이 필요할 때 여러분을 선택하겠지만, 전문가가 아니라면 꼭 여러분을 선택할 이유가 없겠죠. 전문 분야가 없다는 것은 무엇을 맡겨도 상관없다는 얘기이고 이는 다시 말하면 꼭 그 사람이 아니고 다른 사람에게 일을 맡겨도 상관없다는 얘기가 되는 것이니 말입니다.

전문가의 반열에 오르기 위해서는 장기적인 시간과 노력이 필요합니다. '1만 시간의 법칙'이라는 말을 들어 보셨나요?

어떤 일에 전문가의 경지에 오르기 위해서는 1만 시간 이상의 시간을 투입해야 한다는 이론인데요. 사람에 따라 편차가 있으니 꼭 1만 시간이어야 한다고 특정할 수는 없겠지만 대체로 그렇다는 얘기입니다. 그렇다면 1만 시간이 얼마나 되는 걸까요?

1만 시간은 하루에 3시간씩 꼬박 10년을 투입해야만 도달할 수 있는 긴 시간입니다. 그런데 직장 생활을 10년을 하면 전문가의 자리에 오를 수 있을까요?

제가 생각하는 대답은 '아니오'입니다. 왜 그런지 한 번 따져 볼까요?

대개 직장인들은 초기에는 업무를 폭넓게 배웁니다. 한 가지 일만 하는 것이 아니라 여러 가지 일을 수행하면서 업무 역량을 높여 나가게 됩니다. 이들 업무들은 서로 상관관계가 있기도 하고 전혀 별개의 업무일 수도 있습니다. 상관관계가 있는 업무들은 전문성을 쌓는 데 도움이 될 수도 있지만, 상관관계가 없는 업무들은 전문성을 쌓는 데 크게 도움이 되지 않을 수도 있습니다. 물론 그 일들이 필요 없다는 것은 아니고 직급이 올라가고 관리적 역량이 요구되면 다 쓸모가 있게 되지만 전문성을 심화시키는 측면에서는 그리 바람직하지는 않습니다.

입사 후 2~3년 정도는 아마도 쉬운 일들 위주로 업무가 주어지겠죠. 그 이후부터는 점차 업무의 난이도가 높아지고 세분화되기 시작합니다.

예를 들어 인사 업무를 맡는다고 하면 채용, 교육, 경력개발 및 관리, 임금체계, 인사평가 등 그 갈래가 다양하고 그 안에서 다시 세부적인 업무들이 또 나뉘어집니다. 경력에 따라 이 세부적인 업무들을 차례로 경험하게 되죠. 한 가지 일을 3년 정도 하면 다시 새로운 업무가 부여됩니다. 부장 정도의 직급에 오르면 거의 모든 업무를 수행할 수 있게 됩니다. 결국 한 가지 일에 몰입할 수 있는 기간은 3년 정도밖에 안 된다는 얘기죠.

게다가 회사마다 업무의 수행 방법에 큰 차이가 있습니다. 어떤 회사라도 인사의 모든 영역을 빠짐없이 수행하는 곳은 거의 없습니다. 회사의 운영에 필요한 최소한의 기능만 수행하되 회사가 성장하고 조직이 커져 임직원들의 숫자가 늘어나게 되면 그때 비로소 필요한 업무를 도입하는 경우도 많습니다.

연봉제를 시행하지 않는 회사에서는 연봉제와 관련된 업무 경험이 없을 수 있고, 제법 규모가 있는 회사들 중에서도 경력 개발이나 역량 강화를 위한 교육 등의 업무는 소홀히 여기는 곳도 있을 것입니다. 이런 기업에서 인사 업무를 20년간 했다고 해서 인사 업무의 전문가가 되는 것은 아니죠.

여러분에게는 하루 8시간씩 근무하도록 정해져 있지만 이중 실제 자신의 전문 분야에 쏟는 시간은 과연 얼마나 될까요?

앞으로 경험하게 되겠지만 회사 생활은 여러 활동들이 복합적으로 일어납니다. 회의도 있고 보고서도 써야 하고 잡다한 일들도 많으며 무엇을 하는지도 모르고 그냥 흘려보내는 시간도 적지 않습니다. 자신이 맡은 전문적인 일에 하루에 쏟는 시간은 아마도 3시간 남짓에 불과할 겁니다.

자, 종합해 볼까요? 10년 동안 직장 생활을 하더라도 하루 중 자신의 업무에 순수하게 집중할 수 있는 시간은 극히 적고, 수많은 세부 업무를 수행하여야 하니 한 가지 업무에 집중할 수 있는 시간은 생각보다 그리 길지 않습니다. 회사에서는 제한된 인력을 이용하여 많은 업무를 수행하여야 하므로 아주 깊이 있게 전문가의 수준에 오르기보다는 일정 수준에 오르면 다시 새로운 업무를 맡기려는 경향이 있습니다. 결국 인사 업무를 10년을 하더라도 자신이 맡은 업무에 있어 전문가의 수준에 오르기는 구조적으로 힘들게 되어 있습니다.

그런데 이러한 수준으로 전문가라고 자신하며 '평생직업'으로 삼을 수 있을까요?

회사라는 울타리 안에서 편하게 보호받으며 살고 싶으면 그럴 수도 있을 겁니다. 하지만 요즘은 개인들도 무한한 경쟁의 시대를 살고 있습니다. 회사라는 울타리 안에 있더라도 언제 경쟁에서 밀려날지 모릅니다. 이럴 때 자신만의 전문적인 분야가 있지 않으면 막막한 미래에 가슴 답답함을 느낄지도 모릅니다.

직장 생활을 통해 여러분들이 도달해야 할 궁극적인 목표는 여러분이 앞으로 맡게 될 업무 분야에 있어 최고의 전문가가 되는 것입니다. 그래야만 회사를 벗어나서도 '평생직업'의 개념으로 자신이 해온 일을 주특기로 하여 자주적인 삶을 살아갈 수 있습니다.

자신이 특정 분야의 전문가라면 회사를 벗어나서도 당당하게 자신의 삶을 살아나갈 자신이 있겠지만 전문 영역이 없다면 그건 쉽지 않은 얘기겠지요.

저는 여러분들이 평생 이 회사에 남아 있으리라 생각하지 않습니다. 그리고 그것을 바라지도 않습니다. 저는 여러분들이 앞으로 자신이 맡은 업무 분야에서 전문가가 되어 스스로 회사를 떠나는 것이 가장 바람직하다고 생각합니다. 회사를 떠날 수 있다는 것은 그만큼 자기 일에 자신이 있다는 것이고, 그 빈자리를 다시 새로운 사람이 채우는 선순환이 이루어진다면 그 회사는 경쟁력 있는 회사가 되겠죠. 우리나라 기업 중 삼성과 같은 회사의 출신들이 사회 곳곳에서 오피니언 리더로서 활약하는 것과 마찬가지로 말입니다.

회사 생활의 첫걸음을 내딛는 순간이 바로 회사를 떠나는 준비를 해야 하는 순간인 것입니다.

그러자면 무엇보다 나는 어떤 분야의 전문가가 될 것이며, 그 자리에 오르기 위해서는 어떤 일들을 어떻게 해야 하는지, 그 자리에 오르기까지 요구되는 지식이나 역량은 어떤 것들인지, 언제까지 어떠한 단계에 올라 있을 것인지 등에 대해 장기적인 목표와 계획을 가지고 있어야만 합니다.

물론 모든 목표가 계획대로 다 실행되는 것은 아니지만 장기 계획을 가지고 그 목표를 달성하기 위해 노력하는 것과 그렇지 않은 것에는 큰 차이가 있을 수밖에 없습니다.

저는 30여 년간 직장 생활을 하면서, 그리고 그중 10여 년을 임원으로 재직하면서 많은 외부인들과 내부의 직원들을 만날 기회를 가졌지만 안타깝게도 직장 생활의 목표나 장기적인 비전을 뚜렷하게 가지고 있는 사람들은 많이 보질 못했습니다. 그들 중에는 임원의 자리에 오르는 사람들도 있지만 대부분은 삶의 지향점이 없기 때문에 목적의식을 가지지 못한 채 업무 성과가 미진해서 중간에 흔적 없이 사라져 버리는 경우를 많이 보았습니다.

'생각하는 대로 살지 않으면 사는 대로 생각하게 된다.'는 말을 들어보셨죠? 프랑스 시인 폴 발레리가 한 말인데요, 이처럼 목표가 없는 사람은 자기 삶에 대해 고민하지 않게 되고 자신이 살아가는 방식을 합리화하게 되어 있습니다. 그러다 보면 삶이 어디로 흘러가는지 알 수 없게 되고 맙니다.

물은 반드시 높은 곳에서 낮은 곳으로 흐릅니다. 자연에서는 예외가 없는 절대적인 법칙이죠. 직장 생활도 물의 흐름을 닮았습니다. 대개 높은 곳에서 낮은 곳으로 흘러갑니다. 한 번 추락하기 시작하면 다시는 높은 곳으로 돌아갈 수 없고, 한 번 주류에서 벗어나면 다시는 그곳으로 돌아가기 힘듭니다. 안타깝게도 직장 생활의 목표가 없으면 그렇게 될 가능성이 높습니다.

직장 생활은 장기적인 목표 없이도 가능합니다. 그래서 많은 사람들이 목표 없이 살아가곤 합니다. 그게 편하니까요.

역설적이게도 목표가 있으면 삶이 피곤해질 수 있습니다. 그 목표를 달성하기 위해 끊임없이 노력해야 하니까요.

목표가 없으면 장애물이 나타났을 때 다른 길로 피해 가면 그만이지만, 목표가 분명한 경우에는 그 장애물을 건너가지 않으면 안 되므로 피곤해질 수밖에 없습니다.

그러나 '인내는 쓰고 열매는 달다.'는 말이 있듯이 비록 과정에서 피곤하고 힘들더라도 목표가 있는 삶이 반드시 좋은 결과를 맺을 수 있습니다. 목표 없는 삶은 과정은 편할지 몰라도 마지막 종착지는 고통스러울 수 있습니다.

앞으로 틈틈이 여러분들이 직장 생활에서 무엇을 목표로 할 것인지 장기적인 목표와 그것을 이루기 위한 상세 계획을 수립해 보기 바랍니다. 분명 여러분의 20년 후가 달라질 것입니다.

그럼 오늘 하루도 즐겁게 보내기 바랍니다.

대표이사 조원석

장문의 편지를 읽고 나자 어느덧 OJT 시간이 다 되어 있었다.

직장 생활의 뚜렷한 목표가 있어야 한다는 사장의 조언이 우석의 마음에 와 닿았다. 솔직히 우석은 직장에 들어가기가 쉽지 않은 세상인지라 어떤 회사든 받아만 주면 열심히 일하겠다는 생각밖에 없었다. 목표 같은 것은 생각도 해보지 못했건만 첫날부터 허를 찔린 느낌이었다.

시간이 되어 OJT를 위해 자리에서 일어서며 우석은 대표이사의 메일 내용을 다시 한 번 곰곰이 되새겨 보았다.

'나는 이 회사에서 무엇이 될 것인가?'

존재감 있는
사람이 되라

　본격적으로 시작된 OJT는 만만치 않았다. 우석의 기초적인 실력에 대한 점검도 이루어졌는데 우석은 거의 대답을 하지 못했다. 용어 자체가 대학에서 배운 것들과는 완전히 다른 데다 선배들의 날카로운 질문은 우석을 한없이 초라하게 만들기에 충분했다.

　물론 선배들도 신입 사원인 우석에게 그들과 같은 수준의 대답을 들을 수 있을 거라고 기대한 것은 아니었겠지만, 선배들의 질문에 마치 학생 같은 대답만 하고 있는 자신이 너무나 미미한 존재처럼 여겨졌다.

　오전 OJT를 마치고 나니 우석의 얼굴이 벌겋게 상기되어 있었다.

OJT를 맡았던 오종석 과장은 우석에게 조금만 시간이 지나면 익숙해질 것이니 기죽을 것 없다며 격려해 줬지만 우석은 그렇게 말하는 오과장이 대단하게 여겨졌다. 전략기획팀의 업무를 막힘없이 설명할 수 있다는 것만으로도 마치 까마득히 높은 존재처럼 여겨졌다.

'난 언제쯤 저렇게 될 수 있을까?'

오전 반나절만 OJT를 했을 뿐인데 벌써 우석은 자신이 없어지고 직장 생활이 만만치 않겠다는 생각이 들었다. 부서 배치받은 지 겨우 3일 만에 자신감을 상실한 자신의 모습에 씁쓸한 마음이 들었다.

점심 식사를 마치고 우석은 OJT로 인해 미처 읽지 못한 대표이사의 편지를 열어 보았다.

안녕하세요. 좋은 아침입니다. OJT는 즐겁게 받고 있습니까?

30년 전에 제가 신입 사원으로서 선배들의 OJT를 받을 때가 생각나는군요. 그 당시에는 OJT라는 용어도 없었고 지금처럼 체계적인 교육도 없었습니다. 처음 며칠 동안은 복사나 팩스 같은 잔심부름만 하면서 시간을 보냈죠. 그러다가 가끔씩 선배들이 손으로 써 준 문서를 다시 깨끗하게 옮겨 적는 일을 맡고는 했는데, 용어가 익숙하지 않다 보니 때로는 잘못 옮겨 적어 야단을 맞았던 기억이 납니다.

그때만 해도 PC가 보급되기 전이라 모든 보고서는 일일이 손으로 작성해야 했지요. 아무튼 아직은 낯설겠지만 시간이 지나면 익숙해질 테니 선배들의 이야기를 귀담아 잘 듣기 바랍니다. 그럼 오늘 이야기를 시작해 보겠습니다.

오늘도 어제에 이어 회사 생활에서의 목표에 관해 이야기할까 합니다만, 어제보다 좀 더 구체적으로 말씀드리도록 하겠습니다.

회사에서는 다른 사람과 다르게 튀는 사람은 남들보다 주목을 받게 되고 더 많은 일을 떠맡을 가능성이 높습니다.

예를 들어 여러분이 보너스를 받아서 모처럼 좋은 옷을 사 입기 위해 백화점에 갔다고 해 보죠. 그러면 여러분들은 어떤 옷을 사겠습니까? 눈에도 잘 뜨이지 않는 흔하고 평범한 옷을 사겠습니까, 아니면 자신만의 개성을 돋보이게 해 줄 수 있는 독특한 옷을 사겠습니까? 옷을 구입해서 입고 나왔는데 거리에서 똑같은 옷을 입은 사람을 어렵지 않게 볼 수 있다면 그런 옷을 선택하려고 할까요?

앞으로 계속 강조하겠지만 여러분들은 상품입니다. 상품은 품질에 걸맞은 가격으로 많이 팔려야 좋은 겁니다. 품질은 좋은데 낮은 가격을 받거나 창고 구석에서 먼지만 쌓인 채 거의 팔리지 않는다면 그 상품은 잘못 만들어진 것이고 상품으로써의 가치는 없는 것입니다. 한편 품질도 좋고 그만큼 좋은 가격을 받을 수 있으며 잘 팔리기까지 한다면 제품을 만든 기업의 입장에서는 효자상품이 될 수 있겠죠. 여러분은 어떤 상품이 되고 싶으신가요?

조직에서 뛰어난 성과를 올리는 사람들에게는 일이 많이 몰릴 수밖에 없습니다. 그만큼 그 사람이 만들어 내는 성과물에 대한 보증이 확실하기 때문입니다. 자신에게 주어지는 일이 많은 것을 불평할 수도 있지만 일이 많다는 것은 그만큼 자신의 가치를 인정받고 있다는 것이나 다름없습니다.

회사는 월급이라는 일정한 비용을 지불하고 사람이라는 상품을 이용하여 신뢰할만한 결과를 만들어 내는 행위를 반복적으로 하는 집단입니다. 그래서 기왕이면 품질 좋은 아웃풋을 만들어 낼 수 있는 사람에게 일을 맡길 수밖에 없습니다. 그건 그만큼 자신이 회사에서 인정받고 있다는 것이므로 즐거운 마음으로 받아들여야 합니다.

이런 사람들은 다른 사람들에 비해 빨리 승진할 수 있고, 여러 가지 좋은 혜택을 받을 수 있는 기회를 가질 수도 있으며, 혹시나 회사가 어려운 상황에 부닥쳐 사업의 철수나 축소 등 구조조정을 해야 하는 경우에도 그 태풍에서 벗어날 수 있습니다.

그러나 대중 속에서 드러나지 않는 사람들은 누구에게 맡겨도 해낼 수 있는 만큼의 일만 하는 사람들이라고 인식되기 때문에 승진도, 각종 혜택도 후순위로 밀릴 수밖에 없으며, 구조조정의 위기가 닥칠 경우 잉여인력으로 간주되어 조정 대상자에 포함될 수도 있습니다.

근시안적으로 보면 당장 일을 조금 덜 하고 지내는 것이 편할지 모르겠지만, 장기적으로 보면 그건 서서히 자기 자신을 도태시키는 것이 아닐 수 없습니다. 그러므로 적극적으로 자기 자신을 알리고 앞장서서 일을 맡아 할 수 있도록 해야 합니다. 그러자면 자신의 상품 가치를 높이고 그것을 상사나 주위 사람들로부터 인정받아야 하겠죠.

상품으로써 여러분의 몸값을 올리기 위해서는 자신만의 고유 브랜드가 있어야 하고 자신만의 아이덴티티가 분명해야 합니다. 즉 누군가 여러분의 이름을 떠올렸을 때 '연봉제와 성과평가체제에 도가 트인 HR 전문가' 또는 '거래구조설계에 빠삭한 M&A 전문가' 등으로 여러분에 대한 구체적인 이미지가 떠올라야 하고 관련된 분야의 일을 해결하기 위해서는 반드시 여러분을 통해야 한다고 생각되어야 합니다.

또한 여러분이 가지는 브랜드와 아이덴티티는 희소성이 있어야 합니다. 희소성이 없는 브랜드는 별로 인기가 없습니다.

구찌나 루이 비통과 같은 명품 가방이 비싼 이유는 희소성 때문입니다. 만들어 내는 물량이 그리 많지 않으니 구하기가 어렵고 그래서 비싼 값을 치르더라도 사고 싶은 마음이 생기는 겁니다. 만약 구찌나 루이 비통이 자동화된 공장에서 대량으로 만들어 낸다면 누구나 쉽게 그것을 가질 수 있을 것이고 희소성의 상실로 인해 그 가격은 훨씬 낮아질 겁니다. 여러분들도 희소성 있는 브랜드나 아이덴티티를 가져야 합니다.

희소한 존재가 되면 더욱 귀한 대접을 받을 수 있습니다. 굳이 여러분이 아니고 다른 사람이 해도 똑같거나 비슷한 결과를 얻어낼 수 있다면 여러분이 가진 역량은 다른 사람과 차별화되지 않는 것이겠죠. 그래서 희소성을 가지려면 자신만이 잘할 수 있는 필살기를 갖추어야 합니다.

다른 사람과 차별화되는 역량, 자신이 가장 가치를 발휘할 수 있는 전문 분야, 자신이 아니고서는 생산해 낼 수 없는 자신만의 고유한 콘

텐츠 등 자신만의 업무역량을 갖추어야 하는데, 그것이 다른 사람들은 가지지 못한 자신만의 필살기 즉, 킬러 애플리케이션이 되면 여러분들은 아주 희소한 존재로 대접받을 수 있게 될 겁니다.

그러한 킬러 애플리케이션을 갖기 위해서는 자신이 가진 역량이 최초가 되거나, 최고가 되거나, 다른 사람들과 차별화되는 것이어야 합니다.

우리나라에서 제일 처음으로 미니스커트를 입은 사람이 누군지 아십니까?

윤복희라는 가수였습니다. 그녀가 미국에서 들어오면서 미니스커트를 입고 비행기에서 내렸는데 당시 사회적으로 어마어마한 이슈가 되면서 들불처럼 순식간에 유행을 몰고 왔습니다.

젊은 여성들 사이에서 미니스커트 광풍이 불었고 경찰들은 그것을 단속하느라 난리였죠. 그래서 윤복희 씨는 우리나라에서 최초로 미니스커트를 입은 여성으로 알려졌습니다.

그렇다면 우리나라에서 두 번째로 미니스커트를 입은 사람은 누구일까요? 아무도 모릅니다. 달에 최초로 착륙한 사람은 '닐 암스트롱'입니다. 그렇다면 두 번째로 착륙한 사람은 누구인가요?

사람들은 최초만 기억합니다. 누군가 과거에는 하지 않았던 것을 최초로 시도한다는 것은 대단한 용기를 필요로 하기 때문입니다. 누구나 도전해서 할 수 있는 일이라면 최초의 의미가 없겠지만 그것이 사람들의 삶에 변화를 가져오고 영향을 미칠 수 있는 일이라면 그 최초는 사람들의 뇌리에 단단히 기억될만한 의미를 가지고 있습니다. 누구도 시도한 적이 없는 일을 처음으로 시도하거나 앞서 동일한 일을 시도한 사람이 있다고 하더라도 그와 다르게 자신이 새로운 이론이나 문제 해결 방법을 처음으로 찾아내어 적용하는 것이 최초입니다.

이미 오래전부터 수행되어 왔고 그래서 직장인들에게 익숙하고 잘 알려진 분야라고 해도 시대가 바뀌고 경쟁이 심화됨에 따라 새로운 이론들이 끊임없이 등장하고 있습니다.

자신이 맡고 있는 업무 영역에서 변화의 흐름을 잘 감지하고 그 변화의 시류에 맞추어 그 이론들을 자신의 업무에 적용하려고 노력해야 합니다. 자신이 배운 대로, 자신이 알고 있는 대로, 기존에 하던 대로 업무를 계속해서는 달라지는 것이 없습니다.

자신이 맡은 일에 대해 '최초'라는 수식이 붙을 수 있도록 자신의 전문 분야에 대해 흐름의 변화를 예의 주시하고 그 변화를 따라갈 수 있도록 공부하며 그 내용을 자신의 업무에 접목시킬 수 있도록 노력해야 합니다.

두 번째로 자기가 맡은 일에 있어 최고가 될 수 있도록 노력해야 합니다.

최초가 되면 분명 부가가치가 있지만 최초가 된다고 해서 모두 주위 사람으로부터 인정받는 것은 아닙니다. 반면 최초는 아니지만 주위 사람들로부터 인정받는 사람들도 있습니다. 박태환 선수나 김연아 선수는 우리나라에서 올림픽에 최초로 출전한 선수들은 아니지만 그들은 자신이 참가한 경기 분야에서 최고의 자리에 올랐습니다.

이들은 이미 누군가가 개척해놓은 영역에서 다른 사람들과 경쟁하였지만 누구보다 최고가 되기 위해서 노력했습니다. 그 결과 그들은 세계 최고의 자리에 오를 수 있었고 동시에 최초의 기록들도 만들어 낼 수 있었습니다. 자신의 일에 '최고'가 되면 '최초'가 될 기회도 찾아올 수 있습니다.

동일한 업무를 기계적으로 반복하기보다는 기존에 해왔던 일에 대해서도 어떻게 하면 보다 효율을 높일 수 있는지, 기존과 다른 접근방법이나 문제 해결 방법은 없는지 끊임없이 고민하고 해결 방법을 찾으려고 해야 하는 거죠. 모든 업무는 고민의 깊이만큼 성과의 충실도가 나타나게 마련입니다. 치열하게 고민한 사람들이 내놓은 대안은 그만큼 깊이 들여다볼만한 가치가 있습니다.

많은 직장인들이 기존에 하던 대로 일하는 데 익숙해져 있습니다. 그리고 그것을 당연하게 여기며 바꾸려고 하지 않죠. 타성에 젖어 있는 겁니다.

예를 들어 제 주변에도 보험 일을 하는 후배들이 여럿 있지만 그들은 일반적인 보험판매원의 생각에서 벗어나질 못합니다. 그래서 요즘처럼 경기가 어려운 시절에는 늘 죽는소리를 하죠.

그러나 잘 생각해 보세요. 자신을 일개 보험판매원이라고 또는 좋은 표현으로 라이프플래너라고만 생각하고 자신의 목적은 사람들을 보험에 가입시키는 것이라고만 생각한다면 원하는 성과를 거두기는 어려울 것입니다. 하지만 스스로를 고객의 고민을 상담해 주고 어려움을 해결해 주는 인생의 동반자 또는 카운슬러라고 생각하면 고객들을 대하는 태도가 달라질 겁니다.

자신이 가진 상품을 판매하려 하기보다는 고객들이 가진 고민을 들어주고 해결하려고 노력하게 될 것이고 그렇게 오랜 시간 공을 들이고 서로 간의 감정은행에 신뢰가 축적되면 비로소 길이 열리게 되는 것입니다.

각박하고 힘든 세상에서 내가 가진 고민을 들어주고 해결해 줄 사람이 있다면 그만큼 반가운 것이 또 있을까요?

지구상에는 너무나 많은 사람들이 존재하다 보니 이 세상 어디선가는 나와 같은 생각을 하는 사람이 분명히 존재할 것입니다. 그래서 최초가 되기는 상당히 어렵지만 자신의 일에 열정을 가지고 파고들면 최고가 될 수 있습니다.

세 번째는 달라야 한다는 겁니다. 다른 사람들과 차별화되려고 노력해야만 합니다. 경쟁이 치열해지면서 우리 주위에는 비슷한 것들이 너무 많습니다. 기업의 입장에서 보면 동일제품군에서 동일제품을 출시하는 기업들이 많아지고 글로벌 기업 또한 하나의 시장을 두고 함께 경쟁하는 시대입니다. 제품 간의 차별점이 거의 드러나지 않는 '이종적 동종'의 단계에 들어서 있습니다.

개인의 경우도 마찬가집니다. 요즘에는 대학 졸업에서부터 어학 점수와 봉사활동, 해외연수 등 비슷한 스펙을 가진 사람들이 너무 많습니다. 이렇게 다수가 비슷한 상황에 놓이게 되면 개인의 개성이 묻혀버리는 '몰개성'이 가장 큰 특징으로 떠오르게 되고, 그런 환경에서 다른 사람들과 뚜렷하게 차별화되지 않고서는 버틸 수 없습니다.

미국의 할리우드는 전 세계의 수많은 배우들이 저마다 스타를 꿈꾸며 경쟁하는 거대한 시장입니다. 기라성 같은 배우들이 너무 많다 보니 이곳에서 경쟁력 있는 배우로 자리 잡는 것은 하늘의 별 따기만큼이나 어려운 일이죠. 최고가 되지 않으면 살아남기 힘든 세계입니다.

그런데 말론 브란도라는 배우를 떠올려 보세요. 키도 작고 얼굴이 잘생긴 것도 아닙니다. 하지만 그는 기라성 같은 배우들이 득시글대는 할리우드에서 당당히 그의 존재가치를 드높이고 있습니다. 키나 얼굴 등으로는 다른 배우들과 경쟁하기 힘들다는 것을 깨달은 그는 일찍부터 성격파 배우라는 길을 선택했습니다.

전쟁의 참혹함과 인간의 광기를 그려낸 영화 〈지옥의 묵시록〉에서 그가 보여주었던 섬뜩한 인상과 더 이상 잘 어울리는 배우를 찾을 수 없을 것 같았던 〈대부〉에서의 그의 연기는 그를 최고의 배우 반열에 올려놓게 하였죠.

차별화, 즉 다른 사람과 다르게 된다는 것은 자신만이 가질 수 있는 고유의 트레이드마크를 만들어 내고 그 트레이드마크를 통해 자신을 알리는 것입니다. '퍼스널 브랜드'라는 것도 자신의 트레이드마크를 만드는 것이라고 이해하면 됩니다.

많은 사람들 속에서 자신만의 고유한 식별 수단을 만드는 것이 차별화입니다. 똑같은 일을 남들보다 훨씬 빠른 시간에 완벽하게 마칠 수 있거나 똑같은 제품을 다른 사람들보다 훨씬 저렴한 가격에 구매할 수 있거나 혹은 같은 제품을 훨씬 고가에 팔 수 있다면 그건 차별화된 자신만의 역량이 될 수 있습니다. 또는 미처 남들이 생각하지 못했던 아이디어를 제시하는 것도 자신만이 가질 수 있는 역량입니다. 이러한 차별화된 역량을 자신의 업무 영역에서 발굴하고 길러야 합니다.

차별화 역량은 쟁쟁한 선후배나 동료들의 틈바구니에서 살아남을 수 있는 자신만의 틈새시장을 만들어 냅니다. 아무리 경쟁이 심한 사회에서도 남들이 미처 가지 않은, 미처 생각하지 못한 기회는 늘 존재하기 마련입니다.

자신이 하는 일에 있어 최초가 되거나, 최고가 되거나, 또는 다른 사람과 확실하게 차별화가 되면 여러분은 회사 내에서 아주 인기 있고 가치 있으며 희소성을 갖는 브랜드가 될 수 있습니다. 이것을 온리원이라고 합니다.

최고가 되면 최초가 될 수 있고, 차별화되면 최초나 최고가 될 수 있으며, 최초나 최고가 되면 다른 사람과 차별화될 수 있습니다.

자신만의 업무 스킬, 자신만의 노하우를 개발하기 위해 꾸준히 노력하고 그것을 축적하여 자신만의 킬러 애플리케이션을 무기로 온리원의 자리에 오르려고 노력해 보세요. 그렇다면 여러분의 미래는 무한히 밝게 빛날 것입니다.

대표이사 조원석

우석은 업무 수첩을 폈다. 그리고 맨 뒷장에 오늘의 날짜를 적고 사장의 편지 내용을 간단하게 키워드만 적었다.

'킬러 애플리케이션을 가지고 온리원이 되어라. 최초가 되어라. 최고가 되어라. 다른 사람과 달라라.'

오전에 OJT로 인해 기가 죽어 있던 우석에게 사장의 편지 내용은 큰 위안이 되었다. 한 번 읽고 지나치기에는 아깝다는 생각이 들어 우석은 매일 그 중요한 내용을 업무 수첩에 기록하고 잊지 않도록 들여다볼 생각이었다.

기회를 잡을 수 있도록
준비된 사람이 되어라

목요일 아침이 밝았다. 아침부터 비가 내리고 있었다. 비의 양은 그리 많지 않지만 봄을 재촉하는 듯 촉촉하게 마른 땅을 적시고 있었다. 본격적인 OJT를 시작하면서 우석은 자신의 마음이 롤러코스터를 타는 것 같다는 느낌이 들었다. 어제 오전의 OJT는 자신을 아주 초라하게 만들었다면 오후에 계속된 OJT는 자신도 잘할 수 있겠다는 희망을 안겨 줬다.

우산을 받쳐 들고 회사를 향해 걸어가는데 뒤에 따라오는 사람들이 나누는 이야기가 들려왔다.

"얘기 들었어? 김원준 과장이 이번에 발탁 승진 됐대."

"그래? 차장으로? 몇 년 차인데?"

"3년 전에 진급했으니까 올해로 과장 4년째 되는 거지."

"그러게 말이야. 그 사람은 정말 잘나가네."

"근데 왜 발탁된 거야?"

"나도 잘 모르는데 좀 운이 좋았나 봐."

"운? 왜, 무슨 일이 있었는데?"

하지만 우석은 더 이상 그들의 이야기를 들을 수 없었다. 그들이 먼저 다른 건물로 들어가 버렸기 때문이었다.

'발탁 승진'

주인공이 누구인지 모르지만 부러운 마음도 들었고 자신도 언젠가 한 번쯤은 발탁 승진의 주인공이 되고 싶다는 생각이 들었다. 우석은 자리에 앉자마자 PC를 켜고 인트라넷에 접속했다. 어김없이 대표이사의 편지가 도착해 있었다. '오늘은 또 어떤 이야기가 담겨 있을까?' 우석은 궁금해하며 편지를 클릭했다.

여러분, OJT는 재미있으신가요? 비록 4일밖에 지나지 않았지만 눈치 빠른 분이라면 이젠 직장이라는 곳이 어떤 곳인지 살짝 감이 잡혔을 것으로 생각됩니다. 물론 앞으로 더욱 많은 것을 보고 느끼겠지만 말입니다. 오늘은 한 가지 이야기로 시작을 해 볼까요?

이탈리아 북부 토리노 박물관에는 한 조각상이 있는데 그 아래에는 다음과 같은 글귀가 적혀 있습니다.

나의 앞머리가 무성한 이유는
사람들이 내가 누구인지 금방 알아차리지 못하게 하기 위해서지만
나를 발견했을 때는 쉽게 붙잡을 수 있도록 하기 위해서다.
나의 뒷머리가 대머리인 이유는
내가 지나가고 나면 다시는 나를 붙잡지 못하게 하기 위해서며
나의 발에 날개가 달린 이유는
최대한 빨리 사라지기 위해서다.
왼손에 저울이 있는 것은
일의 옳고 그름을 정확히 판단하라는 것이며
오른손에 칼이 쥐어져 있는 것은
칼날로 자르듯이 빠른 결단을 내리라는 것이다.

도대체 이 조각상은 무엇을 나타낸 것일까요?
글귀 맨 마지막에 그 답이 있습니다.

나의 이름은 '기회'다.

그렇습니다. 이 조각상은 '기회의 신'이자 제우스의 아들인 카이로
스의 모습을 만든 것이라고 합니다. 내용을 자세히 보셨나요? 상당히
의미심장합니다.

무성한 앞머리 때문에 발견했을 때는 쉽게 잡을 수 있지만, 뒷머리가 대머리이고 발에 날개가 달렸기 때문에 한 번 지나쳐 버리면 결코 잡을 수가 없는 것이 '기회'라는 것이죠.

누구에게나 기회는 다가오지만, 그 기회를 알아보고 단번에 낚아채는 사람은 성공의 길에 오를 수 있지만, 기회가 다가왔을 때 알아보지 못하는 사람은 순식간에 지나쳐 버리기 때문에 잡을 수가 없다는 얘기입니다. 그러므로 평소에 기회가 다가왔을 때 잡을 수 있도록 준비가 되어 있지 않다면 그 기회는 없는 것이나 마찬가지겠죠?

오늘은 마흔의 젊은 나이에 임원의 자리에 오른 제 상사의 얘기를 해드리겠습니다. 사실 그분이 남보다 빠르게 급속 승진을 하게 된 이유는 우연한 기회를 통해서였습니다.

여러분은 잘 모르겠지만 우리 회사의 회장님은 대단한 식도락가입니다. 그래서 휴일이면 종종 가족이나 회사 임원들을 대동하고 시외에 있는 음식점을 찾곤 합니다. 어느 휴일 오후, 이날도 회장님 일행이 시외에 있는 음식점에서 점심 식사를 하게 되었는데 마침 그 근처에 계열사 사업장이 있었답니다. 식사를 하는 도중에, 평소에는 다른 일 때문에 바빠서 들러볼 틈이 없었는데 가까이까지 왔으니 식사를 마치고 한 번 사업장을 들러보자는 생각이 드셨다는군요.

하지만 휴일이다 보니 사업장에는 갑작스럽게 들이닥친 회장님 일행을 맞이할 사람이 없었던 겁니다. 그런데 마침 저의 상사였던 그분이 처리할 업무가 있어 회사에 나와 근무를 하다가 회장님 일행을 맞이하게 된 겁니다.

이분은 당시 과장 직급에 있었는데 예고 없이 회사로 들이닥치는 회장님 일행을 달려나가 맞이했다고 합니다. 그리고는 회장님 일행을 안내하며 사업장의 전반적인 현황에 대해 설명을 해 드렸습니다. 더욱이 회장님의 질문에 막히지 않고 자연스럽게 대답을 해 드렸다고 하는군요.

회장님의 질문이라면 자신이 맡은 업무 분야 이외에 다른 분야의 일들도 많았을 텐데 이러한 것들도 막힘없이 대답을 해 드린 거죠. 그렇게 해서 회장님의 갑작스러운 방문은 큰 무리 없이 지나갔습니다.

다음 날, 회사에 출근한 회장님께서 담당 임원에게 전화를 걸어 이분을 칭찬하면서 당장 차장으로 진급시키라고 하셨답니다. 그 이후 저의 상사였던 그분은 회장님의 관심하에 빠르게 진급하였고 입사 후 불과 십이 삼 년 만인 마흔이라는 젊은 나이에 임원의 자리에까지 오르게 된 것입니다.

그가 휴일에 회사에 나갔다가 회장님 일행을 맞이하게 된 건 순전히 우연일 수 있습니다. 그런데 그는 우연을 기회로 만들었고 그 기회를 한 번에 낚아챈 것입니다.

갑작스럽게 들이닥친 회장님 앞에서 사업장의 전반적인 현황을 막힘없이 설명할 수 있었던 것, 그리고 모든 질문에 빠짐없이 대답할 수 있었던 것은 그가 어떤 자리에서 누구와 이야기를 나누더라도 똑같이 행동할 수 있었다는 것을 의미합니다.

그 말은 평소에 그가 늘 준비되어 있었다는 것이죠. 준비되지 않고서는 그렇게 자신 있게 대응하지 못했을 테니까요.

결국 평소 자신의 업무뿐 아니라 회사의 전반적인 상황에 대해 관심을 가지고 들여다보며 공부를 하고 일을 처리하려고 했던 태도가 그를 준비된 상태로 만들었고 우연히 찾아온 기회를 놓치지 않고 낚아챔으로써 성공 가도를 달리도록 만든 것입니다.

파스퇴르는 '기회는 준비된 사람에게만 찾아오는 것'이라고 했습니다. 사람은 살면서 세 번의 큰 기회를 맞이한다고 합니다. 그것이 언제 어디에서 어떤 모습으로 다가올지는 모르지만, 기회가 다가왔을 때 그것을 알아보고 한 번에 낚아채지 못하면 대머리 뒤통수로 인하여 잡지 못할 것이며, 날개 달린 발로 인하여 순식간에 지나가 버리고 말 것입니다.

그래서 기회가 다가왔을 때 바로 그것을 알아보고 그것을 잡을 수 있도록 늘 준비된 상태에 있어야만 합니다. 앞으로 여러분들에게도 분명 그러한 기회들이 찾아올 것입니다. 어쩌면 기회는 일생에 세 번이 아니라 매일매일 우리 곁을 스치고 지나가는지도 모릅니다.

그러나 그것을 알아볼 준비가 되어 있지 않았을 때는 기회를 제대로 보기 어렵거나 기회가 온 것을 알아도 그것을 받아들이기 어려울 수 있습니다. 그래서 여러분들은 느닷없이 찾아올 수 있는 기회를 놓치지 않도록 늘 준비되어 있어야만 하는 것입니다.

그렇다면 우연히 찾아온 기회를 놓치지 않고 잡을 수 있도록 준비가 되어 있으려면 어떻게 해야 할까요?

무엇보다 자신이 맡은 일에 대해 '빠삭하게' 알고 있어야 합니다. 자신이 하는 일에 있어서만큼은 그 어느 누구보다 깊이 있게 알고 있어야 합니다. 그러기 위해서는 자신의 일을 소중히 여기고 자존심을 지키겠다고 다짐하는 것이죠.

만약 앞에서 예를 든 임원이 자신이 맡은 일에 대해 깊이 있게 알지 못했다면 회장님의 질문에 제대로 답을 할 수 없었을 테고 만약 그랬다면 오히려 기회보다는 위기가 되었을지도 모릅니다. 적어도 자신이 맡은 일에서만큼은 그 누가 어떤 질문을 하더라도 막힘없이 대답할 수 있어야 하고 탄탄한 실력을 갖추어야 합니다. 그러자면 당연히 열심히 공부하지 않으면 안 될 것입니다.

여러분은 학창시절 열심히 공부하여 당당히 합격하여 우리 회사에 입사했지만, 이제부터 진짜 공부가 기다리고 있습니다.

앞에서 여러분들에게 한 분야의 전문가가 되어야 한다고 했습니다. 전문가가 되기 위해서는 끊임없이 자기 자신을 업그레이드해 나가지 않으면 안 됩니다. 세상은 빠르게 변하고 있고 기업을 둘러싸고 있는 경영환경도 빠르게 달라지고 있습니다. 과거에 알고 있던 지식들의 상당 부분은 이미 낡은 것이 되었고, 과거의 업무 방식이나 업무 프로세스로는 최근의 경영 환경을 따라갈 수가 없습니다.

학자들에 따르면, 거의 모든 정보의 수명이 15년을 넘지 못하고 물리학 같은 일부 과학 분야에서는 8년마다 새로운 이론이나 지식의 양이 두 배씩 증가하고 있다고 합니다. 사실 IT와 금융상품 같은 분야에서는 2~3년만 지나면 그 기술은 이미 폐기 처분될 대상으로 취급받기도 합니다.

이렇게 급격하게 변화하는 환경에서 자기가 맡은 일에 있어 전문가가 되려면 당연히 최신 정보를 받아들이고 그것을 내 것으로 만들기 위한 공부가 필요할 것입니다. 지금까지 알고 있는 지식으로 매일 똑같은 일만 반복하다 보면 어느 사이엔가 내가 알고 있는 것들은 구석기의 유물이 되어 버릴 것이고 그렇게 되면 최신 이론과 경영기법으로 무장한 후배들에게 두려움을 느끼는 신세가 되지 않겠습니까?

실제로 많은 직장인들이 자신의 자리에 불안을 느끼며 살아갑니다. 하지만 항상 자신이 맡은 일에 대해 누구도 따라올 수 없을 정도로 깊이 알기 위해 노력하고, 변화하는 환경에 맞추어 최신 트렌드를 배우려 노력하다 보면 기회는 반드시 찾아올 것입니다.

자신의 업무에 있어 '빠삭이'가 되기 위해서는 다음과 같이 한 번 해보세요.

▸ 1단계: 자신의 업무를 구체적인 프로세스로 정리해 본다.
▸ 2단계: 모든 프로세스를 따라가면서 어떠한 업무가 필요한지 세부적으로 적어본다.
▸ 3단계: 세부업무 수행에 필요한 방법론이나 지식, 업무 노하우는 어떤 것들이 있는지 정리해 본다.
▸ 4단계: 자신이 알고 있는 것과 잘 모르고 있는 것을 정리해 본다.

특히 자신만이 가지고 있는, 다른 사람과 차별화된 업무 방법이
나 경험이 무엇인지 정리해 본다.

▶ 5단계: 부족하거나 보완해야 할 것이 무엇인지 도출하고, 그 부
분에 대해 공부하여 보완한다.

공부 얘기가 나온 김에 조금 더 얘기를 해 볼까요?

여러분은 아직 실감하지 못하겠지만 직장인들 중 상당수는 미래에
대한 불안에 시달리고 있습니다. 그 이유는 자기 자신의 개발과 업그
레이드에 소홀했기 때문입니다. 자신에 대한 투자는 소홀히 한 채 나
이만 들다 보니 자신감이 없는 것이죠. 그러다 보니 혹시나 직장에서
쫓겨나지는 않을까 하여 불안에 시달리는 것이죠. 하지만 앞서 얘기
한 것처럼 자기 분야에서 최고가 되기 위해 열심히 공부한다면 불안
하기는커녕 오히려 자신감이 충만해지게 될 것입니다.

그렇다면 공부는 언제 시작해야 할까요?

여러분은 이제 막 대학을 졸업한 젊은이들이기에 공부에 대한 필요
성을 크게 못 느낄 수도 있습니다. 하지만 여러분들이 대학에서 배운
지식이 직장 생활과 딱 맞아떨어지는 것은 아닙니다. 직장 생활을 하
기 위해서는 그 나름대로 배우고 터득해야 하는 일들이 많습니다. 그
래서 공부는 한시라도 빨리 시작하는 것이 좋습니다.

그 개념을 저축에 비교해서 설명해 볼까요. 저축은 돈이라는 물질
을 미래의 필요에 대비하기 위해 쌓아 놓는 것이죠. 공부 역시 저축과

다를 바 없습니다. 미래의 필요에 대비하기 위해 지식이라는 것을 축적해 나가는 것이니까요. 하지만 저축과 다른 점은 저축은 돈을 적립하는 동안에는 자유롭게 꺼내 쓸 수 없고 만약 꺼내 쓴다고 하면 그만큼 총액에서 줄어들지만, 지식은 적립하는 동안 언제든지 자유롭게 꺼내 쓸 수 있고 아무리 꺼내 써도 총액이 줄지 않는다는 것입니다.

더구나 공부는 하면 할수록 그 효과가 커집니다. 공부는 시간이 지나도 사라지지 않는 무형의 재산을 내면에 축적해 가는 복리 예금과 다를 바 없습니다. 시간이 지남에 따라 그 가치가 증가하고 지식의 결합으로 인해 가치가 빠르게 증가한다는 측면에서 고이율의 복리 예금이라고 할 수 있는 거죠.

빠르게 변화하는 세상에서 배우지 않으면 무엇으로 그 변화에 대처할 수 있겠습니까?

자신이 매일 하고 있는 일일지라도 세상은 매일 새로운 지식과 이론들이 쏟아져 나오고 있습니다. 일을 처리하는 방법도 예전에는 생각하지 못했던 새로운 것들이 쏟아져 나오고 있습니다.

지금은 빅데이터라는 용어가 자연스럽게 쓰이고 있지만 불과 몇 년 전만 해도 이 세상에 존재하지 않던 용어입니다. 이런 것을 모르고서는 관련된 분야의 업무를 남들보다 뛰어나게 하기는 어려울 것입니다.

회사 내에서 외부로 통하는 문을 걸어 잠그고 그 안에서만 있으면 변화하는 것을 느낄 수 없지만, 한 번 외부로 통하는 문이 열리고 변화의 물결이 쏟아져 들어오면 걷잡을 수 없이 퇴보할 수밖에 없습니다. 그러므로 늘 외부의 변화에 관심을 가지고 최신 흐름에 안테나를 높이 세우며 자기 계발에 관심을 가지고 공부해야 합니다.

우연히 찾아온 기회를 놓치지 않고 내 것으로 만들기 위해서는 회사의 전반적인 상황과 주변 부서의 일 등 자신과 직간접적으로 관련되어 있는 분야의 내용에 대해서도 잘 알고 있어야만 합니다.

예를 들어 회사의 비전은 무엇인지, 경영방침은 무엇이며 전략과제는 무엇인지, 매출 목표는 얼마이고 이번 달에는 어느 정도 실적을 달성했는지, 회사 내의 주요 이슈는 무엇이며 그러한 이슈로 인한 영향은 어떤 것들인지 등에 대해 관심을 가지고 알려고 노력해야 합니다.

여러분은 회사의 구성원입니다. 회사의 구성원으로서 그러한 관심은 어쩌면 당연한 것입니다. 자신이 소속된 회사가 잘 되어야만 자신도 잘될 수 있다는 것을 생각하면 자기 회사에 대해 애사심을 가지고 구석구석까지 알려고 하는 노력이 필요합니다.

주위 부서에 대해서도 마찬가지입니다. 난 영업을 맡았다고 해서 자기가 맡은 일에만 관심을 쏟게 되면 회사 내에서 고립될 수밖에 없습니다. 평소 자신의 주변 일에 관심이 없다면 주위 동료들과의 협동이나 협업도 쉽지 않을 것입니다. 회사에 대해서, 그리고 주위 부서에 대해 관심을 가진다는 것은 그만큼 적극적이고 능동적이라는 말입니다. 그러한 사람들은 기회를 잡을 확률이 높아집니다.

자, 종합해볼까요? 자기 일에 대해 자신감과 자존심을 가지고 '빠삭'하게 알려고 노력하고 공부를 해야 합니다. 그리고 회사의 모든 일과 주변의 일에까지 관심을 가져야 합니다. 그러면 여러분은 준비된 상태에 놓이게 될 것이고 우연히 찾아온 기회를 놓치지 않고 잡을 수 있게 될 것입니다.

그럼 오늘도 좋은 하루 보내기 바랍니다.

대표이사 조원석

오늘 대표이사의 편지는 우석의 마음에 절절하게 와 닿았다. 기회의 신 카이로스에 관한 이야기는 이미 대학 시절 들어서 알고 있었지만 사장의 편지 때문이 아니더라도 그 스스로가 평소에 늘 생각하던 것이 바로 준비된 사람이 되어야 한다는 것이었다.

그래서 어떤 일이든 적극적으로 나서고 배우려는 자세를 잃지 말아야 한다고 생각했는데 오늘 사장의 편지는 그러한 우석의 마음을 다시 한 번 일깨워 주었다. 우석은 아침 출근길에 들었던 발탁 승진 얘기를 떠올리며 자신도 준비된 사람이 되어야겠다고 다시 한 번 마음속으로 각오를 다졌다.

회계와 전략적
사고 역량을 갖추어라

어느덧 회사로 출근한 지 첫 주가 다 지나고 있었다. 오늘 저녁에는 입사 동기들과 함께 자체적으로 입사를 축하하는 모임을 가질 계획이었다. 신입 사원 교육을 받으며 연수원에서 본 사람도 있고, 같은 반에 배치되어 같이 교육을 받던 사람들도 있었다. 동기간의 정을 돈독히 하자는 취지에서 우석이 먼저 나서 모임을 제안했고 다들 적극적으로 찬성하여 동기 모임을 결성하게 된 것이다. 모처럼 홍대 앞에서 불타는 금요일 밤을 보낼 생각을 하니 벌써부터 마음이 들뜨기 시작했다.

겨우 일주일이 지났을 뿐인데 우석의 출근 시간은 점점 늦어지고 있었다. 사무실에 도착하니 8시 반이 다 되었고 이미 반 정도는 빈자리가 차 있었다. 지각은 아니지만 첫날에 비해 점점 늦어지고 있어 괜히 눈치가 보였다. 이미 홍기훈 팀장은 자리에 앉아 있었다. 인사를 하고 자리에 앉자마자 전화가 울렸다. 전화가 울릴 때마다 어떻게 받아야 하나 가슴이 쿵 하고 내려앉는 것 같더니 그래도 전화벨에는 어느 정도 적응이 된 것 같았다.

"전략기획팀 최우석입니다."

전화를 건 상대는 한 달 후에 있을 전략워크숍 장소를 수배하기 위해 접촉했던 리조트 중 한 곳의 관리자로 아침 일찍 전화해서 미안하지만 홍기훈 팀장을 바꿔 달라고 했다. 우석은 잠시 기다려 달라고 하고 홍 팀장에게 말을 건넸다.

"팀장님. OO 리조트인데요, 전략워크숍 때문에 전화했다는데 팀장님을 찾으시네요."

"그래요? 그럼 돌려주세요."

홍기훈 팀장이 고개만 잠깐 들었다가 다시 PC 화면으로 눈길을 주며 말했다.

"네?"

우석은 팀장의 말을 못 알아들어 다시 물었다.

돌려 달라는 건지, 돌려보내라는 건지….

"전화 돌려 달라고요."

홍 팀장이 다시 우석을 바라보며 말을 했다. 순간 우석은 아차 싶었다. 전화 돌리는 방법을 알지 못했던 것이다.

"네."

우석은 자신 없는 목소리로 대답하고 얼른 주위 선배들의 자리를 살펴보기 시작했다. 혹시나 전화 돌리는 방법이 메모 되어 있지는 않을까 해서였다. 하지만 어디에도 그런 내용은 없었다.

"뭐해요? 전화 돌려 달라니까."

우석이 우물쭈물하고 있는 사이에 홍 팀장이 재촉했다.

"저, 그게, 전화를 어떻게 돌리는지 몰라서… 죄송합니다."

그러자 홍 팀장이 피식 웃더니 우석의 자리로 다가와 전화를 받았다. 우석이 얼른 일어나 자리를 양보했지만 홍 팀장은 그런 우석의 어깨를 지긋이 누르며 선 채로 전화를 받았다. 통화가 끝나고 자기 자리로 돌아가며 홍 팀장이 우석에게 말했다.

"아직 전화 돌리는 거 안 배웠어요? 전화 당겨 받을 줄은 알아요?"

홍 팀장의 말에 우석의 얼굴이 벌겋게 달아올랐다. 사소한 에피소드였지만 우석은 하루 종일 그 일이 마음에 걸렸다. 일주일이나 지났는데 전화를 당겨 받거나 걸려온 전화를 돌려주는 것도 제대로 못 했으니 홍 팀장이 자신을 어떻게 볼까 걱정되었기 때문이었다. 그러면서 아무리 사소한 일이라도 기초를 갖추는 것을 우습게 여기면 안 되겠다는 생각이 들었다. 대표이사의 편지는 점심을 먹고 난 후 열어 보았다.

여러분, 안녕하세요? 벌써 금요일이 되었네요. 아직 부서 배치받은 지 일주일도 안 되어서 여러분에게 구체적인 업무가 주어지지는 않겠지만 큰 틀에서는 여러분들이 앞으로 해야 할 일이 정해져 있을 겁니다. 영업을 맡고 있는 직원도 있을 테고, 연구개발을 담당하는 직원도 있을 것이고, 생산이나 품질관리를 맡고 있는 직원도 있겠죠. 아마도 다양한 영역에서 다양한 업무를 맡게 될 것입니다.

그래서 맡은 분야의 업무 역량을 키워 나가기 위해서 열심히 OJT를 받고 있을 텐데 회사라는 곳이 자기가 특정한 일을 맡았다고 해서 꼭 그 일을 하기 위한 역량만 필요한 것은 아닙니다.

회사 생활에 경력이 쌓이고 직급이 높아지다 보면 사람들을 이끌고 조직의 성과를 창출하기 위해 업무적인 측면 이외에 다양한 역량이 필요합니다.

오늘은 이러한 역량들에 대해 말씀드리도록 하겠습니다.

전혀 모르는 사람에 대해 이 사람이 어떤 교육을 받았고 어떠한 경력을 쌓았으며 어떠한 역량을 갖추고 있는지를 알기 위해서는 무엇이 필요할까요?

가장 기본적으로 보는 것이 이력서일 겁니다. 이력서에는 그 사람의 나이에서부터 주요 학력, 전공, 직장 생활의 경력과 그동안 해 왔던 일, 주요한 성과, 그리고 기타 추가적인 정보 사항들이 담겨 있기 때문입니다. 이력서만 보면 그 사람의 몸값에 대해 대략적인 추정이 가능해집니다. 이력서에서 다소 부족한 부분을 보완해 주는 것이 자기소개서라고 할 수 있죠.

그렇다면 기업의 경우는 어떨까요? 회사는 무엇을 보면 감을 잡을 수 있을까요?

개인에게 있어서 이력서와 같은 역할을 하는 것이 바로 재무제표입니다. 재무제표란 특정 시점에서의 기업의 재무상태와 일정 기간 동안의 경영성과를 나타내 주는 보고서입니다.

개인도 사람들의 관심을 끌고 성공하고 싶은 마음이 있듯이 기업도 보다 많은 사람들에게 회사를 알리고 관심을 끌기 위해 재무제표를 만들고 이를 공개합니다. 회사의 모든 성과는 궁극적으로 숫자로 나타날 수밖에 없고, 재무제표 안에는 기업의 모든 것들이 담겨 있습니다.

겉으로 보기에는 규모가 크고 매년 큰 폭으로 성장하여 언뜻 보면 잘 나가는 것처럼 보여도 들여다보면 감당할 수 없이 많은 부채를 떠안고 있는 위험한 기업도 있습니다. 반면 규모는 작고 성장은 더디어도 자세히 보면 수익성도 좋고 꽤 안정적인 운영을 하는 기업도 있습니다.

매출은 얼마나 되며 수익은 어느 정도나 되는지, 매출은 증가하고 있는지, 수익은 어떤 이유로 발생하고 있는지, 투자는 어떻게 이루어지고 있는지, 자본금은 얼마나 되는지, 기업활동으로 발생한 수익은 어떻게 쓰이고 있는지, 재무활동은 어떻게 하고 있는지 등을 꼼꼼하게 들여다보면 그 기업의 과거와 현재, 그리고 미래에 대한 추정이 어느 정도는 가능해집니다.

그래서 투자의 귀재인 워런 버핏도 투자를 하기에 앞서 기업의 재무제표를 꼼꼼히 살펴보고 현재의 상태에 비해 저평가되어 있는 주식을 매입하여 장기 보유함으로써 막대한 수익을 올린 것입니다.

물론 재무제표에서 드러나지 않는 것들도 있습니다. 어떤 사람들이 기업을 이끌고 있으며 충분한 역량을 갖추고 있는지, 미래의 환경 변화에 대비하여 충분한 성장 동력을 갖추고 있는지, 전략적인 방향은 제대로 정립되어 있는지, 구성원들의 자질은 뛰어난지 등은 숫자로 표현될 수 없기 때문에 이에 대해서는 별도의 방법을 통해 알아야 하지만 기본적으로 재무제표 안에는 기업의 기초적인 판단을 할 수 있는 정보들이 빼곡하게 담겨 있습니다.

그런데 만일 이러한 숫자들을 읽고 해석할 수 있는 능력이 없다면 재무제표는 그저 숫자만 나열되어 있는 난수표와 다를 바 없을 것입니다.

난수표만 가지고서는 아무것도 알아낼 수 없는 것처럼 재무제표를 보고 그것을 해석할 수 있는 역량이 갖춰지지 않으면 무용지물이 되고 말 것입니다.

이처럼 기업의 모든 성과는 숫자로 나타나기 때문에 직장 생활의 가장 기본은 숫자를 이해하는 것입니다. 기업은 숫자를 떠나서는 아무 설명도 할 수가 없습니다. 기업의 모든 활동들은 숫자로 나타나고 숫자로 표현되고 있습니다.

연구소에서 새로운 제품을 출시하기 위해 연구개발 활동을 한다고 예를 들어 봅시다.

연구개발을 위해서는 기본적인 투자가 필요하죠. 우선 일을 할 사람이 필요하고 연구개발에 필요한 장비와 각종 실험재료들이 필요합니다.

연구개발 결과를 테스트해보기 위한 장비가 필요할 수도 있고 외부에 의뢰하는 경우는 비용을 지불해야 합니다. 연구개발 결과가 성공적이어서 제품으로 만들기로 결정됐다고 하면 새로운 생산공정을 만들기 위한 투자가 필요합니다. 소유하고 있는 여유 부지가 없다면 땅을 새로 매입하여야 하고, 공장도 새로 지어야 하며 생산에 필요한 설비도 갖추어야 합니다. 설비를 가동하기 위한 각종 유틸리티도 설치해야 하고, 공장 가동에 필요한 인원도 새로 채용해야 합니다.

이렇게 기업의 모든 활동에는 필수적으로 비용이 수반됩니다. 하지만 수반되는 비용을 감당하기 위해서는 그보다 더 큰 규모의 매출이 필요합니다.

또한 새로운 제품이 진입할 수 있는 전체의 시장 규모는 얼마나 되며 그중 우리가 목표로 하는 시장 규모는 얼마인지, 다시 그중에서 우리는 얼마만큼의 시장 점유율을 확보할 수 있는지 등을 꼼꼼하게 따져 보아야 합니다. 물론 판매가나 원재료가의 변동 가능성 등도 체크해야 하고요.

그렇게 해서 향후 몇 년간 실현 가능한 매출 규모는 얼마나 되는지, 가동률과 불량률 등의 변수들까지 꼼꼼히 반영하여 투입되어야 하는 비용은 얼마나 되는지, 일정 수준의 수익이 보장되는지 확인해야 합니다. 여기서 끝이 아닙니다. 회사 내에 그렇게 신제품을 만들기 위해 투자할만한 자금 여력은 있는지, 만약 자금 여력이 없다면 필요한 자본은 어떻게 조달할 것인지, 조달 금리를 고려하였을 때 수익률은 충분한지 등 자금운용 측면에서도 고려할 것들이 많습니다. 더 나아가 고객들은 안정적인지, 매출채권은 제대로 회전이 될 것인지, 원재료 구매는 어렵지 않은 지, 운영자금은 얼마나 드는지 등 세세한 것들까지도 놓치지 않고 고려하여야만 합니다.

이 모든 것들을 숫자로 정리하여 나타내야 합니다. 공장 가동 첫해 가동률이 50%에 불량률은 70%라고 하면 감을 잡기가 어렵지만 그것을 매출과 원가에 반영하여 숫자로 나타내면 손익 관계가 분명하게 드러납니다.

신제품을 개발하여 시장에 유통하기 위해서는 연구개발 부서에서부터 구매, 생산, 영업, 마케팅, 서비스에 이르기까지 회사 내의 모든 부서들이 관여합니다. 각자의 분야에서 예상되는 매출과 비용을 정확히 산출해 내야만 재무적인 측면에서 정확한 판단을 내릴 수 있기 때문입니다.

그런데 이때 숫자에 대한 감이 없다고 하면 제대로 된 숫자를 만들어 낼 수 있을까요?

예를 들어 모든 부서들이 정확한 숫자를 만들어 내었고, 그것을 근거로 매출과 수익에 대한 시뮬레이션을 해 본 결과 내부 수익률이

10%가 나왔다고 가정해 봅시다. 페이백 기간은 7년이 나왔습니다. 그러면 투자를 해야 할까요?

이때 자신이 맡은 분야의 숫자만 가지고 투자의 타당성을 이야기할 수 있을까요?

절대 안 됩니다. 회사의 전체적인 관점에서 숫자를 보고 해석할 수 있는 역량이 갖추어져 있지 않으면 절대로 의사결정을 내릴 수 없습니다.

물론 전문적인 분석은 관련 부서에서 다시 한 번 검증 과정을 거치게 되겠죠. 그러나 새로운 아이템을 개발하거나, 새로 생산 설비를 구축한다거나, 공장을 짓는다거나 하는 활동을 하기에 앞서 그 일이 재무적인 측면에서 타당성이 있는지 없는지를 검토하는 일은 일차적으로 해당 부서인 기획 부서 등에서 연구와 회의를 거듭하여 결론을 도출해 내겠지만, 여러분들 역시 관련 부서만큼 꼼꼼하고 전문적으로 할 수는 없다고 해도 기본적인 회사의 흐름에 대한 준비가 갖추어져 있어야만 합니다.

그런데 만일 숫자에 대한 이해가 부족하다면 그러한 기초적인 분석이 이루어질 수 있을까요?

저는 재직하는 동안 숫자에 대한 이해 부족으로 회사에 손실을 끼치는 경우를 너무나 많이 봐 왔습니다. 그래서 숫자만큼은 일정 수준 이상으로 다룰 수 있는 역량을 갖추기를 바랍니다.

또한 숫자는 냉정하고 정확하게 다루어야 합니다. 숫자가 잘못되면 모든 것들이 잘못될 수 있고, 때로는 회복할 수 없는 길로 들어설 수도 있습니다. 과도하게 장밋빛 전망을 그려서 감당하기 힘든 M&A를 했다가 기업 자체가 사라지는 경우도 많습니다. 그러한 오류를 막기 위해서는 숫자를 제대로 읽고 다룰 수 있는 역량을 길러야 합니다. 특히 경력이 쌓이고 직급이 높아지면 숫자로 설명해야 하는 경우가 더욱 많아집니다. 숫자를 읽고 해석하는 공부를 하기 바랍니다.

재무상태표, 손익계산서, 이익잉여금처분계산서, 자본변동표, 현금흐름표 등 재무제표를 보고 해석할 수 있는 방법을 배우고 익히며 자신들의 업무와 관련하여 새로운 투자가 필요할 경우 투자 타당성을 분석할 수 있는 기본적인 역량을 반드시 갖추길 당부합니다.

숫자를 다루는 역량과 함께 꼭 필요한 것이 전략적인 측면에서의 역량입니다. 전략적인 측면에서의 역량이란 너무 광범위하기 때문에 한마디로 정의할 수 없습니다.

여러분, 삼국지 읽어 보셨죠? 삼국지에 보면 수많은 전략가, 모사가들이 등장하고 그들의 활약이 눈부시게 펼쳐집니다. 이들이 가진 것이 바로 전략적인 측면에서의 역량인데 그들의 역량을 한마디로 표현하기는 매우 어렵습니다. 어쨌거나 전략적으로 사고하고 판단한다는 것은 말 그대로 전략적인 관점에서 문제를 바라보고 해결하려고 노력하는 것입니다.

숫자를 다루는 재무적인 역량은 어느 정도 스킬이 밑바탕 되기 때문에 열심히 노력하면 실력을 높일 수 있지만, 전략적 사고는 문제를 바라보고 해법을 찾는 사고방식 자체를 바꾸지 않으면 안 되기 때문에 역량을 끌어올리기가 쉽지 않습니다.

전략적 역량을 기르기 위해서는 많은 경험과 의식적인 훈련을 거쳐야 합니다. 전략적 사고에서 중요한 것은 당장 눈앞에 보이는 단기적인 것으로부터 벗어나 장기적인 관점에서 문제를 바라보고 겉으로 드러난 외형적인 것 이면에 숨겨져 있는 요소들을 전체적인 큰 그림에서 파악하는 것입니다. 숲을 보지 못하고 바로 눈앞에 보이는 나무만 바라봐서는 안 되는 것입니다. 표면에 보이는 것만 가지고 사고하고 판단하려고 한다면 큰 오류를 범할 수 있습니다.

신사업 또는 신제품을 개발할 때 가장 주의해야 할 것은 눈이 머는 것입니다. 자신들이 하는 일에 지나치게 자신을 가진 나머지 위험 요소를 보지 못하는 것이죠. 그래서 의욕이 지나칠수록 위험의 크기도 커지게 되는데, 예상되는 매출은 크게 부풀리고 필요한 경비는 크게 축소하거나 누락하여 마치 황금빛 열매를 맺는 것처럼 호도하여 투자를 이끌어 냈다가 큰 손실을 입고 물러나는 경우가 비일비재합니다.

전략적 사고를 위해서는 문제를 구조적으로 바라보고 정확히 문제가 무엇이고 그 문제의 원인이 무엇인지 찾아내는 것이 중요합니다. 이는 문제 정의 능력이라고 할 수 있겠죠.

문제 혹은 주어진 이슈가 무엇인지 정확히 정의하지 못하면 엉뚱한 답을 찾아내는 데 힘을 소모할 수 있습니다.

직장 생활을 하다 보면 의외로 이러한 일들이 많이 일어납니다. 문제는 다른 것인데 엉뚱하게 문제를 정의하고 엉뚱한 곳에서 답을 찾기 위해 헤매는 것이죠.

상사가 일을 지시한 경우에도 마찬가지입니다. 자신에게 맡겨진 일을 통해 제시해야 할 아웃풋이 무엇인지 분명히 알지 못하면 엉뚱한 보고서를 만들어 핀잔을 듣고 재작업을 해야 하는 일이 생기게 됩니다.

경영상의 문제는 한 가지 요인으로 발생한다기 보다는 여러 가지 요인들이 복합적으로 얽혀서 나타나는 경우가 많은데, 한 가지 단면만 보고 해법을 찾는다면 그건 불완전하고 절름발이 해법이 될 가능성이 많습니다. 심한 경우 그 해법으로 인해 더 좋은 기회를 잃거나 손실이 발생할 수도 있습니다.

문제가 정의되면 다양한 해법들을 찾아낼 수 있어야 합니다. 회사에서 발생하는 문제는 반드시 한 가지 문제에 대해서 한 가지 답만 정해져 있는 것이 아닌 경우가 많습니다. 상황에 따라 여러 가지 다양한 해법을 생각해 볼 수 있는데 다양한 해법을 찾기 위해서는 주변의 상황들을 잘 관찰하고 분석하여야 합니다.

그래서 문제를 일으킨 요인들을 MECE적인 관점에서 놓치지 않고 찾아내고 그것들을 개별 혹은 복합적으로 고려하여 해법을 찾으려고 노력해야 합니다.

MECE란 Mutually Exclusive, Collectively Exhaustive의 약자로 모든 요소들을 중복되거나 빠짐없이 고려해야 한다는 의미입니다. 경험이 부족한 사람들 혹은 전략적인 사고 역량이 없는 사람들은 눈에 보이는 것만 가지고 판단할 수 있는 위험이 있는데 이러한 것을 막기 위해서는 좀 더 다양한 관점에서 문제와 주변 환경요소를 바라보려고 노력해야 합니다. 이러한 것을 한 마디로 나타내면 문제 해결 역량이라고 할 수 있습니다.

전략적인 역량에서 또 필요한 것이 전략적인 의사결정입니다.

회사에서는 한 가지 대안을 도출하기보다는 가능성이 있는 대안들을 모두 찾아내기도 하는데 경우에 따라서는 모두 답이 될 수도 있고, 모두 답이 되지 못할 때도 있습니다.

이러한 대안들에 대해 장단점은 무엇이고 회사에 미치는 영향은 무엇이며 상호 다른 대안을 선택할 때 트레이드오프는 무엇인지 등을 면밀히 검토하여 회사가 취할 수 있는 가장 바람직한 입장에서 대안을 선택해야 합니다.

언뜻 보기에는 A가 B보다 좋아 보이지만 때로는 B를 선택해야 하는 경우도 있는데 이러한 것들이 전략적인 의사결정이라고 할 수 있습니다.

전략적 의사결정을 내리기 위해서는 위에서 얘기한 것처럼 각각의 대안에 대한 철저한 분석이 필요합니다. 이때도 눈에 보이는 것만 다루게 되면 큰 오류를 범할 수 있습니다.

빙산의 일각이라는 말처럼 빙산은 겉으로 드러난 것은 전체의 1/10밖에 안 되지만 눈에 보이지 않는 곳에 나머지 9/10가 자리잡고 있습니다. 이를 고려하지 못하면 그로 인해 큰 문제가 발생할 수도 있습니다. 그리고 의사결정이 내려졌을 때 회사에 미치는 영향에 대해서도 철저한 분석이 필요합니다.

의사결정으로 인해 영향을 받을 수 있는 모든 요인들에 대해 빠짐없이 고려하고 그것들이 어떠한 영향을 받을 것인지 그 크기를 가급적 정량화해야 합니다.

전략적 역량을 기르기 위해서는 논리적인 훈련이 필요합니다. 대개 이공계 출신들은 숫자를 바탕으로 한 학문을 하다 보니 논리적인 측면에서의 접근은 상당히 약한 편입니다.

하지만 회사는 숫자로 표현될 수 없는 부분이 상당히 많습니다. 문제를 구조화하여 명확하게 정의하는 과정, 주어진 문제에 대해 다양한 대안을 도출하는 과정, 그렇게 다양한 대안 속에서 최적이라고 여겨지는 대안을 선택하는 과정 등이 논리적으로 이해되고 설득력이 있어야 합니다. 만일 그 과정 중 하나라도 논리적으로 납득이 되지 않는다면 어렵게 이끌어 낸 대안이 무용지물이 될 수 있습니다.

전략적 역량을 기르기 위한 가장 좋은 방법은 다양한 경험과 훈련을 반복하는 것입니다.

그런데 여러분들의 입장에서는 다양한 경험과 훈련을 반복하는 것도 쉬운 일은 아닙니다. 기회가 주어지지 않기 때문이죠. 그렇다고 마냥 기회가 주어질 때까지 기다릴 수만은 없습니다. 기회가 주어지지 않으면 적극적으로 나서서 기회를 만들어야죠. 어떻게 하면 될까요?

주위에서 일어나는 일에 관심을 가지세요. 그리고 주위 사람들이 하는 일을 유심히 관찰해 보세요. 선배 사원은 어떠한 문제를 어떻게 해결하고 어떠한 결론을 도출하는지 잘 보고 배우도록 해 보세요. 굳이 내 부서뿐만 아니라 사내에서 벌어지는 어떤 일이라도 관심을 가지고 알려고 해 보세요. 선배들이 만든 보고서를 보면서 문제를 어떻게 정의하였고, 그 문제를 해결하기 위해 어떻게 접근했으며, 어떠한 관점에서 어떠한 것들을 검토하였고, 어떤 과정을 거쳐 어떻게 대안들을 도출했는지, 그리고 그 과정에서 어떠한 피드백들이 있었으며 최종적으로는 어떻게 결론을 내렸는지 등을 꼼꼼히 점검해 보기 바랍니다.

TFT(Task Force Team)를 하거나 컨설팅을 받는 경우에도 마찬가지입니다. TFT의 경우 집단적인 활동을 하기 때문에 개인이 해결하는 문제보다 훨씬 더 수준 있는 아웃풋을 기대할 수 있습니다.

컨설팅 결과 역시 마찬가지입니다. 기회가 있다면 컨설팅 프로젝트에 직접 참여하여 그들이 일하는 방식을 가까이에서 보고 배우는 것이 가장 좋은 방법이지만 기회가 없다면 그들이 만든 보고서를 보면서 공부를 하는 것도 자신의 역량을 끌어올리기 위한 아주 좋은 방법입니다.

또 있습니다. 보고의 기회를 잘 활용하는 겁니다. 여러분도 자신이 한 일이 아니더라도 부서에서 선배 사원이 한 일에 대한 보고에 참여할 기회가 있을 것입니다. 이러한 보고 역시 전략적 역량을 키울 수 있는 아주 좋은 기회입니다.

　보고는 아랫사람이 윗사람에게 자신의 업무 결과를 발표하는 자리입니다. 그래서 일의 결과에 대해 전체적인 내용을 세세하게 알 수 있을 뿐만 아니라 그에 대한 윗사람의 피드백을 생생하게 들을 수 있는 자리이기도 합니다. 윗사람들이 어떠한 관점에서 어떤 이야기를 하는지 유심히 살펴보세요.

　그들은 여러분들보다 훨씬 긴 시간을 수많은 상황을 경험하면서 보낸 사람들입니다. 그들은 여러분들에 비해 훨씬 뛰어난 전략적 역량을 갖추고 있는 사람들입니다. 그들은 아랫사람들이 미처 생각하지 못했던 것들을 끄집어내는 경우가 많습니다.

　보통 보고할 때 윗사람의 지적 사항이 많으면 아랫사람들은 인상을 찌푸리고 싫어하지만 그래서는 배울 것이 없습니다. 그들이 하는 말을 들으며 미처 생각하지 못하고 놓친 것이 무엇인지, 어떤 면이 부족했는지, 그들은 어떤 관점을 가지고 있는지 보고 배우려고 노력해 보세요. 그들을 따라잡으려고 노력하는 것만으로도 여러분들의 실력은 일취월장할 수 있습니다.

　여러분의 마음가짐 여하에 따라 회사는 여러분들에게 성공을 안겨줄 수 있는 가장 훌륭한 학교가 될 수 있습니다. 방법이 없는 것이 아니라 노력을 하지 않을 뿐입니다. 노력하는 사람과 노력하지 않는 사람은 시간이 지난 후에 서 있는 자리가 달라질 것입니다.

오늘은 숫자를 읽고 이해하는 것과 전략적인 측면의 역량에 대해 말씀드렸습니다. 여러분 나름대로 길을 찾아 자신의 역량을 끌어올릴 수 있도록 해보기 바랍니다. 불금 즐겁게 보내시고, 주말도 유익한 시간이 되길 바랍니다.

대표이사 조원석

사장의 편지를 읽고 나서 업무 수첩에 그 내용을 요약해 적으면서 우석은 다소 걱정이 되었다. 자신의 부서가 전략기획팀인 만큼 열심히 배우면 전략적인 사고 역량을 높이는 것은 어려움이 없겠지만, 회계나 숫자는 학창 시절부터 그렇게 익숙하지 않았기 때문이었다. 사실 어제 OJT에서도 김형준 차장이 비슷한 얘기를 하고 넘어갔는데 오늘 사장의 편지를 통해 다시 한 번 관련된 내용을 보게 되니 이제는 관심을 가지고 공부하지 않으면 안 되겠다는 생각이 들었다. 우석은 주말에는 서점에 나가 회계 서적부터 구입하여 공부해야겠다고 결심했다.

입사 2주차

직장에서의 인간관계와 처세술

폭넓게
네트워크를 구축하라

새로운 한 주가 시작되었다. OJT도 모두 끝나고 이번 주부터는 과연 어떤 업무가 자신에게 주어질지 우석은 기대 반, 걱정 반의 심정이 되었다.

전략기획이라는 업무를 지원했지만 일 자체는 쉽지 않을 것 같았다. 김형준 차장의 말에 의하면 전략기획팀의 업무가 워낙 정형화된 것이 없고 답이 없는 업무이다 보니 선배들도 어려움을 많이 느낀다고 했다.

회사에 도착해 엘리베이터를 기다리는 동안 우석은 우연히 옆에 있는 사람들의 이야기를 듣게 되었다.

"이 팀장. 거기도 신입 사원 들어왔어?"

"아니. 우리는 이번에 신입 사원 없는데. 김 팀장은?"

"우리도 없어. 우리는 작년에 뽑았잖아."

"그런데 요즘 신입 사원들은 너무 버릇이 없는 것 같아."

"왜? 무슨 일이 있어?"

"별일은 아닌데, 어제 퇴근하다가 지하철 안에서 옆 부서의 새로 입사한 신입 사원을 만났는데 모른 척하더라고. 말이나 걸어볼까 하는데 아는 척을 안 하니 말을 건넬 수가 있나."

"난 또 뭐라고. 얼굴을 몰라서 그랬겠지."

"그런가? 아무튼 좀 기분이 그렇더라고."

"괜히 요즘 젊은 사람들이라고 해서 편견을 가지고 볼 필요 없어. 앞으로 익숙해지면 잘하겠지."

그들의 얘기를 들으며 우석은 괜히 자신이 찔리는 듯한 느낌이 들었다. 사실 자신도 어제 퇴근길에 엘리베이터 안에서 어느 선배 사원을 만났는데 모른 척 지나쳐 버렸기 때문이었다.

입사 첫날 인사를 한 것 같기는 한데 어느 부서의 누구인지도 모르겠고 인사를 해도 자신을 알아보지 못할 것 같아 그냥 넘어갔던 것이다.

사무실에 들어서면서 우석은 일부러 큰 소리로 모든 사람들이 들을 수 있도록 인사를 건넸다. 우석이 큰 소리로 인사를 건네자 사무실 사람들이 멋쩍은 표정을 지으며 돌아보았다.

우석은 자리에 앉아 PC를 켜며 '오늘부터는 무얼 해야 하지?'하는 생각이 들었다. 지난주는 첫 주이고 OJT 계획이 세워져 있었지만, 이번 주부터는 정해진 일이 없으니 어떻게 해야 하나 고민이 되었다.

인트라넷에 접속하자 어김없이 오전 7시 30분에 발송된 대표이사의 메일이 도착해 있었다. 우석은 메일을 클릭했다.

여러분, 좋은 아침입니다. 오늘 아침에는 햇살이 참 좋더군요. 한 주가 시작되는 월요일 하루를 상쾌하게 맞길 바랍니다.

지난주에는 여러분에게 직장 생활의 비전과 목표에 대해 말씀드렸습니다만, 이번 주에는 직장에서의 인간관계와 처세술에 관해 말씀드릴까 합니다.

인간관계나 처세술에 대해 말씀드리는 이유는 그만큼 인간관계가 직장 생활에서 차지하는 비중이 높고 다루기 어렵기 때문입니다. 인간관계를 어떻게 가져가느냐에 따라서 직장 생활의 성패가 갈린다고 해도 과언이 아니기 때문에 여러분에게 이 얘길 먼저 해야겠다는 생각을 했습니다.

오늘은 첫 번째로 여러분에게 '줄'에 관해서 얘기해 볼까 합니다.

'줄이 무슨 말이지?'하고 궁금한 생각이 드는 직원도 있을 겁니다. 둘째 날 직장 생활의 목표에 대해서 얘기했지만 여러분들은 모두 구체적인 목표는 없을지라도 사회생활을 성공적으로 하고 싶다는 욕심이 있을 겁니다. 적어도 임원 자리에까지 오르고 싶은 분도 있을 것이고, 사장까지는 해야 한다는 분도 있을 것이며, 언젠가는 내 사업을 해보고 싶다고 생각하는 분도 있을 겁니다. 어떤 꿈이 있든지 간에 지금 여러분들의 가슴속에 담아 둔 꿈이 꼭 이루어지길 기원합니다.

사회생활을 성공적으로 하기 위해 필요한 것은 어떤 것들이 있을까요?

무엇보다 가장 중요한 것은 일에 대한 역량일 것입니다. 기본적으로 회사라는 조직은 유익한 유·무형의 가치를 만들어 내지 않고서는 존재할 의미가 없으므로 가장 중요한 것은 자신에게 주어진 일을 잘함으로써 회사에서 기대하는 가치를 창출해 내는 것입니다. 그래서 직장에서 성공하기 위해서는 무엇보다 일을 잘해야 합니다. 그런데 제가 지금까지 보아온 바에 따르면 사람들에게 주어진 역량은 크게 차이가 나지 않습니다.

물론 사람에 따라 다른 사람들보다 뛰어난 역량을 발휘하는 사람도 있고 반대로 다른 사람들보다 역량을 발휘하지 못하는 사람들도 있지만 대다수는 그 차이가 그리 두드러지지 않다는 것입니다. 일을 잘한다고 하는 사람도 사실은 그 이면에 숨겨진 노력이 많을 뿐 다른 사람들에 비해 현격하게 탁월한 능력을 가지고 있거나 비상한 머리를 가지고 있다고 여겨진 경우는 그리 많질 않습니다.

그렇다면 무엇이 사회생활의 성공 여부를 가늠할 수 있을까요?

아마 많은 대답들이 나올 겁니다. 열정, 노력, 집념 등 다양한 의견들이 있겠죠. 어쩌면 운이나 윗사람에게 잘 보이기 위한 아부와 같은 노력도 포함될 수 있을 겁니다. 하지만 저는 그중에서도 딱 한 가지만 고르라고 한다면 네트워크, 즉 '인간관계'를 들고 싶습니다.

엄밀히 보면 네트워크와 인간관계는 뉘앙스가 조금 다릅니다만 여기에서는 같은 것으로 놓고 얘기하도록 하겠습니다.

사회생활을 하는 데 있어 가장 힘들고 어려운 것이 무엇일까요?

사람에 따라 정도의 차이는 있겠지만 가장 중요하면서도 또 가장 어렵다고 생각하는 것이 아마도 인간관계일 겁니다.

저 역시 30년 이상 직장 생활을 하고 있고 나름 주위에서 성공했다고 인정받고 있지만 여전히 사람과의 관계는 쉽지 않은 것 같습니다. 사실 일은 아무리 어렵더라도 열심히 궁리하고 답을 찾다 보면 해결 방안을 도출할 수 있습니다. 답은 어떠한 형태로든 존재하니까요. 특히 기업활동은 수학이나 과학처럼 정형화된 답이 있는 것이 아니라 최선이라고 여겨지는 답을 찾는 것이기 때문에 반드시 답이 있습니다. 하지만 인간관계는 또 다를 것 같습니다.

인간은 혼자서는 살 수 없습니다. 인간의 삶은 가족, 친구, 선후배, 스승과 제자, 직장동료, 직장 상사와 부하 직원 등.

자신 외의 수많은 사람들과의 상호 관계의 지속이라고 해도 과언이 아닙니다. 하루에 만나는 사람들만 해도 수십, 수백 명에 이를 수도 있죠. 그렇게 끊임없이 주위의 사람들과 상호 관계를 이어나가야만 하는데 인간관계가 어긋나 버리면 그만큼 삶이 고단하고 힘들어질 수밖에 없습니다.

미국 MIT 공대의 졸업생들을 추적하여 성공했다고 평가되는 사람들에게 설문 조사를 해 봤더니 그들의 성공 요인으로 '전문적인 기술과 실력'을 꼽은 사람은 겨우 15%에 불과했다고 합니다. 그렇다면 나머지 85%는 무엇이었을까요?

'좋은 인간관계와 공감의 능력'이었습니다. 성공했다고 인정받는 사람들의 대다수가 자신들의 성공 요인으로 제일 먼저 꼽은 것이 바로 '인간관계'라는 것입니다.

가정에서, 친구 사이에서, 직장에서, 그리고 모든 사회생활을 하는 곳곳에서 끊임없이 사람들을 만나고, 같이 일을 하기도 하고, 부딪히며 생활하기 때문에 원만한 인간관계를 형성한 사람들은 사회생활이 비교적 수월하지만, 인간관계가 그리 좋지 않은 사람들은 사회생활이 늘 피곤하고 어려울 수밖에 없습니다. 직장에서도 이직 요인의 상당 부분을 차지하는 것이 인간관계입니다.

한 기관에서 이직 계획이 있는 직장인 567명을 대상으로 설문 조사한 결과, 대상자의 17.3%에 해당하는 98명이 직장 내에서의 인간관계 때문에 이직을 희망한다고 대답했다고 합니다. 다섯 명 중 한 명은 인간관계 때문에 회사를 옮기고 싶어한다는 것입니다.

생텍쥐페리는 '세상에서 가장 어려운 일은 사람이 사람의 마음을 얻는 것이다.'라고 말했습니다. 그만큼 인간관계가 쉽지 않다는 뜻이겠죠.

그렇다면 성공적인 인간관계를 만들기 위해서는 어떻게 해야 할까요?

당연히 노력을 많이 해야죠. 일도 마찬가지지만 인간관계도 노력 없이는 이루어지지 않습니다. 그럼 어떻게 노력을 해야 할까요?

첫 번째 방법은 윗사람들과의 간격을 좀 더 좁혀보는 것입니다. 여러분이 지금 근무하는 사무실에서 가장 어렵게 느껴지는 사람이 누구인가요?

임원이 있는 부서는 임원이 가장 어렵게 느껴질 것이고, 임원이 없는 부서에서는 부장이나 팀장 등이 가장 어렵게 느껴질 겁니다. 아무래도 높은 직급에 있는 상사이다 보니 가까이하기도 어렵고 눈 마주치는 것조차 쉽지 않을 겁니다. 저 역시 신입 사원 시절에는 마찬가지였으니까요. 어쩌다 한 번 부르기라도 하는 날이면 뭔가 잘못한 것이 있나 하는 마음에 가슴이 주체할 수 없이 쿵쾅거렸던 기억이 납니다.

그런데 사실 알고 보면 높은 자리에 오르면 오를수록 권한이 커지지만 그만큼 책임도 커질 수밖에 없습니다. 책임이 크다는 것은 그만큼 위험이 커진다는 얘기입니다.

임원이라는 직책은 겉으로 보기에는 화려해 보일지라도 실적이 기대만큼 따라 주지 않으면 언제든 회사에서 떠나야만 하는 존재입니다. 위에서는 경영진들이 성과에 대해 압박을 가해 오고 밑에서는 젊고 능력 있는 친구들이 무섭게 치고 올라오니 중간에 끼어 불안하기만 한 직책이 바로 부장이고 팀장들입니다.

부서원들과 함께 자신의 책임하에 주어진 업무에 대한 성과를 내야 하는 입장이다 보니 본심은 전혀 그렇지 않은데도 불구하고 화를 내거나 핀잔을 주거나 야단을 치는 경우도 종종 있을 겁니다. 그러면 부서원들은 가급적이면 같이 어울리고 싶어 하지 않고 자기들끼리만 메신저로 연락해서 퇴근 후에 그들을 안주 삼아 뒷담화를 늘어놓으며 스트레스를 해소하죠.

직급이 올라가면서 금전적으로는 조금 더 여유가 생길지 모르겠지만 책임은 더욱 커지고 성과에 대한 압박감은 심해져 마음의 여유는 점점 더 없어지게 되는 것이 바로 그들입니다.

하지만 부서원들은 자신을 어려워하고 피하니 고민을 털어놓을 수도 없고 혼자서만 끙끙대며 가슴앓이하는 경우가 많죠. 부서원들과 술 한잔 나누고 싶어도 혹시나 갑작스럽게 회식을 한다고 원망받을까 두려워 말도 꺼내지 못하고 눈치만 보다 그만두는 경우도 많습니다. 결국 겉으로 보기에는 힘 있게 보일지 모르겠지만 속으로는 고독과 외로움의 섬에 갇혀 지내는 사람들이 여러분의 상사들입니다. 권한이 커지는 것에 비례하여 책임과 외로움도 커지게 되는 것이죠.

그래서 이들은 늘 누군가가 자신에게 관심을 가져주길 바랍니다. 누군가 말을 걸어 주고, 누군가 술 한잔 하자고 권하고, 누군가 어울리자고 제안해 주길 원합니다. 그들도 여러분들과 같이 신입 사원 시절을 거쳐 오늘날 그 자리에 이른 겁니다.

그들이 리더가 된 후에 이상하게 변한 것이 아니라 주위 환경이 그들을 이상하게 보이도록 만들었을 뿐입니다.

그들에게 다가가 먼저 말을 걸어 보세요. 점심을 사달라고 청해도 좋고, 퇴근 후 간단하게 술 한잔을 청해도 좋습니다.

그들과 가깝게 지내야 할 이유가 단순히 잘 보임으로써 점수를 따기 위한 것이 아닙니다. 회사 내에서 벌어지는 일들 중 혼자 해결할 수 있는 문제는 그리 많지 않습니다. 그렇다면 문제 해결의 키를 쥐고 있는 사람을 빨리 찾아서 그들의 협조를 받아 내는 것이 일을 잘하는 방법이 될 것입니다.

인간관계가 폭넓은 사람들이 신제품 개발이나 특허 출원 등에서 월등히 성과가 좋은 이유도 바로 이 때문입니다. 신제품 개발이나 특허 등의 업무는 누군가의 도움이 필요한 업무들인데 넓은 인간관계를 통해 자신의 문제 해결에 필요한 키를 쥐고 있는 사람들의 도움을 적시에 얻어낼 수 있을 것입니다.

임원이나 부장, 팀장들은 회사 내에서 가장 경험이 많은 사람들입니다. 그리고 그들은 모든 문제 해결의 키를 쥐고 있는 사람들입니다. 그들을 가까이함으로써 그들의 풍부한 경험과 지혜를 빌리고, 다른 부서의 업무협조가 필요할 때 손쉽게 도움을 받을 수도 있을 것입니다. 평소 그들을 어려워하지 않고 그들과 가까이 어울린 사람들은 그들의 협조를 어렵지 않게 끌어낼 수 있지만, 어렵다고 피하고 무뚝뚝하게 대한 사람들은 막상 필요한 경우에 협조를 끌어내기가 그리 쉽지 않을 겁니다.

그들은 여러분들이 도움을 요청하면 언제든 들어줄 겁니다. 그리고 한 편으로는 자신이 알고 있는 것을 드러내거나 자랑하고 싶기도 하고요. 그렇게 꾸준히 상사들과의 관계를 돈독하게 쌓아나가다 보면 상사들 사이에서도 여러분에 대한 평판이 좋아질 것이고, 승진이나 각종 혜택을 받는 자리에서 좋은 점수를 받게 될 것입니다.

그런데 여기에서 한 가지 주의할 것이 있습니다. 사람은 시기와 질투의 동물입니다. 만약 여러분들이 상사들과 가까이 어울리고 그들로부터 사랑을 받는 모습을 주위의 동료나 선배 사원들이 본다면 그들 중에는 마땅치 않게 생각하는 사람도 있을 겁니다. 그러니 상사들에게 공을 들이는 만큼 주위의 동료와 선배들에게도 많은 시간을 할애해야 합니다. 주위의 많은 사람들과 어울리고 그들과 원만한 관계를 이어 나가도록 노력하길 바랍니다.

성공적인 인간관계를 만드는 두 번째 방법은, 좀 더 시야를 넓혀야 합니다.

같은 부서 직원 외에 다른 부서 직원들과의 관계 역시 매우 중요합니다. 같은 부서 사람들은 일상적으로 업무 시간이나 회의 시간 등에 자주 볼 수 있고 대화를 나눌 기회도 많습니다.

직장인이라면 점심시간은 누구나 매일매일 변함없이 맞이하는 시간입니다. 즉 사람들과 쉽게 어울릴 수 있는 시간이 바로 점심시간입니다. 업무에서 벗어나 부담 없이 이야기를 나눌 수 있는 자리이기 때문에 평소 궁금했던 것도 가벼운 마음으로 질문할 수도 있고 가벼운 농담이 오갈 수 있는 시간이기도 합니다. 또한 다른 부서의 사람들과의 관계를 넓힐 수 있는 최고의 시간이 아닐 수 없습니다. 내가 속한 부서 이외에 내가 도움을 요청할 때 기꺼이 도와줄 수 있는 사람이 있다면 회사 생활이 훨씬 더 즐거워지겠죠.

회사 내에서 계층별 모임이나 봉사조직, 동아리 활동 등에 적극적으로 참여하는 것도 좋은 방법 중 하나입니다. 이러한 모임은 자기 부서뿐 아니라 평소 쉽게 접할 수 없는 다른 부서 사람들과 인간관계를 만들어 나갈 수 있는 좋은 기회 입니다. 같은 목적을 공유하기 위해 만나는 사람들 간에는 특별히 더 끈끈한 인간관계를 맺을 수 있는데, 이런 활동을 적극적으로 이용할 필요가 있습니다. 이렇게 직장 생활의 경험이 쌓이다 보면 사내에서의 인간관계도 중요하지만, 사외에서의 인간관계도 그에 못지않게 중요하다는 것을 알게 될 것입니다.

사내의 인맥은 일상적인 직장 생활에서의 유익함을 위한 것이라면, 사외의 인맥은 자신의 업무에 필요한 정보나 해결책을 얻기 위한 것이라고 생각할 수 있습니다. 그러므로 사외에 나의 존재를 알리고 많은 사람들과 관계를 맺어 나가는 것 또한 중요합니다. 이것이 성공적인 인간관계의 세 번째 방법입니다.

사외의 인맥을 쌓기 위해서는 여러분 자신을 외부로 드러내어 알릴 수 있는 활동을 많이 해야 합니다.

공공기관이나 서비스 조직과 같이 외부 사람들과 접할 수 있는 기회가 많은 직장에서는 쉽게 자신을 밖으로 드러낼 수 있겠지만 일반적인 사기업에서는 스스로 노력하지 않으면 자기 자신을 밖으로 드러내기가 쉽지 않습니다. 그러다 보면 우물 안 개구리처럼 세상의 변화에 뒤처지게 되고 편협한 시각을 갖게 되는 원인이 될 수 있습니다.

사내뿐 아니라 사외에서도 많은 사람들과 만나고 적극적인 인간관계를 통해 정보를 교류하여야만 세상의 변화에 대응할 수 있고 그들의 도움이 필요할 때 어렵지 않게 도움을 받을 수 있습니다. 그리고 만남 이후의 사후관리는 매우 중요합니다.

성공한 사람들은 자신만의 명함관리 노하우를 가지고 있습니다. 서로 간에 어느 정도 감정의 교류가 일어날 수 있는 상태로 만들어 놓아야 필요한 도움을 받을 수 있는 겁니다.

평소에 연락 한 번 없다가 갑자기 도움이 필요해서 연락한다면 그것을 좋게 볼 사람은 별로 없습니다. 여러분이 도움의 손길을 내밀었을 때 기꺼이 즐거운 마음으로 도와줄 수 있도록 평소 투자를 아끼지 말아야 하겠습니다.

대표이사 조원석

우석은 자신도 늘 인간관계 때문에 힘들어하고 어려워했는데 대표이사의 조언은 큰 도움이 될 것 같았다. 하지만 윗사람들 입장에서 아랫사람이 가깝게 지내고 싶어하는 것을 좋아할지는 의문이었다.

'한 번 해 보기나 할까? 오늘은 팀장님께 술 한 잔 사달라고 해야겠다.' 하고 생각하며 우석은 수첩을 꺼내 사장의 편지 내용을 요약해서 적어 넣었다.

로터리 같은
사람이 되라

엊그제 부서 배치를 받고 첫 출근을 한 것 같은데 벌써 2주째라니 시간이 참 빨리 지나간다는 생각이 들었다.

어제는 홍기훈 팀장에게 술 한잔 사달라는 얘기를 꺼냈는데 의외라는 듯이 바라보면서도 기꺼이 부탁을 들어줬다. 비록 생각처럼 편한 자리는 아니었지만 그래도 그 자리를 통해 팀장과 더욱 가까워진 느낌이었다.

그 자리에서 우석은 홍기훈 팀장에 대해 많은 것을 알게 되었다. 사무실에서 볼 수 없었던 그의 숨겨진 이면을 볼 수 있었고, 그가 생각보다는 괜찮은 사람이라는 생각이 들었다. 앞으로 그를 통해 더욱 많은 도움을 받을 수 있으리라는 확신이 들었다.

사무실이 점점 낯익은 공간으로 바뀌어가는 듯했다. 출근을 시작한 이후 이제는 자신이 앉아 있는 곳이 삶의 터전이라는 느낌이 피부로 와 닿았다. 하지만 아직도 업무 측면에서는 햇병아리의 티를 벗지 못하고 있는 것 같아 불안했다.

어제는 하루 종일 선배들의 서류 정리만 하다 끝났다. 그동안 전략기획팀에서 만든 문서들을 모두 출력하여 바인더에 철하고 보기 좋게 색인표를 붙이라는 것이 첫 번째로 주어진 임무였다.

하루 종일 서류를 출력하고, 복사하고, 구멍 뚫고, 바인딩하다 보니 어느새 퇴근 시간이 다 되어 있었다. 우석이 만든 결과물을 보고 꼼꼼하게 잘했다며 칭찬해 주는 오종석 과장으로 인해 기분이 좋은 하루였다.

오늘은 기분좋게 출근하여 자리에 앉아 어제 정리한 서류철을 들여다보며 내용을 파악하고 있는데 전화벨이 울렸다. 받아 보니 바로 옆자리의 조기석 대리였다. 그는 학과는 달랐지만 같은 대학교 2년 선배였다. 그러고 보니 그가 아직 출근 전이었다.

"오늘 갑자기 일이 생겨서 못 나가게 됐어. 팀장님께는 휴가를 쓴다고 말씀드려놨는데, 미안하지만 나 좀 도와줘야겠어."

조기석 대리가 다소 잠긴 목소리로 우석에게 말했다.

"무슨 일인데요? 제가 할 수 있음 도와드릴게요."

"응, 고마워. 내 책상 서랍 열어 보면 맨 아래 칸에 서류 봉투가 있는데 거기 우리 회사 전략에 관해서 직원들 설문 조사한 거랑 임원들 인터뷰한 자료가 있거든. 그것 좀 엑셀파일로 정리해 줄래? 내일모레까지 보고해야 하기 때문에 오늘까지는 자료를 정리해야 하는데 일이 생겨 늦어질 거 같아서 그래."

"예. 알겠습니다. 해 볼게요."

"그래. 고마워. 잘 좀 부탁할게."

전화를 끊고 조 대리의 책상 서랍을 열어 보니 말한 대로 봉투가 들어 있었다. 양이 무척 많았다. 다 정리하려면 꽤 시간이 걸릴 것 같았다. 자료를 들춰 보며 우석은 어떻게 정리할까 궁리해 보았다. 어떻게 하면 조 대리가 편하게 데이터를 이용할 수 있을까 프레임을 그려 보기 시작했다. 그리고 데이터만 정리할 것이 아니라 자기가 배운 통계 툴을 이용하여 분석까지 해서 주면 좋을 것 같다는 생각이 들었다. 우석은 바로 엑셀을 열고 데이터를 입력하기 시작했다.

일은 생각보다 꽤 많았다. 퇴근 시간을 한 시간 정도 지나서야 겨우 끝냈다. 정리결과를 메일을 통해 조 대리에게 보내고, 우석은 대표이사가 보낸 편지를 열어보았다.

여러분, 오늘은 어제 못다 한 인간관계에 관한 이야기를 계속해 볼까 합니다. 사회생활을 하면서 인간관계는 매우 중요하기에 시간을 좀 더 할애해도 괜찮을 것 같습니다.

어제 직장 생활에서 성공하기 위한 인간관계의 세 가지 방법에 대해 말씀드렸습니다만 오늘은 몇 가지를 더 말씀드리겠습니다.

　제가 여러분에게 이런 조언을 하고 있긴 하지만 사실 인간관계를 잘 가져가는 것은 무척 많은 노력이 필요합니다. 그 이유는 상대방이 있기 때문이죠. 그 상대가 항상 내 마음 같지 않다는 것이 문제입니다. 사람은 가치관도 다르고 생각하는 방식도 다르고 추구하는 삶의 모습도 다릅니다. 기호도 다르고 옳다고 생각하는 것도 다르고 행동하는 것도 다릅니다.

　이렇게 서로 다른 사람들이 한 공간에서 일을 중심으로 모여있다 보니 서로 맞지 않는 부분들이 나타나고 그것들이 두드러지게 되면 갈등으로 발전되는 것입니다. 서로가 조금씩 양보하면 갈등이 해소될 수도 있지만 사람은 자신의 고집을 쉽게 꺾으려 하지 않습니다.

　그러나 상대방의 입장에서 보면 또 그 사람은 그 사람 나름대로 자신이 옳고 상대방이 틀렸다고 생각할 것입니다. 그러니 서로 팽팽하게 의견이 평행선을 달릴 수밖에 없죠. 상대방이 틀린 것이 아니고 서로 의견이 다를 뿐이라고 인정하고 그것을 받아들이려는 노력이 있어야 하는데, 서로 자신의 의견을 꺾지 않고 고집을 내세우니 갈등이 사라지질 않는 겁니다. 그러다 보니 편향적인 인간관계를 가질 수밖에 없습니다. 자신의 의견을 잘 들어주는 사람, 자신과 의견이 비슷한 사람, 서로 말이 잘 통한다고 여기는 사람들과 주로 어울리게 됩니다.

　여러분들이 친구를 만날 때도 그렇지 않은가요?

　같은 대학에서 같은 학과를 졸업한 동기들 사이에서도 형제처럼 아주 가깝게 지내는 사람이 있고, 비록 4년을 같이 공부한 사이지만 남보다 못한 사이도 있지 않은가요?

그것이 사람의 본성입니다. 만나서 편한 사람과 어울리는 것이 만나서 불편한 사람과 어울리는 것보다 훨씬 좋으니 편한 사람들만 찾게 되는 것이죠.

그러나 사회생활에서의 인간관계는 달라야 합니다. 지금 제가 말씀드리는 인간관계는 성공적인 직장 생활을 위한 것입니다. 직장 생활에서의 인간관계는 일의 연장선입니다. 자신에게 주어진 일이 어렵고 힘들다고 해서 그것을 포기할 수 있을까요?

그렇다면 직장 생활을 할 수 없겠죠. 그와 마찬가지로 직장에서 만나는 사람들과의 인간관계도 어렵고 힘들다고 해서 포기해서는 안 된다는 겁니다. 비록 시간이 걸리고 돌아가더라도 다른 방법을 찾아보면 해결 방법을 찾을 수 있습니다.

평소 인간관계가 매끄럽지 못하면 그 사람으로 인해 병목 현상이 생길 수도 있습니다. 그 사람이 아니면 절대 해결할 수 없는 문제가 생길 수도 있는데 그 사람과 사이가 껄끄럽다면 쉽게 협조를 부탁할 수 없겠죠. 상대방 입장에서도 적극적으로 도와주고 싶은 마음이 생기지 않을 테고요.

결국 이러한 편협한 인간관계는 업무성과에까지 영향을 미칠 수밖에 없습니다. 실제로 회사에서 많은 사람들이 잘못된 인간관계로 인해 업무수행에 어려움을 겪는 경우가 너무나 많습니다. 그래서 사회생활에 있어서의 인간관계는 인내하며 슬기롭게 유지해야 하는 것입니다.

여기에서 성공적인 인간관계를 위한 네 번째 방법을 말씀드리자면, 다른 사람들에게 인간적으로 끌리는 사람이 되도록 노력하라는 것입니다.

자석이 모든 쇠붙이를 끌어당기는 성질을 가지고 있는 것처럼 인간과 인간 사이에도 끌어당기는 힘이 있습니다. 괜히 끌리는 사람도 있지만 어떤 사람은 괜히 주는 것 없이 밉상인 사람도 있습니다.

직장에서의 인간관계는 낙하산의 줄과 같은 것입니다. 한 번 상상해 보세요. 비행기를 타고 가는데 고도 1000미터 상공에서 엔진이 고장 나 버렸습니다. 어떻게 해야 하죠? 살려면 뛰어내려야죠. 맨몸으로 뛰어내릴 수는 없으니 낙하산을 메고 뛰어내려야겠죠. 그러나 안타깝게도 그중에는 낙하산이 없는 사람도 있을 수 있습니다. 이들은 어떻게 될까요? 비참한 최후를 맞고 말겠죠.

여러분이 앞으로 직장 생활을 하다 보면 1000미터 상공에서 비행기의 엔진이 멈출 때처럼 위급한 비상 상황에 맞닥뜨리게 될 순간이 있을 수 있습니다. 그것이 긴급하게 중요한 일을 처리해야 하는 것일 수도 있고 큰 잘못을 저지른 경우일 수도 있고 심하면 회사에서 해고를 당하는 순간일 수도 있습니다.

이러한 위기의 순간에 낙하산 줄과 같은 역할을 해 줄 수 있는 것이 바로 사회에서의 인간관계입니다. 그러니 인간관계는 곧 생명줄이라고도 할 수 있는 거죠. 이러한 생명줄을 소홀히 다루겠습니까?

그렇다면 인간적으로 끌리는 사람이 되기 위해서는 어떻게 해야 할 까요?

기본적으로 끌리는 사람이 되기 위해서는 로터리 같은 사람이 되어야 합니다. 시내 중심가에 있는 로터리를 생각해 보세요. 어느 방향으로 가든 사람들이 목적지로 향해 가기 위해서는 이 로터리를 지나지 않고서는 안 됩니다. 그만큼 로터리는 차량의 흐름에 있어 중요한 역할을 합니다.

이와 마찬가지로 사람들이 여러분들을 통하지 않고서는 일을 할 수 없을 정도로 만들어야 합니다. 하지만 이것은 많은 노력과 아주 오랜 시간이 걸리는 일일 수도 있습니다. 여러분들을 통하면 일이 더 재미있고 쉽게 될 수 있도록 노력하기 바랍니다. 일이 더 재미있고 쉽게 느끼도록 만들려면 어떻게 해야 할까요?

가장 기본적으로는 다른 사람의 일에 적극적으로 관심을 가지고 도움의 손길을 내미는 것입니다. 사실 회사에서 다른 사람의 일을 도와준다는 것은 그리 쉬운 일이 아닙니다. 내가 맡은 일을 처리하기에도 버거울 때가 많기 때문이죠.

그러나 인간은 자신에게 도움을 준 사람에게는 호감을 가질 수밖에 없습니다. 그러니 주위 사람들에게 관심을 가지고 그들을 도울 일이 없는지 잘 살펴보세요. 도움을 받은 사람은 가슴속의 감정은행에 여러분들에 대한 잔고를 두둑이 쌓아 두게 될 것입니다.

다른 사람을 돕는다는 것은 단순히 손을 빌려주는 것 이상의 의미가 담겨 있는데 여러분 스스로를 업그레이드해 나가는 것과 다를 바 없습니다.

한 번 생각해 보세요. 주위에 있는 사람이 여러분에게 일을 부탁했는데 여러분들이 그것을 잘 처리하지 못했다고 한다면 그다음부터 일을 부탁할까요?

몇 번 그런 일들이 반복되면 '저 사람은 못 믿겠어.'라는 생각이 쌓이게 될 것이고, 여러분에 대한 평판이 나빠지겠죠. 그렇다면 여러분들은 의식하지 못하는 순간에 무능한 존재로 자리매김하게 될 수 있습니다.

다른 사람을 도와주려면 우선 내 실력이 뛰어나지 않고서는 안 됩니다. 그래서 다른 사람을 도와주려고 노력하다 보면 내 실력도 높이려는 노력을 할 수밖에 없고, 장기적으로 보면 그러한 노력은 나의 실력 향상에 도움이 될 것입니다.

끌리는 사람이 되기 위해서는 가장 먼저 공감하는 것이 중요합니다. 이성적인 사고를 넘어서 감성적인 측면까지 같이 공유하는 것이 공감입니다.

애덤 스미스는 『도덕감정론』이라는 책을 통해 다음과 같이 말했습니다.

'우리는 스스로를 그의 상황에 놓고 상상해 봄으로써 그의 몸속으로 들어가는 것처럼 느끼고 어느 정도는 그와 똑같은 인물이 된다. 그리하여 그의 감각이 불러 일으킨 생각들을 구성해 보고 미약하나마 그것과 전혀 다르지 않은 감정을 느껴 볼 수 있다. 느슨한 밧줄 위에서 줄 타는 광대를 보는 관중은 자연스럽게 그가 하는 몸짓대로, 그리고 그들이 그와 같은 상황이라면 그럴 것이라고 느끼기라도 하듯 몸을 뒤틀고 꼬면서 균형을 잡으려고 한다.'

이렇듯 내가 누군가에게 감정이입되어 동질감을 느끼는 것을 '공감'이라고 하는데, 인간은 동물과 달리 감정을 가지고 있기 때문에 어떤 상대에게 감정이입하고 공감하게 되면 그에게 친밀감을 느끼게 됩니다. 그리고 누군가에게 친밀감을 느끼게 되면 그에게 호의를 베풀고 그의 말을 잘 따르게 됩니다. 자연스럽게 그 사람에게 끌려가게 되는 것이죠.

유명한 미래학자인 제레미 리프킨도 '공감하는 인간'이라는 뜻의 '호모 엠파티쿠스'라는 인간 본성을 언급하면서 공감을 미래 시대를 이끌 가장 큰 화두로 제시했습니다. 이처럼 공감은 강력한 힘을 발휘할 수 있는데 여기서 중요한 것은 진정성입니다.

주위 동료가 힘들고 어려워할 때 그 감정을 같이 공유하며 진심으로 같이 아파하고 기쁜 일이 생겼을 때 마치 내 일처럼 좋아해 주는 것이 진정한 공감입니다.

예를 들어 자신의 동료가 좋은 성과를 거두어 인센티브를 받은 상황에서 겉으로는 축하한다고 하면서도 뒤돌아서서는 배 아파하고 운이 좋았을 뿐이라며 무시한다면 그것이 진정성이 담긴 것일까요?

진정으로 마음을 열고 감정의 일치감을 맛보도록 해 보세요. 그렇게 꾸준히 노력하다 보면 주위 사람들도 여러분의 진정성을 알게 되고 그렇게 되면 여러분이 원치 않아도 그들은 마치 자석에 끌리듯 여러분에게 끌려오게 될 것입니다.

두 번째로, 끌리는 사람이 되기 위해서는 긍정적인 사람이 되어야 합니다. 습관적으로 다른 사람의 험담을 늘어놓는 사람들이 많습니다. 이러한 사람들은 대개 부정적인 사고를 가지고 있는 경우가 많습니다. 그래서 늘 불평불만을 늘어놓고 험담을 하고 다닙니다.

회사에서 하는 모든 일에 대해 불만이고 상사에 대해서도 좋지 않은 말을 늘어놓으며 그 누구도 좋게 말하는 법이 없습니다. 하지만 험담의 특징은 독을 품고 내게로 돌아온다는 것입니다. 험담은 돌고 돌아 반드시 당사자의 귀로 들어가게 마련이며, 중요한 순간에 험담을 한 사람에게 불리하게 작용할 수 있습니다.

그런데 사람들이 왜 험담을 할까요?

인간의 마음속에는 기본적으로 시기와 질투의 마음이 담겨 있는데 이것이 자신의 열등감과 결합되어 다른 사람에 대한 험담을 늘어놓거나 부정적인 말을 하는 형태로 나타나는 것입니다.

시기나 질투는 '다른 사람이 잘되는 것을 부러워하고 미워하는 마음'이라고 할 수 있는데요, 미국의 저술가 해럴드 코핀이란 사람은 '시샘이란 내가 가진 것이 아닌 다른 사람이 가진 것을 세는 기술'이라고 했다는군요.

나 자신을 보는 것이 아니라 다른 사람을 봄으로써 내가 갖추지 못한 것을 부정적으로 바라보는 마음인 거죠.

시기와 질투는 자신과 비슷한 상황에 있는 사람들, 즉 비슷한 나이, 비슷한 학력이나 학벌, 비슷한 경력, 비슷한 생활환경 등을 가지고 있는 사람들과 나 자신을 비교해 보고 내가 가지고 있지 못한 것을 그들이 가지고 있을 때 나타나는 감정입니다.

시기나 질투를 느끼기 위해서는 '비교'라는 전제조건이 있어야 합니다. 우리는 항상 비교 때문에 불행해지는데요, 비교를 통해 나보다 뛰어난 사람의 장점을 긍정의 시선으로 바라보며 나를 업그레이드하기 위해 노력하면 긍정적으로 나아갈 수 있지만, 비교는 대부분 부정적인 방향으로 흐릅니다. 나보다 위에 있는 사람들을 바라보면서 그들이 가진 것을 내가 가지지 못한 것에 대해 부정적인 마음을 가지게 되니 불행해질 수밖에요.

비교를 한자로 써보면 견줄 비(比)에 비교할 교(較)로, 서로 견주어 비교한다는 뜻이죠. 그런데 견줄 비는 같은 글자, 즉 비자가 두 개 나란히 겹쳐져 있는데 비는 날카로운 칼, 비수를 나타냅니다. 날카로운 칼이 두 개 나란히 붙어 있는 것이 견준다는 뜻이죠.

두 사람이 서로 검을 나란히 겨누고 실력을 겨룬다는 뜻에서 유래한 것으로 결국 두 개의 칼끝 중 하나는 자신을 향하게 되고 다른 하나는 상대방을 향하게 되는 것이 비교입니다. 둘 중 하나 혹은 둘 다 상처를 입을 수밖에 없는 것이 비교라는 말이죠.

그래서 성공적인 인간관계를 다져 나가기 위해서는 누군가와 비교하고 시기나 질투를 느끼지 않아야 하는데 이것이 바로 다섯 번째 방법입니다.

신언수구(愼言修口)라는 말이 있습니다. 글자 그대로 해석하면 말을 신중하게 하고 입을 놀리는 것을 수련해야 한다는 뜻입니다.

병은 입으로 들어가고 화는 입에서 나온다는 말이 있습니다. 입을 통해 세균이 몸속으로 침투하면 병이 되지만, 입에서 잘못 나온 말은 내게 화를 가져올 수 있다는 것이죠.

우리는 종종 정치권이나 사회지도층이라고 하는 인사들이 말 한 마디 잘못했다가 된통 당하는 경우를 많이 봅니다. 그만큼 말을 다스리는 것은 쉽지 않은데요 입을 잘 관리하지 못하고서는 절대 큰일을 할 수 없습니다.

여러분은 험담 대신 건설적인 생각을 하고 긍정적인 말을 하기 바랍니다. 긍정적인 말도 돌고 돌아 당사자에게 들어가게 마련이지만 이때의 반응은 부정적인 험담과는 전혀 다르게 나타납니다.

마음속에 좋은 감정을 쌓아 두었다가 언젠가 자신이 힘을 발휘할 수 있는 순간에 그 보따리를 풀어놓게 되겠죠. 긍정적인 사람 주변에는 늘 사람들이 끊이지 않게 마련입니다.

우리는 주위에서 나보다 잘된 사람들에 대해 존경심을 가지고 배우려는 자세보다는 무조건 깎아내리려는 마음이 강합니다. 앞서 설명한 이유 때문이죠. 그러나 잘 나가는 사람에게는 분명 이유가 있습니다. 이유 없이 잘 나가는 사람은 없습니다.

그들이 무엇 때문에 잘 나가는지, 그들이 나와 어떻게 다른지, 그들로부터 배울 것이 무엇인지 잘 비교해 보고 그 안에서 배울 점을 찾아 보세요. 그리고 그들을 시기하고 질투해서 멀리하기보다는 그들과 가까이하면서 그들의 숨겨진 면을 발견하려고 노력해 보세요. 그러면 여러분들이 보지 못한 이면에 숨겨진 그들의 성공 비결을 찾아낼 수 있을 것입니다.

여러분의 상사에 대해서도 마찬가지입니다. 그들이 때로는 모질게 대하고 자존심을 건드리는 한이 있더라도 그들을 비난해서는 안 됩니다. 그들은 그들 나름대로 그 자리에 있는 분명한 이유가 있습니다. 모든 사람들은 그 자리에 어울릴만한 합당한 이유가 있기 때문에 그 자리에 존재하는 것입니다.

이왕 말이 나온 김에 덧붙이자면, 여러분들에게는 엄하고 혹독하게 대하는 상사가 더 좋을 수도 있습니다. 업무적인 측면만 놓고 보자면 이런 상사는 같이 일하기는 힘들긴 해도 혹독하게 트레이닝을 거치고 나면 비록 훈련 과정은 힘들었더라도 그 결과는 자신에게 큰 도움이 될 겁니다.

사람은 겉으로 드러나는 것 이외에 더 깊은 내면의 세계를 가지고 있습니다. 주위에서 잘 나가는 사람들을 보고 그들의 숨겨진 내면 세계를 들여다보려고 함으로써 그 안에서 내게 도움이 되는 것을 찾아내어 내 발전의 초석으로 삼으려고 한다면 인간관계와 나의 성장, 두 가지 측면에서 모두 좋은 결과를 얻을 수 있을 것입니다.

대표이사 조원석

다소 개념적인 이야기들이 많긴 해도 우석은 사장의 편지가 마음에 와 닿는 것을 느꼈다. 자신도 대학생활을 하면서 학회나 동아리 활동을 많이 하였고 그 안에서 인간적인 관계로 인해 갈등을 많이 느꼈기 때문이다. 그리고 자신도 로터리 같은 사람이 될 수 있으면 좋겠다는 생각이 들었다. 사장의 편지 내용을 업무 수첩에 요약해 넣으면서 우석은 자신의 팀장인 홍기훈 부장을 떠올렸다.

그는 깐깐하고 힘든 스타일에 가까웠다. 또한 무언가 위엄이 느껴지는 스타일이기도 했다. 우석은 홍기훈 팀장이 가진 모든 역량을 배워야겠다고 각오를 다졌다.

상사의 관점에서
생각하고 행동하라

출근길에 인터넷을 통해 보니 L 그룹에서 처음으로 30대 임원이 탄생했다는 뉴스가 경제면의 헤드라인으로 올라 있었다. 연구소에서 제품개발을 담당하는 업무를 맡고 있는 연구원인데 새로 개발한 제품의 반응이 좋아 서른아홉이라는 이른 나이에 임원의 자리에 올랐다는 것이다.

우석은 그 기사를 보면서 부럽다는 생각이 들었다. 자신과 불과 열 살 남짓한 차인데, 자신은 십여 년 후에 임원의 자리에 오를 수 있을까? 자신이 없었다.

'십 년 후에 난 어떤 직급에 올라 있을까? 어제 인사팀의 설명으로는 각 직급마다 4년이 경과해야 한다고 했으니 십 년이면 과장 정도 될 것 같은데 그 짧은 시간에 임원이라니 엄청나네.'

부럽다는 생각이 회사에 도착할 때까지 떠나질 않았다.

사무실에 들어서니 옆자리의 조기석 대리가 만면에 웃음을 짓고 우석을 바라보았다.

"너, 대단하다. 햇병아리인 줄 알았는데 제법이네."

"예? 뭐가 말이에요?"

"어제 자료 정리해 놓은 거. 난 걱정돼서 꼭두새벽같이 출근했는데 데이터만 정리해 놓은 게 아니라 결과 분석까지 해놨네. 다시 봤어."

조 대리의 칭찬에 우석은 갑자기 우쭐해지는 느낌이 들었다. 기존 자료에 통계 툴을 이용하여 자신의 생각을 조금 더 보탰을 뿐인데 이렇게 칭찬을 받을 줄은 몰랐다.

우석의 머릿속에 직장 생활의 요령에 대해 어렴풋이 감이 오는 것 같았다. 한동안 조 대리의 걸쭉한 칭찬을 듣고 나서 우석은 자리에 앉아 제일 먼저 대표이사의 편지를 열었다.

신입 사원 여러분, 회사 생활은 잘 적응하고 있습니까?

여러분들이 부서에 배치받은 지도 벌써 열흘째로 접어드는군요. 아직은 모든 것이 낯설고 동료들이나 선후배들과의 관계도 서먹서먹하겠지만 잘 적응해 나가길 바랍니다.

오늘은 여러분이 직장 생활을 하면서 상사로부터 인정받을 수 있는 방법을 알려 드리려고 합니다.

직장 생활을 하다 보면 종종 주위에서 어떤 사람은 상사로부터 인정받고 신뢰받는 반면에 어떤 사람은 지지리 밉상으로 애물단지가 되는 경우를 볼 수 있습니다. 여러분이라면 어떤 사람이 되고 싶으신가요?

이 질문에 대답하기 위해서는 상사들이 어떤 직원들을 좋아하는지 알아야만 합니다. 상사들은 어떤 사람들을 좋아할까요?

정상적인 사고를 가진 사람이라면 상사 입장에서는 일을 잘하는 직원이 예뻐 보이는 것은 당연하죠.

그렇다면 일을 잘한다는 것은 어떤 의미를 가지고 있을까요?

제가 경험했던 것을 이야기해 드리고자 합니다.

제가 차장 시절에 새로 부임하신 상무님이 계셨습니다. 당시 저는 나이가 서른여덟 정도 됐었는데 새로 부임한 상무님은 불과 마흔 살 밖에 안 되셨죠. 이분은 30대 초반에 과장이었는데 불과 10여 년 만에 상무로 승진하였습니다. 직장 생활을 하면서 이처럼 빠르게 승진하는 분은 못 본 것 같아요. 정말 파격적으로 빠르게 승진한 분인데, 그래서인지 주변에서 온갖 시기와 질투를 한몸에 받았죠. 그렇다고 회사의 인사시스템이 허술하거나 이분이 시기를 받을 만큼 능력이 없는 것도 아니고 힘 있는 사람에게 아부하는 스타일도 아니었습니다.

그럼에도 불구하고 마흔 살이라는 젊은 나이에 상무의 자리에 올랐으니 궁금하기만 했습니다. 그래서 늘 '저분의 고속승진 비결은 무엇일까?'하고 궁금해하다가 어느 날 술자리에서 상무님에게 단도직입적으로 여쭤 봤습니다.

"상무님. 저랑 나이도 비슷하신데 어떻게 그렇게 빨리 진급하실 수 있으셨죠?"

그러자 상무님께서 호탕하게 한바탕 웃으시더니 말씀하시더군요.

"그게 그렇게 궁금하셨어요? 조 차장. 나는 일을 할 때 항상 나의 수준에서 하지 않습니다."

저는 그 말이 선뜻 이해가 되지 않았습니다.

'자기 수준에서 일을 하지 않는다? 그게 도대체 무슨 말이지?' 그래서 그분에게 다시 물었습니다.

"상무님. 그게 무슨 뜻입니까?"

그러자 상무님이 말씀을 해 주시더군요.

"조 차장. 조 차장은 상사가 일을 지시할 때 누구의 관점에서 일을 하나요?"

저는 뭐라고 대답을 해야 할지 몰라서 눈만 껌뻑거리고 있었죠. 그러자 상무님이 다시 말을 이어 나가시더군요.

"대부분의 사람들은 자신의 관점에서 일을 합니다. 사원이라면 사원의 관점에서, 대리라면 대리의 관점에서, 과장은 과장, 부장은 부장의 관점에서 일을 하죠. 그러다 보면 일을 수행한 실무자의 입장에서 궁금하거나 실무자 차원에서 해결해야 할 사항들이 업무 결과에 포함되는 경우가 많습니다. 이 말은 업무의 결과가 지나치게 지엽적으로 접근해서 큰 그림을 보지 못하거나, 너무 사소한 일에 디테일하게 접근해서 중요하지 않은 이야기들을 장황하게 다루거나, 그럼으로 인해 정작 짚어보아야 할 중요한 이슈를 보지 못하고 놓쳐 버리는 경우가 많다는 것을 나타냅니다.

하지만 일을 시키는 상사 입장에서는 그런 것들이 궁금한 것이 아니죠. 좀 더 상위의 개념에서 알고 싶거나 해결해야 할 문제들이 있을 겁니다.

비록 일은 바로 위 직속 상사가 지시하지만 상사도 다시 그 위의 상사의 지시를 받아 업무를 전달한 것이고, 그렇다면 최종적으로 업무 결과를 보고받고 싶어하는 사람은 상사가 아니라 그 위에 계신 분이라는 것을 명심해야 합니다.

일을 잘한다는 것은 업무를 맡은 사람의 입장에서 궁금하거나 해결책을 제시하는 것이 아니라 최초로 일을 시킨 사람의 관점, 또는 최종적으로 보고받는 사람의 관점에서 궁금하거나 해결해야 할 사항들에 초점을 맞춰 거기에 적합한 내용을 제시하는 것입니다. 그래서 일을 할 때는 항상 한 단계, 또는 두 단계 위의 상사의 입장을 헤아리고 일을 해야만 만족스러운 결과를 얻을 수 있는 것이죠.

상사의 입장에서는 만족스럽게 일을 한 직원에 대해 일을 잘하는 사람이라는 생각이 들지 않겠어요?

저는 항상 일을 할 때면 내 자신이 아닌, 처음으로 업무를 지시한 사람의 관점에서 일을 하려고 노력합니다. 아마도 그게 제가 빠르게 승진한 비결이 아니었나 생각됩니다."

그 순간에 저는 큰 충격을 받았습니다. 저 역시 나름대로 많은 상사분들을 모셨고 그분들로부터 일을 잘한다는 인정을 받았지만 그런 부분까지는 생각하지 못했기 때문입니다.

이날의 대화 이후로 저 역시 일을 할 때면 항상 상사의 입장에서 또는 최종적으로 보고받는 사람의 입장에서 일을 하려고 노력하였습니다.

신입 사원들이 가장 많이 하는 실수 중에 하나가 상사의 눈높이가 아니라 자신의 눈높이에 맞추어 일을 하는 것입니다. 하지만 미안하게도 여러분이 아무리 뛰어난 실력을 갖추었다고 해도 여러분의 수준에 만족할 수 있는 상사는 없을 것입니다.

일의 성패는 '어떤 관점에서 일을 했느냐'에서 나타납니다. 일을 하는 사람의 수준에 맞추어 일을 하는 것은 아주 하수이며, 상사의 입장에서 일은 하는 것은 중수, 그리고 최종적으로 보고받는 사람 입장에서 일을 하는 것은 고수의 스타일이라고 할 수 있습니다.

사장이나 회장에게 보고하는 내용을 실무자들이 알아야 할 내용으로 미주알고주알 채운다면 그건 결코 일을 잘하는 것이 될 수 없습니다.

예를 하나 들어볼까요? 요즘 3D 프린팅이라는 것이 아주 큰 화제이지요? 제가 만약 3D 프린팅에 대해 조사해 보라는 지시를 내렸다고 하죠. 그렇다면 저는 무엇을 알고 싶은 것일까요?

아마도 실무자들의 입장에서는 3D 프린팅의 기술적인 측면이나 원리, 작동방식, 쓰이는 주요 소재나 프린터 개발 업체 등 외형적이고 기술적인 부분이 궁금할 것이고 그것에 맞추어 자료를 조사하고 보고서를 준비할 것입니다.

그러나 제 입장에서는 그러한 부분도 알면 좋겠지만, 좀 더 나아가 3D 프린팅이 미래 사회에 어떤 영향을 미칠지, 그 영향으로 인한 사업의 변화는 어떤 것이 예상되는지, 그 안에서 우리 회사가 찾아낼 수 있는 새로운 사업 기회는 어떤 것이 있는지 등 좀 더 큰 관점에서의 의문점들이 있겠죠. 아무리 3D 프린팅의 기술적인 측면을 상세히 설명해 봤자 제 입장에서는 궁금한 내용이 포함되어 있지 않으면 일을 잘했다고 볼 수 없을 것입니다.

저 역시 신입 사원부터 시작해서 이 자리에 올라 있지만 일을 하면서 많이 듣거나 또는 반대로 많이 했던 이야기 중 하나가 '이건 중요한 게 아니고'라는 말입니다. 일을 한 사람과 보고받는 사람 간에 초점이 맞지 않았다는 것이죠.

그런데 여기서 좀 더 고려해야 할 것이 있습니다. 바로 위에 제시한 예를 보면서 불만스러운 생각이 들지 않나요?

업무의 지시사항이 그런 것이라면 처음부터 그렇게 구체적으로 얘기할 수 없을까요? 그렇다면 일을 하는 사람의 입장에서도 거기 맞춰서 할 수 있을 텐데 말입니다.

맞습니다. 사실 이는 조직이 가진 또 하나의 문제인 의사소통과도 연계가 되는데요, 직장은 다양한 배경을 가진 사람들이 다양한 위치에서 하나의 공통된 목표를 중심으로 어우러져 살아가는 곳입니다.

저처럼 직장 생활을 30년 가까이 한 사람과 여러분들처럼 바로 엊그제 입사한 신입 사원이 한 공간에서 일하고, 세계적인 명문 대학에서 박사 학위를 딴 사람과 고등학교를 졸업한 사람들이 한 공간에서 일하는 곳도 직장이라는 곳입니다. 행복한 가정에서 큰 어려움 없이 유복하게 생활한 사람과 찢어질 듯 가난해서 힘겹게 학교를 마친 사람이 같은 공간에서 어울리는 곳이 직장이기도 합니다. 이렇듯 서로가 가진 배경이나 지식, 경력과 능력이 다르다 보니 사실 직장 내에서 소통이 말처럼 그리 쉽지는 않습니다.

소통은 서로 상대방의 수준에 맞추어 대화를 하는 것입니다. 서로 간에 대화에 수준 차이가 발생하게 되면 소통이 제대로 이루어질 수 없습니다.

나는 3이라는 레벨에서 이야기를 하는데 상대방은 1이라는 레벨에서 말을 한다면 답답함을 느낄 수밖에 없을 것입니다. 그리고 답답함을 느끼는 건 상대방도 마찬가지겠죠. 그래서 소통을 잘한다는 것은 상대방의 수준에 맞추어 대화를 주고받는 것입니다.

어른들이 자신의 사고 수준이 아니라 어린아이들의 사고 수준에 맞추어 가르치는 것을 '눈높이 교육'이라고 하죠. 눈높이를 맞추려면 상사는 부하 직원의 입장에서 생각할 줄 알아야 하며, 부하 직원은 상사의 입장에서 생각할 줄 알아야 합니다. 서로 간에 조율이 필요한 거죠.

아무튼 소통이 잘 이루어지기 위해서는 일을 지시하는 사람이나 일을 부여받는 사람이나 사전에 서로 간의 의견 일치를 분명히 한다면 시간을 크게 줄일 수 있을 것입니다. 예를 들어서,

▸ 무엇을 하라는 것인가?

▸ 왜 이 일을 해야 하는가?

▸ 이 일을 통해 알고자 하는 것이 무엇인가?

▸ 이 일의 결과를 보고받을 사람은 누구인가?

▸ 이 일의 결과를 어떻게 활용하려고 하는가?

▸ 언제까지 해야 하는가?

▸ 어떠한 형식으로 보고해야 하는가?

▸ 누가 이 일에 관여하여야 하는가?

▸ 누구의 협조를 받아야 하는가?

▸ 어떠한 방법으로 해야 하는가?

등이 사전에 명확하다면 서로 간에 의사소통의 오류로 인해서 낭비되는 시간은 그만큼 줄어들게 되겠죠. 그러나 우리나라의 문화는 여전히 고맥락 문화가 지배하고 있어 쉽게 고치기 어려운 것이 사실입니다. 여기에 대해 좀 더 부연설명이 필요할 것 같네요.

에드워드 홀은 『문화를 넘어서』라는 책을 쓴 미국의 인류학자인데 고맥락 문화와 저맥락(low context) 문화에 대하여 언급한 바 있습니다. 저맥락 문화란 커뮤니케이션에 있어서 직설적이고 명료하며 자기

의사를 말과 문자로 분명하게 밝히는 것이고, 반면 고맥락 문화는 우회적이고 애매하며 함축적인 언어를 이용하여 커뮤니케이션 하는 것입니다. 다시 말해서, 우리나라 같은 동양권의 문화는 고맥락 문화이고, 서양의 문화는 저맥락 문화라고 생각하면 됩니다.

예로부터 동양에서는 시 몇 구절에 자신의 마음을 100% 담아내었던 반면, 서양에서는 학술서처럼 자세하고 구구절절한 설명이 따르지 않으면 글을 이해하기 어려웠죠.

문화적인 차이를 설명하기 위한 것이지만 사람들의 성향도 이와 유사한 특징을 가지고 있습니다. 고맥락 성향을 가진 사람이 있는 반면 저맥락 성향을 가진 사람도 있죠.

'개떡같이 말해도 찰떡같이 알아듣는' 사람이 고맥락 성향이고, 미주알고주알 일일이 가르쳐 주지 않으면 엉뚱한 방향으로 가는 사람이 저맥락 성향을 가진 사람인 거죠. 이렇게 서로 다른 성향을 가진 사람들과 올바로 소통하기 위해서는 상대의 성향에 맞추어 커뮤니케이션을 해야 합니다. 상사는 부하 직원의 성향에 맞추어 업무지시를 내려야 하고, 부하 직원은 상사의 성향에 맞추어 일을 해야 합니다.

저맥락 성향을 가진 부하 직원이 고맥락 성향을 가진 상사의 업무지시를 제대로 이해하지 못했다면 즉시 확인하고 이해하려는 노력이 필요하며, 상사 입장에서도 가급적 자세하게 해야 할 일을 설명해 주고 원하는 결과를 이해할 수 있도록 해 주어야 합니다. 이런 노력이 따르다 보면 조직 내에서의 소통은 좋아지겠죠.

여러분들이 앞으로 직장 생활을 하면서 많이 듣게 될 얘기 중의 하나가 아마도 '이걸 일이라고 해왔어? 수준이 이것밖에 안 돼?'라는 말일 것입니다.

우리 회사에서는 가급적 이런 말을 쓰지 말라고 합니다만 잘 고쳐지지가 않는 것 같더군요. 그런데 이 말은 동일한 직급에 있는 사람들과 비교하는 말이 아닙니다. 상사의 수준에서 비교하는 말인 거죠. 자존심 상하고 기분 나쁘게 들리기는 하겠지만 그 말은 상사의 눈높이에 맞추어 일을 해야 한다는 말입니다.

미안한 얘기지만, 사실 회사에서 일을 할 때 사원이나 대리의 수준에 맞추어 일을 한다면 일의 성과가 높아지기는 쉽지 않습니다. 사회 경험도 부족하고, 업무에 대한 경력도 부족한데 그 수준에 맞추어 일을 한다면 결과의 질이 높을 수 있겠습니까?

상사의 눈높이에 맞추어 일을 하면 일의 과정은 어렵지만 일의 결과는 수월해질 수 있습니다. 일 자체가 쉬워진다는 것이 아니라 상사로부터의 닦달은 벗어날 수 있다는 것입니다.

실무자들 사이에서 알아야 할 당연한 내용들은 가급적 압축하거나 과감히 삭제하고 좀 더 상위에서 업무 지시를 내리는 임원의 입장, 좀 더 올라가 최종 의사결정자의 입장에서 보면 그 사람들이 알고 싶은 내용은 따로 있습니다. 그러한 관점에 맞추어서 일을 한다면 일을 하는 과정에서 좀 더 많은 고민과 노력이 필요하겠지만 그 결과를 받아 본 상사의 입장에서는 대견하고 기특한 생각이 들 수밖에 없겠죠.

그렇게 하려면 아무리 사소한 일이라도 안일한 생각으로 일을 처리해서는 안 됩니다. 수준 높은 자료를 찾아 참고하여야 하고 지식과 경험이 많은 전문가들의 깊이 있는 이야기를 들어야 하고 다양한 사람들을 만나 서로 다른 의견들을 들어보며 자신만의 관점을 만들어 나가는 노력이 필요합니다.

이제 갓 사회에 발을 내디딘 여러분들에게는 승진이라는 말이 꿈처럼 아득하게 들릴 수도 있겠지만 여러분도 머지않아 승진의 기회를 맞이하게 될 것입니다. 군대를 다녀온 사람이라면 하나씩 계급이 높아질 때마다 느꼈던 희열을 알 수 있듯이 직장에서도 한 단계씩 직급이 높아지는 것에 희열을 느끼게 될 것입니다.

그런데 승진이 어떤 의미일까요? 단순히 지금 직급에서 시간이 많이 흘렀으므로 다음 직급으로 레벨업이 되는 것이라고 할 수 있을까요?

승진은 한 단계 높은 상위 직급에서의 업무를 수행할만한 역량이 갖추어져 있다는 의미입니다. 즉 지금 직급에서는 평균보다 뛰어나니 다음 단계의 직급으로 올라가도 충분히 일을 감당해 낼 수 있겠다는 판단에서 이루어지는 것이죠. 하지만 승진은 그 순간 리스크를 떠안는 것과 다를 바 없습니다. 승진하는 순간 그곳에는 이미 자신과 같거나 자신보다 높은 역량을 가진 사람들이 무수히 존재하기 때문이죠. 그래서 승진은 위기라고 할 수 있습니다. 그렇다고 해서 승진을 회피할 필요는 없겠죠.

아무튼 승진을 하기 위해서는 상위 단계의 업무를 수행할만한 역량이 있다는 것을 보여 주어야 합니다. 이것은 여러분이 일을 잘한다고 인정받는 사람이 되고, 그 결과 빠르게 승진할 수 있도록 해 주는 보증 수표 같은 것입니다.

제가 장담합니다. 여러분의 수준에서 일하지 말고 상사 또는 그 이상의 직급에 있는 사람들이 바라보는 관점에서 일을 하려고 노력해 보세요. 그렇게 노력을 반복하다 보면 여러분들은 스스로 역량이 일취월장하고 일을 바라보거나 해결하는 수준이 훨씬 높아져 있음을 깨닫게 될 것입니다. 눈높이를 높이고, 윗사람의 언어로 대화하세요.

오늘도 멋진 하루 보내기 바랍니다.

대표이사 조원석

사장의 편지를 다 읽고 나서 우석은 아침에 전철에서 본 뉴스와 조대리의 칭찬이 오버랩되어 떠올랐다.

마흔도 안 된 젊은 나이에 대기업의 임원이 됐다는 뉴스에 부러움을 느꼈지만, 조 대리의 칭찬을 받은 것처럼 스스로 찾아나서고 사장의 편지처럼 상사의 입장에서 일하려고 한다면 자신도 성공할 수 있겠다는 자신감이 생겼다.

'그래. 이제부터 팀장님의 입장에서 생각하고 팀장님의 입장에서 문제를 해결하려고 노력해 보자.'

우석은 수첩을 꺼내며 주먹을 불끈 쥐어 보였다. 옆에서 조 대리가 '뭐야?'하는 눈빛으로 우석을 바라보는 것이 느껴졌다.

상사의 성공을 위해 일하되 나의 가치를 끌어올려라

우석은 헐레벌떡 뛰어 사무실에 도착했다. 2주가 채 지나지도 않았는데 그만 늦잠을 자고 만 것이었다. 어제 너무 의욕에 불타 직장 생활의 목표를 세운답시고 잠을 설치고 만 것이었다.

사무실에 도착하니 출근시간이 5분이 지나 있었다. 쥐구멍에라도 들어가고 싶은 심정으로 조용히 자리에 앉으려고 하는데 사무실 분위기가 평소와 달랐다. 다들 정신없이 바쁘게 움직이고 있는 것이 보였다.

'무슨 일이지?'

우석은 자리에 앉으며 옆자리의 조 대리에게 속삭이듯 물었다.

"상무님께서 전략워크숍 준비사항 점검하신대. 원래 내일 하기로 되어 있는데 갑자기 출장 계획이 생기신 모양이야. 그래서 오늘로 당겨서 하자고 하는데 아직 자료 준비가 다 안 돼서 서두르는 중이야."

우석은 마치 바늘방석에 앉아 있는 듯한 느낌이었다. 다들 정신없이 움직이는데 자기 혼자만 사무실에 늦게 나타난 데다 아무것도 하는 것 없이 앉아 있으려니 괴로웠다.

"김 차장. 아직 안 됐어요?"

"네. 다 돼갑니다. 오 과장, 조 대리, 빨리 자료 가져와."

홍기훈 팀장이 김형준 차장을 재촉하자 김 차장은 다시 오종석 과장과 조기석 대리를 채근하였다.

"프린터에 가서 출력된 자료 좀 가져와."

조 대리가 어쩔 줄 모르고 있는 우석에게 지시했다. 그 사소한 일조차 바늘방석에 앉은 것 같았던 우석에게는 큰일처럼 느껴졌다. 프린터에서 출력물을 꺼내 클립으로 단단히 고정시킨 후 조 대리에게 건네주었다.

"자. 회의 준비하세요. 저는 상무님께 말씀드릴 테니."

홍기훈 팀장이 말을 하며 임원실로 향했다.

"최우석 씨도 회의에 들어오세요."

홍기훈 팀장의 리더십 때문인지 전략워크숍에 대한 점검회의는 갑작스럽게 일정이 당겨졌음에도 불구하고 잘 끝난 편이었다. 아직 준비가 부족한 자료와 참석자들에게 사전에 배포할 과제들은 다음 주

초에 다시 점검을 하기로 하고 회의는 마무리되었다. 회의를 마치고 나오는데 조 대리가 우석의 머리에 가볍게 꿀밤을 먹였다.

"이게 벌써부터 빠져가지고 지각이나 하고…."

하지만 질책보다는 또다시 늦지 않게 조심하라는 듯 웃음을 담고 있었다. 우석은 말없이 깊이 고개를 숙여 미안함을 표시하고 자리에 앉았다. 어김없이 대표이사의 편지가 도착해 있었다.

안녕하세요. 좋은 아침입니다.

여러분들은 회사에 들어오면서 직장 생활을 열심히 해서 성공하겠다는 각오를 다졌겠죠?

아마도 신입 사원이라면 누구나 다 그런 생각을 가졌을 것이라 생각합니다. 그런데 저는 오늘 좀 다른 얘기를 해보려고 합니다. 그것은 여러분들이 모시고 있는 팀장이나 부장 등 부서장들이 성공할 수 있도록 전력을 다하겠다는 마음가짐으로 일하라는 겁니다.

여러분들은 이 말이 낯설게 들릴지 모르겠지만 이 말에는 많은 뜻이 숨어 있습니다. 우선 상사가 성공하기 위해서는 부서원들이 좋은 성과를 내지 않으면 안 됩니다. 상사는 자기 스스로 일하는 것도 있겠지만 그보다는 부서원들이 뛰어난 성과를 창출할 수 있도록 조직을 잘 이끌어 나가는 역할이 더 중요합니다. 부서원들이 올바른 길로 나아갈 수 있도록 방향을 명확히 잡아 주고, 업무지시를 분명히 내리며, 문제를 해결하는 데 필요한 지원을 충분히 함으로써 부서원들이 최대의 성과를 창출하도록 조직을 관리할 책임이 있는 거죠.

상사가 아무리 뛰어나고 능력이 있다고 해도 혼자서는 성과를 만들어 낼 수 없습니다. 밑에서 서포트해 줘야 하는 부서원들이 성과를 만들어 줘야지만 비로소 성과를 만들어 낼 수 있는 것입니다. 상사가 좋은 평가를 받는다는 건 그만큼 부서원들이 좋은 성과를 냈다는 말이기도 합니다.

자기 자신만의 성공을 위해 일하는 것과 상사의 성공을 위해 일하는 것은 무엇이 다를까요?

상사의 성공을 위해 일하는 사람들은 조직의 성과를 우선하게 됩니다. 개인보다는 팀을 위해 헌신하게 되죠. 요즘 거의 대부분의 기업들은 팀제로 운영되고 있습니다. 팀은 개인이 아니라 공동으로 성과를 창출하도록 만들어진 조직입니다. 팀원들 모두가 제 역할을 하고 자기가 맡은 일에 성과를 내지 않으면 팀의 성과가 창출될 수 없습니다. 그리고 상사의 평가도 좋을 수가 없죠. 만약 팀원들 하나하나가 뛰어난 성과를 창출한다면 그것들이 모여서 팀의 성과도 뛰어나겠죠. 당연히 팀을 이끌고 있는 상사의 평가는 좋아질 수밖에 없을 겁니다.

상사의 성공을 위해 일하라고 해서 자신의 공을 상사에게 돌리거나 상사에게 잘 보이기 위해 아부하라는 이야기가 아닙니다. 간혹 부서원의 공을 마치 자기의 공인 양 가로채는 상사들도 있기는 하지만 모든 상사들이 공평무사하다는 전제하에서 드리는 말씀입니다.

여러분들은 자신이 맡은 일에 있어서 최선을 다해야 하고 바람직한 성과를 만들어 내야 하지만 혼자서만 잘해서는 안 됩니다. 자신이 속한 부서의 모든 사람들이 성과를 창출할 수 있도록, 팀의 기본적인 취지에 맞춰서 공동으로 성과를 극대화하도록 노력해야 합니다. 여러분 자신은 물론 여러분이 속해 있는 부서의 공동 성과에 대해서도 책임감을 가지고 노력해야 한다는 것입니다.

상사의 성공은 당연히 여러분에게도 득이 됩니다. 여러분들이 열심히 노력해서 성과를 창출하게 되면 상사의 입장에서는 여러분들에 대한 신뢰가 높아지게 될 것이고 그만큼 애정도 깊어지게 되겠죠. 만약 부서의 구성원들 모두가 꾸준히 성과를 창출해서 상사가 좋은 평가를 받게 되었다고 생각해 보죠. 자신이 성공할 수 있도록 도와준 부하 직원들을 끌어 주려고 하지 않을까요?

자신의 권한 내에서 그들에게 좀 더 기회를 부여하려고 할 것이고, 발탁승진 등 좋은 기회가 왔을 때 적극적으로 도와주려고 나설 것입니다.

사람의 팔은 당연히 안으로 굽을 수밖에 없습니다. 자신의 경험을 통해 어떤 사람이 일을 잘한다고 생각되고 그로 인해 자신도 도움을 받았다고 여긴다면 그를 키워 주고 싶은 생각이 들지 않겠습니까?

자신의 권한과 책임하에서 누군가를 이끌어 주는 것은 정당한 것입니다. 사람은 혼자서는 성공의 길에 오르기가 정말 쉽지 않습니다. 누군가가 이끌어 주지 않으면 꽤 오랜 시간이 걸릴 수도 있고 그 과정에서 돌부리에 걸려 넘어질 수도 있습니다.

성공한 사람들 주위에는 반드시 이끌어 주고 도움을 준 누군가가 있더군요. 제 친구 중에는 회사에서 임원으로 근무하다가 명예퇴직을 하고 어렵게 지내던 사람이 있었습니다. 그런데 그를 알고 지내던 사람 중에 누군가 이 친구에게 컨설팅을 할 수 있게 해 주고, 신문에 칼럼을 쓸 수 있도록 기회를 만들어 주면서 이 친구는 지금은 제법 잘 나가는 인사가 되었습니다. 만약 그에게 관심을 가지고 이끌어 준 사람이 없었더라면 그가 지금처럼 자리를 잡기까지는 더 많은 시간이 걸렸을지도 모릅니다.

그런데 또 뒤집어보면 만약 그 친구가 평소 열심히 하지 않았다면 절대 그런 행운은 일어나지 않았을 겁니다. 제 친구의 위기 극복은 원만한 인간관계와 신뢰할만한 능력으로 좋은 인상을 심어 줬기에 좋은 기회를 제공받을 수 있었던 겁니다.

물론 어느 조직이나 예외는 있기 때문에 실력보다 아부나 사탕발림으로 성공하는 사람들도 있습니다. 그리고 이런 사람들은 자신의 부족함을 채우기 위해 '줄'을 만들어 관리합니다. 자신이 만든 줄에 서는 사람들은 잘 봐 주지만, 자신의 줄이 아니라고 생각되는 사람들에게는 가차 없이 대합니다.

그러나 이런 사람들은 오래 갈 수가 없습니다. 그리고 이런 사람들이 조직의 외면을 받게 되면 '끈 끊어진 갓' 신세가 되고 마는 거죠. 실력 없이 '줄'에만 의존하다가 그 줄이 끊어지는 순간 '낙동강 오리알'과 같은 신세가 되고 마는 것을 많이 보았습니다.

여러분들 입장에서는 우리 회사에서 제일 높은 자리에 있는 사람이 저니까 제가 가장 성공한 사람으로 보이겠죠?

저는 지금까지 일을 하면서 늘 상사가 인정받을 수 있어야만 내가 일을 잘하는 것이다라는 생각으로 일을 해왔습니다. 그러다 보니 상사들도 그들이 잘 되었을 때 저를 적극적으로 끌어 주었고 오늘날 이 자리에까지 오르게 되었습니다. 작은 것을 버리면 더 큰 것을 얻을 수 있습니다. 그렇지만 여러분의 성공을 전적으로 상사에게 의존할 수만은 없습니다. 스스로 자신의 가치를 높여 나가지 않으면 안 됩니다.

여러분은 상품과 같은 존재입니다. 여러분도 좋은 물건을 구입하기 위해 수없이 쇼핑을 해보았겠지만 품질이 좋은 물건, 구입한 후에 충분히 제값을 할 수 있다고 생각되는 상품은 비싼 값을 주고서라도 사고 싶어 하죠?

여러분도 스스로가 쓸모 있고 값어치 있는 상품이 되려고 노력해야 합니다. 그래야만 여러분 자신이라는 상품에 대해 보다 높은 가치를 인정받을 수 있게 되는 겁니다.

우리 회사는 연봉제를 시행하고 있습니다. 지금 제 편지를 읽고 있는 신입 사원 여러분들은 모두 동일한 연봉을 받고 있습니다. 하지만 한 해 두 해 시간이 지나면서 연봉의 차이가 발생할 겁니다. 초기에는 연봉의 차이가 별로 크지 않을 수 있습니다. 그러나 경력이 쌓이고 직급이 올라갈수록 연봉 차이는 점점 더 크게 벌어질 수 있습니다.

어느 정도 차이까지 벌어질 수 있는지에 대해서 콕 집어서 얘기할 수는 없지만 무시하지 못할 수준까지 벌어질 수 있습니다. 같은 직급이라도 한 단계 낮은 직급의 연봉을 받을 수도 있고, 한 단계 높은 직급의 연봉을 받을 수도 있습니다.

연봉이라는 것은 여러분이라는 상품에 대해 회사가 인정해 주는 가치입니다. 지금은 여러분들이 가진 역량이 검증이 안 되었기 때문에 동일한 연봉을 받고 있지만, 경력이 쌓이고 여러분이 가진 역량이 발휘되기 시작하면 서로의 상품가치가 다르다는 것이 드러나게 됩니다.

회사 입장에서는 보다 상품가치가 있다고 여겨지는 사람에게는 좀 더 높은 연봉을 지급하더라도 회사 내에 붙잡아 두고 싶어 하지만 반면 그리 상품가치가 높지 않다고 여겨지는 사람에게는 굳이 높은 연봉을 지급하면서까지 회사 내에 붙잡아 두고 싶지 않아지는 것입니다. 그래서 시간이 지날수록 상품가치가 높다고 생각되는 사람과 그렇지 못한 사람 간에 연봉 차이가 발생하게 되는 것입니다.

우리 회사는 한 달에 한 번씩 외부의 유명인들을 모셔서 강연을 듣는 프로그램이 있습니다. 그분들의 강연을 들으면서 그 안에서 깨달음을 얻고 여러분 스스로 가치를 높일 수 있도록 노력하라는 의미에서 시행하는 행사인데요, 지금까지 일 년여를 진행하면서 열두 분 정도의 강사분들이 우리 회사를 다녀갔습니다.

그런데 그분들의 강연료는 천차만별입니다. 어떤 분은 단 한 번의 강연으로 여러분의 월급보다 많은 돈을 받아가기도 하지만 어떤 분은 그 반값으로 모실 수가 있습니다. 이 차이는 어디에서 오는 것일까요?

그것은 그분들에 대해 사회적으로 이 정도면 되겠다고 인정되는 가치가 형성되어 있기 때문입니다. 비싼 강연료를 주어야만 모실 수 있는 분들은 비록 비싸더라도 그만큼 여러분들에게 전달할 수 있는 콘텐츠가 풍부하여 그 돈을 지불해도 되겠다는 가치가 있는 것이고, 그 반만 주어도 충분하다고 생각되는 사람들은 그만큼의 가치가 있다고 여겨지기 때문입니다.

여러분은 자신의 가치가 어느 만큼인지 생각해 본 적이 있습니까?

자신의 가치가 궁금하다면 주기적으로 이력서를 업데이트해보기 바랍니다. 여러분도 회사에 들어오기 위해 이력서를 써 보았겠지만, 이력서를 작성하기 위해서는 구체적으로 드러나는 실적이 있어야만 합니다. 무엇인가 시도한 것이 아니라 무엇인가 시도를 해서 구체적이고 실질적으로 성과를 얻은 업무 내용을 기록하라는 것입니다.

성과 중심으로 여러분이 한 일을 기록한다면 지금으로부터 일 년이 지난 후에 쓴 이력서의 내용은, 여러분이 입사할 때 쓴 이력서의 내용과는 변화가 있을 것입니다. 만약 일 년 동안 정말 열심히 일을 했고 그래서 무언가 성과를 창출한 것이 있다면 그 내용을 이력서에 적을 수 있겠죠.

신입 사원이나 사원 시절에는 업무의 진척이 그리 빠르지 않고 두드러진 성과를 나타내기도 쉽지 않지만 직장에서의 경력이 쌓이고 직급이 높아지다 보면 일 년 사이에도 성과의 차이는 크게 나타날 수 있습니다.

차장이나 부장의 직급에 있는 사람들이 일 년 전 이력서와 일 년 후 이력서가 달라지는 것이 없다면 이는 작년과 변함없이 똑같은 일을 똑같은 방식으로 수행하였고, 그래서 작년과 크게 다를 바 없는 성과를 얻었다는 얘깁니다. 진정으로 자신과 회사의 발전을 위해 최선을 다해 노력하였다면 분명 작년과는 다른 내용들이 이력서에 기록될 수 있을 것입니다.

이를 두고 세계적인 경영 컨설턴트인 톰 피터스는 이렇게 말하기도 했습니다.

'작년과 올해의 이력서가 똑같다면 당신은 이미 실패한 사람'이라고 말입니다. 섬뜩하지 않습니까?

매년 자신의 이력서에 새롭게 추가할만한 내용이 없다면 실패한 직장인이라고 하는데 어떻게 그것을 태평스럽게 받아들일 수 있을까요?

연봉은 한 해 동안 한 일을 바탕으로 어느 정도의 성과를 만들어 냈는지 되돌아보고 미래에 만들어 낼 수 있는 추가적인 가치에 대한 회사의 기대치를 반영하는 것입니다. 좀 더 쉽게 얘기한다면 올해는 이만큼 성과를 만들어 냈으니 내년에는 이보다 더 많은 성과를 만들어 내주길 바란다는 의미가 담겨 있는 것이죠. 그래서 성과가 좋고 미래에 대한 기대치가 큰 사람들은 올해보다 연봉이 크게 오르는 것이고, 반대로 성과가 좋지 않거나 미래에도 별로 기대할만한 것이 없다고 여겨지는 사람에 대해서는 연봉을 동결하는 것입니다.

몇 해를 연속으로 좋지 않은 평가를 받고 연봉이 동결되는 사람들은 회사의 입장에서 볼 때 더 이상 성과를 기대할 것이 없다고 여겨지는 사람인 것입니다.

이제부터 일 년에 한 번씩 이력서를 업데이트해보기 바랍니다. 아주 솔직하게 여러분이 작년과 비교해서 달라진 것이 있는지 냉정하게 판단해 보세요.

다른 사람들한테는 너그럽게 대해야 하지만 여러분 자신에게는 엄격해야 합니다. 스스로 작년과 비교하여 새롭게 배운 업무는 무엇이며, 그 수준은 어느 정도나 되며, 그것으로 인해 내가 회사에 기여한 것은 무엇이고 내가 발전된 부분은 무엇인지 되돌아보기 바랍니다. 그래서 스스로에게 자신이 있다고 여기면 여러분의 가치는 작년에 비해 향상된 것입니다.

세상은 치열하게 돌아가고 있습니다. 여러분들의 주위에는 호시탐탐 여러분들의 자리를 노리는 경쟁자들이 들끓고 있습니다. 여러분 스스로 지속적으로 여러분들의 가치를 끌어올리지 못하면 언제 경쟁자들에게 추월당하게 될지 모릅니다.

오늘은 상사들의 성공을 위해 일하되 스스로 자신의 가치를 높이기 위해 노력하라는 말씀을 드렸습니다.

목요일인 오늘도 즐겁고 유쾌하게 보내기 바랍니다.

대표이사 조원석

우석은 미처 생각하지 못했던 내용에 역시 경륜은 속일 수가 없는 것이라며 감탄을 느꼈다.

회사에 입사하는 순간부터 자기 자신의 성공만 생각했는데 상사의 성공을 위해 일하라는 대표이사의 가르침은 미처 몰랐던 새로운 세상으로 가는 문을 열어주는 듯한 느낌이었다. 게다가 매년 이력서를 써 보면서 자신의 성장을 체크해 보라는 이야기도 깊은 깨달음을 얻기에 충분했다.

'내년 이맘때쯤이면 내 이력서에는 어떤 내용이 추가될 수 있을까?'

우석은 대표이사가 보낸 메일을 닫으며 홍기훈 팀장의 자리를 바라보았다.

자신의 평판을
잘 관리하라

우석은 아침 일찍 집을 나섰다. 어제의 지각 때문에 오늘은 늦으면 안 된다는 생각이 이른 아침부터 우석의 잠을 깨웠다. 어느 사이 금요일이 되어 있었다.

자리에 앉기 무섭게 홍기훈 팀장이 우석을 찾았다. 3주 후에 있을 전략워크숍 장소를 점검해 보고 오라는 것이었다. 두 군데 후보지를 모두 돌아보고 교통이나 회의실, 분임토의실, 프로젝터 등 회의시설과 숙박 및 음식 등을 체크해 보고 사진을 찍어 오라는 것이었다. 우석의 말을 들어보고 최종 결정을 할 테니 꼼꼼하게 잘 살펴보고 오라고 했다.

입사 후 처음 외근이었다. 사무실 밖으로 벗어난다는 생각에 우석은 마음이 설레었다. 하지만 한편으로는 걱정스럽기도 했다. 많은 사람이 움직여야 하는 전략워크숍의 장소를 우석의 말만 믿고 결정하겠다니 부담스럽기 짝이 없었다. 조기석 대리가 같이 가면 좋겠지만, 조 대리는 하던 일을 빨리 마무리해야 해서 같이 갈 수 없다고 했다.

'하는 수 없지' 우석은 걱정스럽기도 했지만 또 잘할 수 있다는 생각도 들었다. 처음부터 맨땅에 헤딩하는 일이라면 모르겠지만 이미 후보지가 정해져 있는 것이고 그 후보지를 비교해서 최종 결정을 내릴 수 있게끔 정리하기만 하면 되는 것이니 그리 어려울 것도 없다는 생각이 들었다.

목적지로 가는 시외버스에 오르며 우석은 검토항목을 수첩에 꼼꼼히 적어 넣기 시작했다. 업무 수첩에 표를 그려 넣고 세로축에는 교통과 회의시설, 숙박, 음식, 주변 환경, 비용, 편의시설 등의 항목을 기입하고 가로축에는 두 후보지의 이름을 적어 넣었다. 두 후보지는 그리 멀리 떨어져 있지 않았기에 하루 동안에 충분히 둘러볼 수 있을 것 같았다.

오랜만에 보는 한적한 시외풍경에 가슴이 상쾌했다. 우석은 스마트폰을 꺼내 회사 인트라넷에 접속했다. 대표이사의 편지가 도착해 있었다.

오늘은 또 한 주의 마지막 날입니다. 제가 편지를 보내기 시작한 지 이제 정확히 2주, 날짜로 치면 10일이 지났는 데 지난 2주간의 편지가 여러분이 앞으로 회사 생활을 하는데 도움이 될 수 있을지 궁금합니다. 오늘은 직장에서의 인간관계와 처세에 관한 마지막 이야기로 '평판'에 대해 말씀드리고자 합니다.

예를 들어 기존에 세상에 없던 새로운 제품이 나왔다고 가정해 보죠. 이전에는 누구도 그 제품을 써 본 사람이 없기 때문에 초기에는 그 제품에 대해 누구도 이렇다저렇다 평가를 하지 못합니다. 하지만 시간이 지나면서 그 제품을 쓰는 사람들이 많아지고 장단점이 눈에 들어오기 시작하면 그 제품에 대한 평이 따라붙게 됩니다.

여러분들이 절대 없어서는 안 된다고 생각하는 스마트폰만 해도 서로 다른 제품들을 비교해 보면서 '이 제품은 이런 면이 좋은데 이런 면은 불편해.' '이 제품은 다 좋은데 뭐가 잘못됐어.' '이 제품은 최고야.' '이 제품은 정말 엉망이야.' 등등 다양한 평을 내릴 수 있겠죠. 이것이 제품에 대한 평판입니다.

제품의 평판이 좋을수록 좋은 제품이 될 수 있고 소비자들의 선택을 받을 확률이 높아지지만, 평판이 좋지 않을수록 좋지 못한 제품으로 낙인찍혀 소비자들의 관심에서 멀어지게 되겠죠.

기업도 마찬가지입니다. 신생 기업에 대해서는 잘 알려지지 않은 관계로 평이 따르지 않지만 시간이 지나고 창출해 내는 성과에 따라 평이 붙게 마련입니다.

새로운 제품과 서비스로 가치를 창출해 내는 기업에 대해서는 좋은 평가가 붙겠지만, 실적도 지지부진하고 재무상태도 엉망이라면 좋은 평이 붙을 수 없겠죠.

주식시장에서 거래되는 주가라는 것도 사실 알고 보면 기업의 평가를 반영한 것이라고 할 수 있습니다. 어떤 기업이 규모도 크고 매출실적도 좋은데도 불구하고 주가가 생각보다 높지 않다면 사람들이 그 회사에 대해 좋지 않은 평가를 내리고 있거나 미래가치에 대해 별 볼일이 없다고 판단하는 것이라고 여길 수 있습니다. 반면 규모도 작고 매출도 적음에도 불구하고 주가가 높다면 그 기업에 대해 긍정적으로 평가하거나 미래에 큰 가치를 창출해 낼 것이라고 생각하는 것이죠.

여러분들도 세상에 처음 나온 신상품과 같습니다. 여러분들은 이제까지의 아마추어 무대를 벗어나 실력으로 스스로의 가치를 입증해야 하는 프로의 무대에 뛰어든 것입니다. 그러므로 스스로를 상품으로 생각하고 자신의 상품성을 높이기 위한 노력을 해야 합니다.

아직은 누구도 여러분들을 사용해 보지 못했기 때문에 여러분에 대한 평가가 없지만 시간이 지나면서 서서히 주위 사람들이 여러분들을 평가하게 될 것입니다. 그리고 시간이 지나면서 그 평가 내용들이 쌓여서 여러분들의 상품가치를 결정하게 될 것입니다. 이것이 바로 여러분들에 대한 평판이 됩니다.

평판은 여러분들이 사회생활을 하는 동안 끊임없이 쫓아다닐 것입니다. 여러분들은 아직 자신의 평판란이 백지 상태이기 때문에 그 중요성을 피부로 실감하지 못하겠지만 평판은 한 사람을 살리기도 하고 죽이기도 합니다.

실제로 우리 주위에서 그런 사례들을 직접 눈으로 볼 수 있지 않은 가요? 오늘 아침 뉴스에도 나왔습니다만, 개각이 있을 때마다 새로운 총리나 장관 후보자들이 거론되곤 하지만 그들 모두가 인사청문회를 통과하는 건 아닙니다. 온갖 구설수에 휘말렸다가 불명예스럽게 낙마하는 경우를 많이 보지 않으셨나요?

그들은 평소 자신에게 닥쳐올 수 있는 미래의 기회를 내다보지 못하고 평소 올바르지 않은 행실을 함으로써 자신의 평판을 스스로 해쳤고 결국 황금 같은 기회를 놓치고 만 것입니다.

여러분들 중 시간이 지나고 경력이 쌓이다 보면 다른 회사로 이직을 생각하는 사람이 생길 것입니다. 제가 회사를 다닐 때만 해도 다른 회사로 옮기는 것이 쉽지 않고 주위에서 바라보는 눈도 곱지 않았지만 고용시장이 유연해지고 평생직장의 개념이 없어지면서 예전에 비해 이직이 훨씬 활발해진 게 사실입니다. 경력 사원에 대한 채용이 늘었고, 회사를 옮기는 것에 대해 안 좋게 보는 시각도 이제는 긍정적으로 바뀐 것 같습니다.

그런데 요즘은 이직을 하는 과정에서 꼭 필요한 것이 있습니다. 무엇일까요?

자기소개서? 면접? 물론 이런 것들이 모두 필요합니다. 그런데 추가로 거쳐야 하는 단계가 있습니다. 서류나 면접 외에 경력 사원을 뽑는 회사에서 또 한 가지 알고 싶어하는 것이 바로 주위 사람들의 평판입니다. 이것을 레퍼런스 체크라고 하는데 예전에는 서류심사에 통과하고 면접을 잘 마치면 합격이 되었지만 요즘에는 거의 대부분 추가적으로 평판조회를 하는 추세입니다.

아무리 서류와 면접을 통해 좋은 인상을 받았다고 해도 그건 어디까지나 입사를 원해서 지원한 후보자의 말일 뿐입니다. 회사를 옮기고 싶은 사람이 자신에 대해 불리하게 얘기할 수 있을까요?

후보자는 최대한 객관적으로 말하는 척하지만 사실 자기 자신에 대해 좋게, 때로는 부풀려서 말하는 경우가 많습니다. 반면에 자기에게 불리한 내용에 대해서는 가급적 숨기고 말을 안 하려고 합니다. 불리한 내용을 잘못 말했다가 회사에서 좋지 않게 보면 채용되기 어려울 수 있으니까요.

이렇게 경력사원 채용 과정에서 레퍼런스 체크의 중요성이 부각된 이면에는 후보자의 서류와 면접 결과만 보고 경력 사원을 뽑았지만 그렇게 뽑고 보니 문제가 많이 생기는 겁니다.

일을 잘한다고 했지만 실제 일을 시켜 보니 실력이 형편없는 경우도 있고, 인간관계에 문제가 있어 늘 조직 내에서 문제를 일으키는 경우도 있고, 윤리의식이나 기본적인 마음가짐이 제대로 갖추어지지 않아 같이 일하기에는 힘든 경우도 발생한 것이죠. 뒤늦게 사람을 잘못 뽑았다는 것을 알고 후회하지만 일단 채용한 사람이니 쉽게 해고할 수도 없습니다. 원치 않게 골칫덩어리만 떠안게 된 셈입니다.

그런 문제들이 반복되다 보니 기업에서도 후보자 자신의 주관적인 생각이 아닌, 그들과 같이 일했던 주변 사람들의 객관적인 의견을 들어보고 싶다는 니즈가 생기게 된 것입니다.

그래서 후보자의 주변 사람들을 통해 그 사람에 대한 정보들을 수집합니다. 업무역량은 어떠한지, 성실한 사람인지, 도덕적으로 문제는 없는지, 인간관계는 어떠한지, 사람을 다루는 스타일은 어떠한지, 타 부서와의 업무협조는 원만했는지, 과거에 조직 내에서 문제를 일으킨 경우나 앞으로 문제를 일으킬만한 소지는 없는지 등에 대해서 말입니다. 그러다 보니 과거와는 달리 서류나 면접을 통과하고도 평판조회에서 문제가 돼서 최종적으로 탈락되는 사람들이 생겨나기 시작했습니다. 주위 사람들의 평판이 채용에 반영되면서 더 이상 이직을 희망하는 후보자들의 거짓말이 통하지 않게 된 것이죠.

어쩌면 여러분은 제 말이 가슴에 와 닿지 않을지도 모릅니다. 하지만 최근의 추세가 그렇게 변해 가고 있고 언젠가는 여러분들도 맞닥뜨리게 될 수 있는 문제이므로 제 말을 흘려듣지 말고 명심하길 바랍니다. 만약 여러분이 회사를 옮기고 싶다는 생각이 들어 새로운 회사를 알아보고 자기소개서에 좋은 이야기를 써 놓는다고 해도 주변 사람들의 평판이 좋지 못하다면 원하는 결과를 얻기는 힘들 것입니다.

결국 평판이란 '다른 사람이 써 주는 나의 이력서'라고 생각해야 합니다. 그 안에는 내게 불리하게 작용하는 사실들이 포함될 수 있습니다. 그리고 그러한 평판은 여러분에게 결정적인 순간에 독이 되어 돌아올 수 있습니다.

비단 이직뿐 아니라 한 회사에서 직장 생활을 계속하는 경우에도 평판관리는 중요합니다. 회사 생활을 하다 보면 여러 가지 중요한 순간들을 맞이할 수 있습니다. 예를 들어 해외 법인에 근무할 후보자를 찾는다거나 우수 사원들을 대상으로 해외 MBA 과정에 파견할 사람을 찾을 수도 있고, 더 오랜 시간이 지난 후에는 임원으로 승진할 수 있는 기회도 찾아오겠죠. 상위 직급으로 발탁 승진의 기회도 있을 것이고요.

하지만 이러한 순간에 본인에 대한 주변 사람들의 평가가 좋지 못하다면 그 기회는 순식간에 날아가 버리고 말 것입니다. 아무리 일을 잘한다고 해도 인간관계나 소통, 조직관리, 리더십 등 다른 부분에서 문제가 있다면 뜻을 이루기 어려울 것입니다.

따라서 긴 안목에서 여러분들의 생활을 잘 관리할 필요가 있습니다. 기회는 생각하지 못한 곳에서 찾아올 수 있습니다. 앞서 얘기했던 장관 후보자들도 미처 자신이 장관 후보에 오를 것이라고 생각하지 못했었겠죠.

마찬가지로 위기도 생각하지 못한 곳에서 갑자기 불쑥 튀어나올 수 있습니다. 갑작스런 경기침체나 경영상황의 악화로 인해 불가피하게 구조조정이 필요하다면 평소 평판이 좋지 않았던 사람들이 제일 먼저 대상에 오르게 될 겁니다. 이러한 기회 또는 위기에서 평소 행실이 좋지 못했다는 평가를 받게 되면 직장 생활 전체가 흔들릴 수도 있습니다.

'공든 탑이 무너진다.'는 얘기처럼 오랜 시간 쌓아 온 경력이 하루아침에 무너져 내릴 수도 있습니다. 그래서 평소 여러분들의 생활을 잘 돌아보고 좋은 평판을 받을 수 있도록 최선을 다해 행동하는 것이 중요합니다.

물론 사람이라는 존재가 완벽하지 않기 때문에 모든 사람들로부터 좋은 얘기를 들을 수는 없겠지만 그래도 자신에 대해 좋지 않게 얘기하는 사람들보다는 좋은 의견을 얘기해 줄 수 있는 사람들이 더 많아야 합니다. 그리고 비록 단점이 있다고 해도 그 단점을 극복할 수 있는 장점이 있다는 긍정적인 인식도 각인시켜야만 합니다.

요즘은 IT 기술이 발달하면서 블로그나 페이스북, 트위터와 같은 소셜 네트워크 서비스를 많이들 이용하는 것으로 알고 있는데 이것도 조심해서 사용하여야 합니다. 아무 생각 없이 회사에 대한 비판이나 주위 사람들에 대한 험담, 또는 무기명이라는 공간을 이용하여 인터넷에서 악성 댓글을 다는 행위들이 늘어나고 있지만 이런 것들조차 결정적인 순간에는 악재로 작용할 수 있습니다.

최근에는 입사를 지원하는 후보자들의 SNS를 둘러보고 평소 행실을 파악해서 채용 여부를 결정하는 기업들도 늘고 있습니다.

SNS라는 곳이 평소 사생활을 자유롭게 드러내는 공간이다 보니 면접과 같이 자신의 나쁜 면은 숨기고 의도적으로 순화하여 좋은 면만 드러내려는 행위는 하지 않게 되죠. 이런 공간에서 평소 자신의 생각이나 행동을 여과 없이 드러냈다가 만약 그것이 회사의 정책이나 철학과 다르고 회사가 추구하는 인재상과 다르게 보여지면 채용의 기회를 놓칠 수도 있습니다. 물론 그런 것 때문에 SNS조차 조심해야 한다면 개인의 자유를 침해 받을수도 있겠지만 가급적이면 SNS도 긍정적이고 밝은 측면에서 운영하는 것이 바람직할 것 같습니다.

여러분들에게는 앞으로 수많은 기회와 위기가 찾아올 찾아올 것입니다. 그 기회와 위기에서 여러분들을 죽이고 살릴 수 있는 것이 바로 여러분들에 대한 주위 사람들의 평판입니다. 평판이라는 것은 하루아침에 쌓을 수 있는 것이 아닙니다. 오랜 시간을 두고 꾸준히 축적되는 것입니다. 평소 자신의 행실을 바르게 하고 늘 주위 사람들로부터 좋은 평판을 얻을 수 있도록 노력하길 바랍니다.

누군가 이런 얘기를 하더군요. 경력 사원을 뽑으면서 '스펙을 보고 채용했다가 인격을 보고 해고한다.'고요.

사회생활은 일만 잘한다고 해서 만사가 해결되는 것이 아닙니다. 일은 당연히 잘해야 하는 것이고, 그 외에도 인격적인 측면에서 관리해야 할 것이 많습니다. 부디 여러분들의 경력을 성공적으로 관리해 나가길 당부합니다.

주말 즐겁게 보내길 바랍니다.

대표이사 조원석

역시 경륜이 쌓여서인지 진솔하면서도 애정 어린 충고를 담고 있다는 생각이 들었다. 자신도 이 회사에 뼈를 묻겠다는 각오로 입사했지만 언제 어떤 상황에 처하게 될지 모르는 일이고 평소에 꾸준히 자신의 평판에 대해 관리하지 않으면 좋은 기회를 놓칠 수 있겠다는 생각이 들었다.

우석은 업무 수첩을 꺼내 날짜를 적은 후 '평판'이라는 키워드를 크게 적어 넣었다.

전략워크숍 후보지는 사실 어느 곳으로 해도 상관이 없을 정도로 접근성이나 시설 면에서 두 곳 모두 나쁘지 않았다. 그래서 어느 곳으로 해도 괜찮을 것 같았다. 미리 준비한 항목들에 대해 두 후보지에 대해 꼼꼼히 적어 넣다가 우석은 한 가지 생각이 떠올랐다.

첫 번째 후보지는 시내에서 꽤 떨어진 곳에 있었지만 두 번째 후보지는 시내에서 아주 가까운 곳에 있었다. 마음만 먹는다면 쉽게 시내까지 나갈 수 있을 것 같았고 혹시나 지나친 음주 등으로 인해서 다음 날 행사에까지 영향을 미칠 수 있는 가능성도 있어 보였다.

우석은 자신의 생각을 수첩에 별도로 메모해 두었다. 주말 동안 정리해서 월요일 출근과 함께 홍기훈 팀장에게 보고할 생각이었다.

입사 3주차

직장 생활에 필요한 역량과 마음가짐

'3관' 왕이
되어라

새로운 한 주가 시작되었다. 주말 동안 우석은 자신이 돌아보고 온 워크숍 후보지에 대하여 꼼꼼하게 비교 자료를 만들고 사진까지 첨부하여 정리한 후 자신의 의견을 덧붙여 보고서를 만들었다. 그리고 출근하자마자 홍기훈 팀장에게 보고서를 내밀었다. 홍 팀장은 우석이 내민 보고서를 보더니 빙그레 웃었다.

"생각보다 꼼꼼하게 잘 정리했군. 좋았어요."

우석은 홍 팀장의 칭찬에 으쓱한 기분이 들었다.

"그런데"

순간 우석은 긴장 상태가 되었다.

"여기 A 리조트는 60명이 넘으면 통돼지 바비큐를 무료 서비스한다고 돼 있는데 그걸 이용하면 전체적인 식대가 B 리조트보다 줄어들지 않을까요? 우석 씨는 그건 고려하지 않고 비용을 산출한 것 같은데, 서비스받는 만큼 비용을 고려하면 전체 식대는 오히려 A가 더 싸질 것 같은데 우석씨는 단순히 인당 비용만 고려해서 비교를 하고 A보다 B가 더 싸다고 결론 내렸네요."

홍 팀장의 말에 우석은 당황스러웠다. 조금만 생각하면 알 수 있는 일인데 미처 거기까지 생각이 못 미쳤던 것이다.

"죄송합니다. 제가 생각이 짧았던 것 같습니다. 다시 정리해서 보고드리겠습니다."

우석은 얼굴이 달아오르며 얼른 자리를 피하고 싶었다.

"그래요. 다시 정리해서 보고해 주세요. 그런데요…."

우석은 홍 팀장이 또 무슨 말을 할지 몰라 걱정스러웠다. 하지만 홍 팀장의 입에서 나온 말은 뜻밖이었다.

"아주 잘했어요. 기대 이상이에요."

우석은 홍 팀장이 자신을 들었다 놨다 하는 것 같았다. 하지만 결론은 잘 했다는 칭찬이니 기분이 좋았다. 비록 작은 일이지만 한 가지 일에 너무 몰입되어 편향적인 생각을 가지는 것은 바람직하지 못하다는 깨달음이 들었다. 우석은 홍 팀장이 지적해 준 사항에 대해 내용을 수정한 후 다시 보고서를 올렸다. 홍 팀장이 우석의 의견에 따라 후보지를 결정한 후 우석에게 비용에서부터 워크숍 당일 현지에서의 지원까지 모든 것을 맡아서 하라는 지시를 내렸다. 사장님을 비롯하여 임원들과 부서장들을 모시고 하는 워크숍인데 혹시나 잘못되는 것이라도 있을까 싶어 우석은 걱정스러운 마음이 들었지만 첫 번째로 주어지는 미션인 만큼 실수 없이 깔끔하게 마무리하겠다며 각오를 되새겼다.

홍 팀장과 업무를 주고받는 동안 오전 시간이 거의 다 지나고 있었다. 점심시간까지 잠깐의 틈을 이용하여 우석은 대표이사의 편지를 열어 보았다.

오늘은 또 새로운 한 주가 시작되는 날입니다. 이번 주에는 여러분들이 직장 생활을 하는 동안 갖추어야 할 마음가짐이나 역량에 대해 말씀드리려고 합니다.

오늘은 첫 번째로 여러분에게 3관왕이 되라고 이야기하고 싶네요. 여기에서 '3관'은 '관심, 관찰, 그리고 관점'입니다. 직장 생활을 하면서 중요하게 염두에 두어야 할 세 가지 항목인데 공교롭게도 '관'이라는 글자로 시작하게 되어 '3관'이라 이름을 붙였고 이것들을 완전히 여러분 것으로 만들어 정복해 버리라는 의미에서 '왕'을 붙여 '3관왕'이라고 해 보았습니다. 그럼 각각에 대해 살펴볼까요?

먼저 관심입니다. 여러분이 우리 회사에 입사하게 된 이유는 무엇인가요? 여러분이 지금 있는 부서에 지원하게 된 이유는 무엇인가요? 여러분이 지금 제가 보낸 이 편지를 읽고 계신 이유는 무엇인가요? 아마도 관심이 있기 때문일 겁니다. 우리 회사에 대해서 관심이 있고, 자신이 맡은 일에 대해서 관심이 있고, 제가 보낸 편지 내용에 대해 관심이 있기 때문일 겁니다.

관심은 어떤 것에 마음이 끌려서 신경을 쓰거나 남다른 주의를 기울이는 것을 말합니다. 모든 일을 시작하게 만드는 동인이 됩니다. 무슨 일이든 잘하기 위해서는 우선 그 일에 대해 관심이 있어야만 합니다. 여러분은 우리 회사와 지금 배치받은 부서의 업무에 관심이 있어서 지원했을 것입니다. 기본적으로 우리 회사, 그리고 자신이 맡은 일을 수행하기 위한 기본적인 마음가짐은 갖추어져 있다고 볼 수 있습니다.

하지만 관심만 가지고는 충분하지 않습니다. 그 마음을 잃지 말고 꾸준히 잘 지켜나가는 것은 물론 그것을 더욱 증폭시켜 나갈 필요가 있습니다. 관심은 다른 말로 하면 호기심과 같은 것입니다. 호기심 역시 무엇인가에 끌리는 마음을 말합니다.

관심 혹은 호기심은 펌프의 마중물과 같은 역할을 합니다. 요즘 분들은 펌프를 써 본 경험이 없어서 잘 모르겠지만 펌프를 사용하기 위해서는 처음에 한 바가지 정도의 물을 부어주어야만 합니다. 그 물이 있어야 지하 깊은 곳에 있는 물을 끌어올릴 수 있는 것이죠. 이것이 마중물입니다. 관심이나 호기심은 여러분들이 무언가에 집중할 수 있는 마음을 이끌어 내는 마중물이라고 할 수 있습니다. 관심이나 호기심이 강한 사람은 그것의 해결을 위해 주변을 유심히 관찰하고 무언가 행동을 취하지만 호기심이 부족한 사람은 모든 것을 '그러려니' 하고 당연하게 넘기고 맙니다.

갈수록 창의력이 중요한 세상이 되어가고 있지만 창의력은 기본적으로 관심이나 호기심이 바탕이 되어야 합니다. 우리가 잘 아는 발명의 대가인 에디슨은 자동차, 전구, 축음기 등 무려 천 개가 넘는 발명품을 만들어 내었는데 그는 잘 알다시피 호기심이 남달랐습니다. 불이 어떻게 타오르고 다른 물체로 옮겨붙는지 알고 싶어 헛간에 불을 지르고 그것을 관찰하기도 하였고 사람 몸이 공기보다 가벼운 기체로 가득 차면 어떻게 될까 궁금해서 친구에게 수소가스를 먹였다가 낭패를 보기도 하였답니다. 이렇게 극성스러울 정도의 호기심이 있었기에 그가 20세기 최고 발명왕의 자리에 오를 수 있었을 것입니다.

에디슨뿐 아니라 다른 위인들도 마찬가지입니다. 갈릴레이는 우연히 네덜란드의 한 안경 제조업자가 멀리 있는 사물을 가깝게 보이도록 한 도구를 만들고 그것을 나소 가문의 모리스 백작에게 기증했다는 말을 듣고는 어떻게 하여 멀리 있는 물건을 가깝게 보일 수 있도록 한 것인지 호기심이 생겼고, 당장 그것을 구해 원리와 구조를 연구하기 시작했답니다. 이를 통해 갈릴레이는 결국 망원경을 발명했고 이를 토대로 근대 천문학의 첫발을 내딛게 되었죠. 20세기 최고의 천재라고 평가받는 아인슈타인은 스스로를 천재가 아니라 호기심이 많은 사람이라고 겸허하게 말했고, 아리스토텔레스는 호기심이야말로 인간을 인간답게 하는 특성이라고 말했다는군요. 레오나르도 다빈치 역시 의학, 수학, 물리학, 천문학, 과학, 미술 등 모든 분야에서 보통 사람으로서는 상상하기 힘든 다양한 업적을 남겼지만 자신의 업적은 대부분 호기심에서 비롯됐다며 '알고자 하는 욕망은 선한 사람들에게는 자연스러운 일이다.'라는 말을 남겼다고 합니다.

이처럼 관심과 호기심이 있어야만 자신의 일을 더욱 집중적으로 파고들 수 있게 되고 그 안에서 새로운 것을 찾아낼 가능성이 높아지는 것입니다.

회사에 대한 관심 역시 마찬가지입니다. 여러분이 직장 생활을 즐겁게 하는 가장 기본적인 방법은 회사에 대해 애사심을 갖는 것입니다. 여러분이 회사에 대해 애사심을 가지고 있지 못하면 여러분은 회사에 오래 머물러 있을 수가 없습니다. 조금 더 조건이 좋거나 조금 더 편한 곳이 나타난다면 언제든 박차고 나가겠죠. 그러나 옮긴 회사에서 자리를 잡는 것은 그리 쉬운 일이 아닙니다. 경력이 쌓이고 직급이 올라갈수록 더욱 그렇습니다. 그래서 가급적이면 처음 입사한 회사에서 성공의 발판을 마련하는 것이 바람직한데 그러자면 회사에 대한 애사심이 없으면 쉽지 않습니다.

회사에 대한 애사심을 키우기 위해서는 어떻게 해야 할까요?

회사에 대해 관심을 가지고 적극적으로 알려고 해야 합니다. 우리 회사는 언제 누구에 의해 창립되었으며, 어떠한 성장 과정을 거쳤으며, 그 과정에서 어떠한 위험이 있었는지, 그리고 그 위험 요소들을 어떻게 극복해 왔는지 등 회사의 히스토리는 물론 비전과 전략, 경영방침, 목표 등 현재의 위상과 미래의 나아갈 방향 등에 대해서도 알고자 노력해야 합니다. 그러자면 남다른 관심을 가져야만 하겠죠. 앞서 기회를 잡을 수 있도록 준비된 사람이 되라고도 말씀을 드렸지만 준비되기 위해서는 반드시 관심이 필요합니다.

두 번째는 관찰입니다. 여러분은 탐정 소설을 좋아하나요? 제가 어렸을 때 셜록 홈스와 괴도 뤼팽의 이야기, 그리고 포아로 탐정이 등장하는 아가사 크리스티의 추리소설을 아주 흥미진진하게 읽었던 기억이 납니다. 그 외 형사 콜롬보라는 외국 드라마도 아주 재미있게 봤던 기억이 나네요. 그런데 이 유명한 탐정들이 사건을 해결하는 과정을 보면 모두 관찰역량이 뛰어나다는 것을 알 수 있습니다. 남들은 미처 보지 못하고 지나친 사소한 것까지 놓치지 않고 세세하게 관찰하고 그것들을 통해 증거를 수집한 후 서로 인과관계를 설정함으로써 범인을 찾아내는 것이 명탐정들의 특징입니다. 추리력과 논리력이 밑바탕이 되어야 하겠지만 가장 기본적으로 관찰이 사건해결의 키가 되는 셈이죠.

극단적으로 얘기해서 일을 잘하는 사람과 그렇지 못한 사람 간에는 기본적으로 관찰력에 있어서 차이가 날 수밖에 없습니다. 관찰이란 '사물의 실태를 객관적으로 파악하기 위하여 현상이나 동태 따위를 주의 깊게 살펴보는 것'을 의미합니다. '눈에 보이는 것을 각별히 관심을 가지고 잘 살펴보는 것'을 말하는 거죠. 한자로 써보면 '볼 관(觀)'과 '살필 찰(察)'의 두 글자가 결합한 것인데 이 역시 '눈여겨보고 살핀다.'는 뜻을 담고 있습니다. '관'은 '황새 관'에 '볼 견(見)' 자를 결합한 것으로 흔히들 황새는 아주 예민하고 예리하여 관찰력이 뛰어난 동물로 알려져 있습니다. 한자에서 뜻하는 '관'이란 황새처럼 예민하게 본다는 뜻인데 이것을 제 나름대로 다시 해석한다면 '볼 관'은 '수풀' 속에 '새'가 '주둥이(口)'만 내놓고 있는 모습을 놓치지 않고 볼 정도로 자세히 '바라본다(見)'는 의미로 꼼꼼하고 자세히 살피는 것이라고 할 수 있습니다.

관찰이 중요한 이유는 대상이 되는 현상 속에 이미 해결의 실마리를 담고 있어 그것을 놓치지 않고 잘 바라보면 답을 찾아낼 수 있기 때문입니다.

'보는 것'과 '관찰하는 것'은 어떤 차이를 담고 있을까요?

그냥 '보는 것'은 목적이 포함되어 있지 않은 행위입니다. 눈에 들어오는 것을 그대로 뇌에서 받아들이는 행위입니다. 하지만 관찰은 무엇인가 목적을 포함하고 있습니다. 의도적으로 무언가를 주의 깊게 살펴보고 그것을 통해 무언가 찾아내고자 하는 행위입니다. 그래서 관찰은 '목적지향적인 행위'라고 할 수 있습니다.

그런데 그 목적이란 무엇일까요?

여러분들이 곤충을 관찰하던 어린 시절로 돌아가 봅시다. 곤충관찰을 통해 여러분들은 곤충은 발이 몇 개이고, 몸은 어떻게 이루어져 있으며, 더듬이나 눈은 어떻게 생겼고, 날개는 어떻게 생겼는지 미처 몰랐던 사실들을 깨닫거나 이론적으로 배웠던 내용들을 확인하였을 겁니다. 이렇게 관찰에는 그 행위를 통해서 미처 몰랐던 사실을 발견하는 행위가 포함되어 있습니다. 그런데 미처 몰랐던 사실을 발견한다면 그 안에서 새로운 깨달음을 얻을 수 있지 않을까요?

뉴턴은 사과나무에서 사과가 떨어지는 것을 주의 깊게 보면서 사과

뿐 아니라 모든 물건은 땅을 향해 떨어진다는 것을 발견하게 됩니다. 그리고 그것을 바탕으로 지구에는 사물을 끌어당기는 힘이 있다는 것을 깨닫게 되는 거죠.

깨달음이라는 것은 사물의 기본적인 원리입니다. 이 원리를 알게 되면 그것을 자르거나 결합하거나 변형하는 등 각종 가공 단계를 거쳐 새로운 아이디어를 도출할 수 있게 됩니다.

앞서 관찰은 그것을 통해 무엇인가를 찾아내고자 하는 목적지향적 행위라고 하였죠. 그렇다면 직장인으로서의 관찰이 학생 때와 같이 새로운 지식을 얻고 끝나서는 안 되겠죠. 좀 더 발전적으로 진화하는 데 활용되어야 할 것입니다. 다시 말해서 주변 사람들을 잘 관찰함으로써 그들의 행동 속에 숨겨진 의미를 발견하고 그로부터 깨달음을 얻어 새로운 제품이나 서비스를 만들어 낼 수 있고 자신의 업무를 잘 관찰함으로써 그 안에서 지금까지 해 왔던 것과는 다른, 새로운 업무 방식이나 문제 해결 방법을 찾아내어야 한다는 것입니다.

관찰은 통찰력을 기르는 데 있어 아주 중요한 요소가 됩니다. 사물을 주의 깊게 관찰하고 숨겨진 것을 발견하고 그 안에서 원리를 깨닫는 일을 반복하다 보면 경험이 쌓이면서 사물을 꿰뚫어 볼 수 있는 힘이 생기는 것이지요. 젊은 사람들에 비해 나이 든 사람들의 통찰력이 높은 이유도 바로 이 때문입니다. 결국 통찰은 오랜 시간을 두고 경험을 반복하면서 얻을 수 있는 관찰의 힘이라고 할 수 있습니다. 오래 묵은 된장이나 간장이 깊은 맛을 내듯이 시간이 쌓이면 쌓일수록 더욱 진가를 발휘할 수 있는 것이 통찰력인 것이죠.

통찰력이 쌓이면 창의적인 사고를 떠올리는 데 유리하게 됩니다. 남들이 보지 못하는 것을 앞서 볼 수 있기 때문이죠. 일반적으로 혁신적인 아이디어를 방해하는 것은 기존의 사고나 생각, 고정관념, 패러다임 같은 것들입니다. 기존 생각을 버리지 못하거나 기존 사고의 틀을 벗어나지 못하기 때문에 혁신적인 사고를 떠올리기 어려워지는 것이죠. 관찰은 이러한 고정관념을 탈피하는 가장 근본적인 수단입니다. 그리고 통찰력은 기존 사고의 틀을 부술 수 있는 가장 강력한 무기가 됩니다. 관찰은 돋보기를 이용하여 통찰력이라는 다이너마이트에 햇볕을 쪼이고 불을 붙임으로써 그것이 폭발하여 기존의 사고와 틀, 패러다임을 깨뜨리고 그 안에서 다이아몬드처럼 영롱하게 빛나는 혁신적인 사고를 끄집어낼 수 있게 만드는 것이죠. 결국 창의력이란 '관찰을 통해 사물에 대한 통찰력을 기르고 그 통찰력을 이용하여 기존 사고의 틀을 깸으로써 혁신적인 아이디어를 도출해내는 힘'인데 그 가장 앞선 출발점에 관찰이 있는 것입니다.

기업에서의 모든 활동은 관찰을 바탕으로 하고 있습니다. 구매에서부터 생산, 품질관리, 판매, 서비스, 연구개발, 마케팅, 재무활동 등 밸류체인 전 영역에서 관찰이 필요하지 않은 분야가 없죠.

이러한 일상적인 관찰 이외에 기업 경영에 있어 트렌드의 변화를 정확히 보는 것은 무엇보다 중요합니다. 고객은 어떻게 달라지고 있고, 시장은 어떻게 움직이고 있는지, 우리와 경쟁 관계에 있는 회사들은 어떻게 변하고 있으며 사업을 둘러싼 각종 규제나 정책 등은 어떠한 변화가 있는지, 새롭게 우리 제품을 위협하는 대체재는 어떤 것들이 있는지, 우리의 제품을 선택하는 소비자들의 라이프 스타일과 니즈는 어떻게 바뀌고 있는지 등을 압축하여 나타내는 말이 환경이며 이 환경의 동적인 변화추이가 트렌드라고 할 수 있습니다.

경영의 핵심은 지금까지의 성과를 바탕으로 미래를 읽어내는 것입니다. 우리의 시각이 아니라 고객의 시각, 시장의 시각으로 기업을 바라보아야 합니다. 다시 말해서 기업이 잘할 수 있는 것이 아니라 시장이 인정해 주는 것을 해야 하는 것이죠. 그러므로 각자가 속해 있는 업무의 특성에 맞게 미래가치를 정의하는 일이 무엇보다 중요한데 이러한 의미에서 트렌드를 정확히 읽기 위한 관찰은 무엇보다도 중요합니다. 그러니 관찰의 중요성을 되새기고 여러분의 일상생활에서 관찰을 습관화할 필요가 있습니다.

3관 중 마지막 관은 '관점'입니다.

'행복해서 웃는 것이 아니라 웃으니까 행복한 것이다.'라는 말 들어본 적 있습니까? 사는 것이 행복하다고 느끼면 저절로 웃음이 나올 수밖에 없습니다. 그러나 사는 것이 힘들고 근심 걱정이 가득하다면 웃음이 나올 수 있을까요? 아마도 힘들 겁니다. 하지만 '웃는 사람한테는 떡 하나 더 준다.'는 말도 있고, '웃는 얼굴에 침 못 뱉는다.'는 말도 있듯이 늘 싱글벙글 웃고 다닌다면 정말 좋은 일이 몰려들고 행복해지지 않을까요?

이는 발상의 전환을 나타냅니다. 발상의 전환이란 어떤 사물 또는

164

대상을 바라보는 관점을 바꾸는 것이죠. 관점이 바뀌면 지금까지 바라보던 사물이나 현상이 전혀 새롭게 느껴질 수 있습니다. 관점을 바꾸게 되면 인생이 달라지고 성과에도 영향을 미칠 수 있다는 것은 유명한 이야기를 통해서도 알 수 있습니다.

더운 여름날, 뙤약볕 아래에서 벽돌을 쌓는 두 벽돌공이 있었습니다. 한 명은 더위에 지쳐 짜증이 날 대로 난 상태였고, 다른 한 명은 더위에도 불구하고 즐겁게 일을 하고 있었습니다. 한 사람이 길을 가다가 두 사람에게 뭘 하고 있느냐고 물었죠.

그러자 더위에 지쳐 짜증이 난 사람은, "보면 모르슈? 벽돌 쌓고 있잖소?"라고 퉁명스럽게 내뱉은 반면 즐겁게 일하는 사람은 "하나님의 성전을 만드는 데 보탬이 되고 있습니다."라고 말했답니다.

두 사람이 하는 일은 누가 봐도 다를 것이 없습니다. 둘 다 벽돌을 쌓고 있을 뿐입니다. 하지만 자신의 일을 바라보는 두 사람의 관점은 완전히 다릅니다. 한 사람은 그저 기술적으로 벽돌을 쌓고 있을 뿐이고, 한 사람은 하나님의 성전을 만드는 데 자신의 재능을 활용하고 있는 겁니다.

관점이 달라지면 이렇게 자신의 일을 대하는 태도도 달라집니다. 여러분은 직장인입니다. 대다수의 직장인들은 불행하게도 자신을 한 달 동안 배알 꼴리는 모습 다 참아가면서 온갖 굴욕도 참고 시키는 일을 한 대가로 월급을 받아가는 사람이라고 생각합니다. 자기가 선택한 삶인데 왜 스스로를 불행으로 몰고 가는 걸까요?

자신을 전문가라고 생각해 보세요. 혹은 전문가가 되기 위한 준비를 하는 사람이라고 생각해보세요. 직장 생활을 하면서 나만의 전문적인 역량을 쌓아 나가고 그것을 통해 언젠가는 나의 독립된 삶을 준비해 나가는 과정이라고 생각해 보세요.

분명 회사의 일을 열심히 하면 자신이 맡은 일의 분야에서 전문가가 될 수 있습니다. 직장에서 쌓은 업무 노하우를 활용하여 사회에서 당당하게 자신의 영역을 넓혀 나가는 사람들은 얼마든지 있습니다.

생각해 보세요? 힘든 일을 생계 때문에 어쩔 수 없이 일한다고 생각하는 것과 전문가가 되는 과정이라고 생각하며 일하는 것, 그 삶의 질과 만족도와 그 사람이 만들어 내는 성과물이 같을 수 있을까요?

전문가가 되는 과정이라고 생각하는 사람은 어떤 일이 주어지더라도 그 일을 통해 자신에게 도움이 되는 것을 끌어내어 배우려고 할 것이고, 자기만족을 위해 일할 것입니다. 그러면 누가 시키지 않더라도, 누가 보든 안 보든 최선을 다해 만족스러운 결과를 이끌어 내기 위해 노력하겠죠.

어떤 관점을 가지고 직장 생활을 하느냐에 따라 결과는 크게 달라질 수 있습니다. 앞으로 여러분이 맡은 일을 할 때도 다양한 관점에서 바라볼 줄 알아야 합니다. 늘 하던 대로 자신의 관점만을 고집하는 사람은 발전할 수 없습니다. 여러분들이 지금은 모든 것들이 새롭고 배울 것이 많다고 여기겠지만 경력이 쌓이고 일이 익숙해지면 주위의 모든 것들이 당연하다고 여겨질 겁니다. 당연함이 계속 이어지면 매너리즘에 빠지게 되죠. 매너리즘에 빠지면 발전할 수 없습니다. 여러분은 주변에서 보이는 것들을 당연하게 여기지 말고 질문을 던지고 늘 새로운 관점에서 보도록 노력해 보세요. 그러면 새로운 세상을 발견할 수 있습니다.

'데자뷰'라는 용어를 아시죠? 분명 처음 보는 풍경이고 처음 가 본 지역임에도 불구하고 어디선가 많이 본 것 같고 과거에 와 본 것 같은 느낌이 드는 현상을 말하는 것인데 이를 심리학에서는 '데자뷰'라고 합니다. 한자로 나타내면 기시감이라고도 하지요.

스탠포드 대학교의 로버트 서튼 교수는 '데자뷰'를 역으로 '뷰자데'라는 용어를 만들어 냈는데요, '데자뷰'의 의미와 반대로 익숙한 것도 낯설게 바라보는 시각이나 느낌을 말하는 것으로 신시감이라고도 합니다. 다시 말해서 늘 접하는 익숙한 상황과 익숙한 사람이지만 평소와 다른 시각으로 낯설게 바라봄으로써 지금까지 바라본 것과는 달리 당연하지 않은 세계를 발견하게 된다는 것입니다.

혁신이란 이전에 없던 것을 새롭게 만드는 것이지만 이미 있는 것을 남들과 다른 방식으로, 남들과 다른 관점에서 재조합함으로써 새롭게 느껴지게 만드는 것이기도 합니다. 관점의 변화가 여러분의 일과 여러분의 삶을 혁신적인 것으로 만들어 줄 수도 있습니다.

새로 시작하는 한 주를 즐겁게 보내기 바랍니다.

대표이사 조원석

'관심', '관찰', '관점'. 우석은 사장의 말을 꼼꼼하게 수첩에 기록하였다. 어찌 보면 오늘 아침 홍 팀장의 지적사항도 이 세 가지를 잘 활용했다면 완벽한 일 처리가 되었을 수도 있었는데 자신이 그러한 면에서 부족했던 것이 아닌가 하는 생각이 들었다.

우석은 수첩에 사장의 이야기를 요점 정리하여 기록하였다.

'3빨 3말'
하라

　　우석은 어제저녁 퇴근길에 입사 동기인 조재만과 가볍게 맥주를 마셨다. 그는 연수원에서부터 늘 밝은 모습으로 사람들을 즐겁게 해 주었고 분위기를 띄워주는 역할을 하였다. 그래서 사람들은 늘 그와 있으면 즐거워했다. 그는 해외영업팀을 지원하였고, 마침 해외영업팀의 사무실이 전략기획팀의 바로 옆이어서 둘은 회사 내에서는 자주 마주쳤지만, 퇴근 후 만나 술자리를 마련한 건 어제가 처음이었다. 우석은 그와 술자리에서 나눈 이야기가 떠올랐다.

　　"너는 좀 어때?"

　　재만이 먼저 우석에게 물었다.

"아직 뭐가 뭔지 모르겠어. 그냥 허드렛일만 하는 정도야."

"팀장은 어떤데?"

"우리 팀장님? 깐깐하고 엄하긴 한데 업무적으로는 전문성도 있고 때로는 자상한 것 같기도 하고…. 아직 잘 모르겠어. 네 팀장님은?"

"우리 팀장님?"

재만이 맥주 한 잔을 쭉 들이켜 마시고 말을 이어 나갔다.

"너무 불같아. 영업을 오래 한 사람이라 그런지 성격이 여유롭질 못하고 너무 급해. 그래서 화를 잘 내. 하루에 한 번씩 야단맞지 않으면 그날은 편하게 잠을 못 잔다고 할 정도야."

사실 해외영업팀의 박재순 부장은 회사 내에서 모르는 사람이 없을 정도로 다혈질이었다. 입이 거칠어서 싫어하는 사람이 많았지만 정작 자신은 뒤끝이 없고 그것도 애정의 표현이라며 아무렇지도 않게 받아들인다는 평판이 있었다.

"힘들겠다. 너도 야단맞은 적 있어?"

"오늘."

"오늘?"

"응. 허벌나게 혼났어."

재만은 그러면서도 여전히 사람 좋게 털털하게 웃고 있었다.

"무슨 일인지 얘기해 봐."

"지난주 퇴근 무렵 내가 맡은 거래처 대표하고 저녁 약속을 잡으라고 팀장이 말하길래 바로 전화를 하려고 하는데 그 순간에 다른 업체에서 전화가 온 거야."

"벌써 담당 업체가 있는 거야?"

"그냥 작은 거래처야. 아무튼 그래서 통화하다 보니까 거래처 사장과의 저녁 약속 전화하는 것을 깜빡 잊었지. 그리곤 그냥 퇴근했는데 오늘 출근하자마자 물어보더라고. 깜빡 잊었다고 했더니 머리에 피도 안 마른 게 벌써부터 요령 피우냐고 심한 질책을 하더라고."

"안됐다. 얘기를 하지 그랬어?"

"그럴 때는 그냥 조용히 있는 게 상책이야. 폭풍 속에서 젖지 않겠다고 발버둥 치며 고생하는 것보다는 그냥 맘 편하게 있는 게 낫지."

어제저녁 재만과의 술자리 이야기 생각을 하며 우석은 그가 과연 직장 생활을 오래 버틸 수 있을까 하는 의문이 들었다. 옆자리의 조 대리를 도와 일을 마치고 잠깐 쉬는 틈을 이용해 우석은 대표이사가 보낸 편지를 확인하였다.

여러분, 안녕하세요. 어제는 '3관' 왕이 되라고 말씀드렸습니다만 오늘은 '3빨 3말'에 대해 말해보도록 하겠습니다. 3빨 3말. '3가지 빨리해야 할 것과 3가지 하지 말아야 할 것'이 바로 '3빨 3말'입니다. 궁금하시죠? 바로 시작해 보겠습니다.

▶ 판단과 의사결정은 빨리하되, 한 번 내린 결정에 대해서는 절대 후회하지 마라.

'인생은 B와 D 사이의 C'라는 말이 있습니다. 사람들의 삶은 탄생과 죽음(Death) 사이에서 연속적인 선택(Choice)으로 이루어져 있다는 뜻이죠. 사실 우리는 인생을 살아가면서 크고 작은 선택을 하게 됩니다. 여러분들이 이 회사에 들어온 것도 선택이었고, 지금 있는 부서로 배치된 것도 선택이었죠. 대학에 들어간 것도 선택이었고, 인생의 배우자와 만나 결혼을 하는 것도 선택이죠. 오늘 점심으로 무엇을 먹을까 결정하는 것도 작은 선택입니다. 이렇게 우리들 삶은 선택의 연속으로 이루어져 있죠.

직장 생활을 하면서도 수없이 많은 선택을 해야 하는데 이를 비즈니스 용어로 표현하면 의사결정이라고 합니다. 여러 가지 대안 중에서 가장 좋은 대안을 선택하는 것이 바로 의사결정이죠. 직장에서도 회의나 워크숍 날짜와 같이 작은 의사결정에서부터 신규사업에 대한 투자나 부진한 사업에서의 철수, 또는 다른 기업의 인수와 같이 기업의 앞날에 막대한 영향을 미치는 의사결정까지 다양한 판단이 이루어집니다. 하지만 아무리 작은 의사결정이라도 중요하지 않은 것은 없습니다.

아무리 작은 일이라도 충분히 고민하고 신중하게 의사결정을 내려야만 합니다. 하지만 마냥 시간을 끌 수는 없습니다. 세상은 걷잡을 수 없이 빨리 돌아가고 있기 때문에 기업에서의 의사결정이 늦어지면 그만큼 세상의 변화에서 뒤처질 수밖에 없는 것이죠. 스피드가 생명인 시대이니만큼 빠른 의사결정은 필수적이라고 할 수 있습니다.

그런데 간혹 보면 의사결정을 내리지 못해 우왕좌왕하는 사람들이 많습니다. 여러분의 경우에는 신입 사원인 만큼 주어진 일의 권한과 책임이 작기 때문에 의사결정이 미치는 영향도 크지 않을 수 있지만, 직급이 높아지고 직책이 무거워질수록 의사결정의 결과가 미치는 영향은 커지고 파급효과도 늘어나게 됩니다. 그래서 의사결정이 늦어지면 그만큼 회사에 미치는 손실도 커질 수밖에 없습니다.

예를 들어 신제품을 출시하기로 했는데 최종 의사 결정권자가 의사결정을 못 내리고 머뭇거린다면 어떤 결과가 나타날까요?

그 사이에 경쟁사들이 유사한 제품을 먼저 출시하게 된다면 애써 준비한 신제품이 빛도 보지도 못한 채 시장에서 사라지고 말겠죠. 실제 이러한 일들이 비일비재하게 일어납니다. 그래서 직급이 높고 직책이 무거운 사람일수록 우유부단함은 치명적인 결함이 됩니다.

일단 의사결정이 내려지면 조직의 모든 역량을 동원하여 그 의사결정 사항을 밀어붙여야 합니다. '죽이 되든 밥이 되든' 밀어붙이는 것이 아니라 '밥이 죽이 되지 않도록' 전력을 다해야 합니다.

의사결정을 내린 후에 머뭇거린다면 조직은 혼란에 쌓이게 되고 일을 추진하는 조직원들은 갈팡질팡할 수밖에 없으며 의사결정 사항에 대해 신뢰를 갖기 어렵습니다. 그리고 한 번 신뢰를 잃은 의사결정은 추진력을 가지기도 어렵습니다. 일단 결정된 사항에 대해서는 밀어붙여야 합니다. 그리고 결과를 만들어 내야 합니다.

그렇다면 잘못된 의사결정은 없을까요, 그리고 잘못된 의사결정이라고 해도 그대로 끝까지 밀어붙여야 할까요?

물론 잘못된 의사결정은 비일비재합니다. 잘못된 의사결정으로 인해서 회사의 운명이 달라지는 경우는 너무나 많습니다. 그래서 이러한 잘못을 방지하기 위해 처음으로 돌아가 의사결정을 내리는 단계에서 신중한 검토가 필요합니다. MECE하게 의사결정에 필요한 모든 사항들을 면밀하게 검토하고 모든 사항들에 대해 오류가 없도록 철저히 준비해야 하는 것이죠. 빠른 의사결정도 중요하지만 기본적인 사항들을 덤벙덤벙 넘겨서는 안 됩니다.

여러분들 역시 앞으로 자신이 결정해야 할 일들이 주어질 것입니다. 신입 사원 시절에 작은 의사결정을 내리는 것을 주저하게 되면 그것이 습관으로 굳어지고 경력이 쌓이고 직급이 올라가면서 더 큰 책임을 지게 되었을 때 의사결정을 내리는 데 더 큰 어려움을 겪을 수 있습니다. 그래서 작은 의사결정을 내릴 수 있을 때 신중하고 꼼꼼하게 검토하되 신속하게 판단을 내릴 수 있는 훈련을 하고 역량을 쌓아야 합니다.

'후회는 선택의 그림자'라는 말이 있습니다. 어떤 선택이든 후회가 없을 수는 없습니다. 그렇다고 후회만 하고 있어서도 안 됩니다. 가능한 한 멀리 앞을 내다보고 부분적 이해에 눈이 멀지 않고 전체적인 국면을 살펴 가장 후회가 적은 선택을 해야 하며 일단 결정이 내려진 선택에 대해서는 힘차게 밀어붙이는 실행력이 필요합니다.

그러나 반드시 의사결정을 내린 후에 후회하지 말아야 하지만 실행이 종료될 때까지는 의사결정이 옳은지에 대해 지속적으로 모니터링해야 합니다. 그래서 만일 의사결정을 내릴 당시와 환경이 달라진 것이 있다면 그것이 결과에 어떤 영향을 미칠 수 있는 것인지 분석하고 만약 환경의 변화로 인해 결과가 달라질 수 있다면 의사결정 사항이 진행 중일지라도 수정 또는 새로운 방안을 모색해야 합니다.

▶ 실행은 빨리하되 멈추거나 포기하지 마라.

기업에서 일어나는 모든 일들은 비용의 개념을 포함하고 있습니다. 일을 하는 사람의 인건비는 물론 그와 관련되어 있는 주변 사람들의 인건비까지 고려해야 하고 그 외에도 각종 부대비용이 발생합니다. 한 가지 일을 함으로써 다른 일을 하지 못하는 것으로 인한 기회손실 비용까지 모든 일은 비용으로 환산이 됩니다. 그래서 어떤 일을 실행할 때는 스피드가 생명임을 명심해야 합니다. 비용 측면뿐만이 아니라 다른 기업과의 경쟁 때문에도 스피드는 아주 중요합니다.

자라라는 브랜드는 여러분도 잘 알고 있죠? 스페인에서 탄생된 의류 브랜드인데 이 업체가 세계적인 브랜드로 성장한 비결은 바로 스피드였습니다. 의류 산업은 변화의 속도가 아주 빠른 사업입니다. 유행이 수시로 바뀌기 때문에 그 유행을 따라잡지 않으면 살아남기 힘든 산업이죠. 그래서 의류 분야 업체들은 몇 개월 전부터 새로운 유행을 준비하는데 보통 기획에서 디자인, 생산, 매장 진열까지 6개월에서 9개월 정도 소요된다고 합니다. 자라는 그 기간을 불과 5주로 단축했습니다. 또한 전속 디자이너들이 매장 매니저들을 통해 최신 트렌드와 소비자 심리를 파악하고 그에 대응할 수 있는 제품을 빠르게 내놓음으로써 유행을 선도하고 경쟁 우위를 확보하는 겁니다. 히트 상품조차 다시 만들기보다는 새로운 유행을 반영하여 새로운 제품으로 출시하는 스피드 전략이 자라의 성공 비결인 것입니다.

이렇듯 스피드는 기업의 성패를 좌우하기 때문에 자신에게 일이 맡겨지면 머뭇거리지 말고 즉시 실행해야 합니다. 그렇다고 물불 안 가리고 막무가내로 달려들어서는 안 됩니다.

산을 오르기 전에 어떤 코스로 해서 어떻게 넘을 것인지, 여행을 떠나기 전에 어떤 경로를 어떻게 다닐 것인지 사전에 계획되어 있어야 효율적으로 코스를 공략할 수 있는 것처럼 일을 시작하기에 앞서 업무계획은 반드시 필요합니다. 전체적인 일의 구도를 그려 보고 해야 할 일들을 빠짐없이 나열한 후, 어떤 일들을 어떤 순서로 언제까지 할지 업무계획을 세워보는 것입니다.

보고서를 쓰는 경우에도 어떤 내용을, 어떤 순서에 따라, 어떻게 담을 것인지 구상해 보고 그것을 시나리오로 작성해 보는 것이 좋습니다. 보고서의 전체적인 시나리오를 만들어서 사전에 상사와 그 시나리오를 가지고 협의를 하면서 수정하거나 보완해야 할 내용을 반영하여 업데이트한 후 그것을 기반으로 보고서를 작성하게 되면 훨씬 짧은 시간에 품질 높은 보고서를 만들 수 있습니다.

아무튼 일이 주어지면 가급적 빠른 시간 내에 일을 끝내야 하는데 한 가지 중요한 것은 절대 중간에 멈춰서는 안 된다는 겁니다. 아무리 업무계획을 잘 세운다고 할지라도 일을 하다 보면 해결하기 어려운 문제에 부딪힐 수도 있고 계획과 엇나가는 경우도 발생합니다. 하지만 그렇다고 해도 자신이 맡은 일은 *끝*까지 마무리를 지으려고 노력해야 합니다. 자신의 힘만으로는 해결하기 어렵다고 판단되는 경우 문제 해결의 키가 될 수 있는 사람들을 찾아 그들의 도움을 요청하거나 전문가의 도움을 받는 것도 하나의 방법입니다. 중요한 것은 중간에 포기하지 않는 것입니다. 자신에게 주어진 일은 무슨 일이 있어도 끝까지 마무리하겠다는 마음가짐을 가져야 합니다.

절대 포기하지 마세요. 포기도 자주 하면 습관이 되고 그렇게 되면 여러분 인생을 포기해야 할 순간이 올지도 모릅니다.

▸ **남들보다 빨리 나서고 못하겠다고 하지 마라.**

직장인들의 가장 큰 특징 중 하나는 눈에 띄고 싶어 하지 않는다는 겁니다. 그래서 가급적이면 주목을 받지 않으려고 합니다. 부서 회의를 할 때는 가급적 상사와 눈을 마주치지 않으려고 회의 시간 내내 책상에 고개를 박고 있는 사람들도 있습니다. 왜 그럴까요? 여러분은 학창시절 경험을 통해 그 답을 알고 있겠죠. 눈에 띄고 주목을 받는 사람에게는 늘 무언가 숙제가 주어지기 때문입니다. 그래서 사람들은 골치 아픈 일을 맡지 않기 위해서 눈에 띄는 것을 싫어합니다. 가만히 있으면 피해갈 가능성도 있으니까요.

그래서 많은 직장인들이 '평균만 하자.'가 삶의 모토가 되기도 합니다. 하지만 그래서는 발전할 수 없습니다. 상사들 입장에서 가장 좋아하는 부서원은 아마도 '제가 하겠습니다.'하고 자발적으로 나서는 사람들일 겁니다. 누구도 하기 싫어하는 일을 누가 시키기도 전에 먼저 나서서 하겠다고 하는 사람을 어찌 안 예뻐할 수 있겠습니까?

여러분은 일의 대가로 월급을 받습니다. 내가 일한 대가를 돈으로 환산하는 프로입니다. 예를 들어 프로야구 선수가 상대 팀 투수가 까다로워서 볼을 못 칠 것 같다고 해서 '이번 경기는 빼 주세요.'하고 말하는 것을 보셨나요? 아마 그런 선수라면 영원히 명단에서 제외되고 말 것입니다.

성공적인 직장인이 되기 위해서 스스로 적극적으로 나서서 자신의 기회를 만들기 바랍니다. 현대는 '자기 PR'의 시대입니다. 자기 PR을 하려면 PR할만한 내용이 있어야만 합니다. 주어진 일을 소극적으로 해서는 자랑할 만큼 성과를 만들어 내기 어렵습니다. 적극적으로 나서야만 그 일에 애착을 가질 수 있고 몰입할 수 있으며 남들과 다른 성과를 만들어 낼 수 있습니다.

그런데 사람들이 왜 중간만 하면 된다고 생각할까요? 그건 적당히 해도 때가 되면 월급이 들어오기 때문입니다. 굳이 힘들게 앞으로 나서지 않아도 크게 잘못만 하지 않는다면 회사에서 견딜 수 있고 그렇게 견뎌내면 꼬박꼬박 월급이 통장으로 어김없이 들어온다는 것을 알기 때문입니다.

70~80년대 우리나라는 프로복싱 전성기였습니다. 그때는 너 나 없이 모두 가난했기 때문에 권투선수들은 살아남기 위해 배고픔을 참고 맨주먹으로 운동에 전념했습니다. 좋은 성적을 내야만 먹고 살 수 있었고 가난에서 벗어날 수 있었기 때문입니다. 헝그리 정신입니다. 그런데 어느 때인가부터 먹고 살만해지면서 그 정신도 사라지고 말았습니다. 그 이후 우리나라에서 복싱 세계 챔피언의 맥은 끊어지고 말았습니다.

여러분들도 자신의 일에 대해, 자신의 전문성에 대해 배고픔을 느껴야 합니다. 2002년에 열린 한일 월드컵에서 우리나라 대표팀이 사상 처음으로 16강에 진출했을 때 히딩크 감독은 '나는 아직 배고프다'라고 했습니다. 스티브 잡스도 하버드 대학의 졸업식 축사에서 '스테이 헝그리(Stay hungry)'라는 말을 했습니다. 히딩크나 스티브 잡스는 모두 큰 성공을 이룬 사람들임에도 불구하고 여전히 헝그리 정신을 강조합니다.

헝그리 정신은 열정과 같습니다. 열정이 있는 사람은 무엇이든 적극적이지만, 열정이 없는 사람은 무엇이든 시들합니다. 열정의 노예가 되세요. 그러면 돈은 자연스럽게 따라오게 되어 있습니다. 누구보다 앞서 손을 들고 앞으로 나서고 다른 사람들이 모두 못하겠다고 할 때 나는 할 수 있다고 하세요. 그러한 열정을 가슴에 담고 있으면 여러분에게 성공의 기회는 반드시 찾아올 것입니다.

대표이사 조원석

우석은 수첩을 열어 사장의 편지 내용을 옮겨 적는 대신 다시 한 번 차근차근 내용을 읽어 보았다. 관념적으로는 이해하기 어려운 것이 아니었지만 정작 실천하기에는 쉽지 않은 것들이었다. 그냥 한 번 읽고 지나칠 수도 있겠지만 가급적 사장의 편지를 인생의 멘토 삼아 자신도 직장 생활을 성공적으로 해 보고 싶었기에 그대로 지나치고 싶지는 않았다. 오랜 고민 끝에 우석은 사장이 말한 세 가지 내용을 수첩에 적어 넣었다. 그리고 다시 한 번 그 내용들을 음미해 보았다.

CI형 인간이
되어라 ❶

봄이 다가오자 춘곤증도 함께 몰려왔다. 자신의 자리에서 엎드려 있던 김형준 차장의 어깨를 툭 치며 홍기훈 팀장이 말했다.

"김 차장, 일합시다."

정신없이 자고 있던 김 차장이 자리에서 벌떡 일어나며 이렇게 말하는 것이었다.

"어? 형님이 여긴 웬일이십니까?"

그 바람에 전략기획팀의 모든 팀원들이 뒤집어지도록 웃고 말았지만 정작 김형준 차장의 얼굴은 홍당무처럼 벌겋게 달아올랐다. 홍팀장도 더 이상 말하지 않고 우석에게 인원수만큼 커피를 사 오라며 돈을 주었다.

우석이 사온 커피를 들고 모두들 회의실로 모여들었다. 이제 2주 정도밖에 남지 않은 전략워크숍에서 좀 더 큰 성과가 도출될 수 있도록 효율적으로 진행할 수 있는 방안을 논의하기 위한 것이었다. 홍 팀장이 얘기를 꺼내고 모든 부서원들에게 의견을 말해 보라고 했지만 선뜻 말을 하는 사람이 없었다.

아무도 말을 하지 않자 홍 팀장이 다시 재촉을 했고 하는 수 없이 모든 부서원들이 돌아가며 아이디어를 내보기로 했다. 하지만 누구도 일반적으로 생각할 수 있는 아이디어뿐 별로 효과적인 것은 없어 보였다. 선배 사원들이 말하는 동안 우석은 잠자코 듣기만 했다. 그러자 홍 팀장이 우석에게도 아이디어를 내보라며 기회를 주었다. 우석은 말을 할까 말까 망설이다가 어렵게 입을 열었다.

"저는 워크숍의 경험이 없어서 말씀드리기 어렵지만, 참석하신 분들의 분임토의 결과를 사내에 공개하고 직원들의 평가를 받는다고 하면 어떨까요?"

"미쳤냐?"

옆에 있던 오종석 과장이 우석을 보며 한마디 했다. 하지만 홍 팀장은 우석의 말에 관심을 보였다. 더 구체적으로 말해 보라는 손짓을 했다.

"워크숍에 참석하는 분들 중에는 임원이나 부서장급의 상사분들도 계십니다. 그분들이 논의한 내용이 사내에 공개되고 일반 직원들의 평가를 받는다고 하면 사전에 자료도 많이 챙겨 보시고 준비도 철저히 하고 오실 것 같습니다."

우석의 의견에 대해 좀 더 이야기가 오가고 공개 방법이나 평가 방법에 대한 구체적인 이야기까지 열띤 토론이 벌어졌다. 우석의 의견에 대한 채택 여부는 상무님과 협의하여 결정하겠다며 홍 팀장은 마무리를 했다. 홍 팀장은 우석의 의견에 대해 다른 팀원들에게 틀에 박히지 않은 생각이라며 칭찬을 해 주었다. 회의가 끝나고 자리에 돌아온 우석은 대표이사가 보낸 편지 내용이 무엇일지 궁금했다.

오늘도 직장 생활에서 필요한 태도와 역량에 대한 이야기를 이어 나가도록 하겠습니다. 아시다시피 영어 알파벳은 A부터 Z까지 모두 26개입니다. 그중 특별히 좋아하는 알파벳이 있나요? 저는 알파벳 스물여섯 자 중 C와 I를 가장 좋아합니다. 그 이유는 C와 I로 시작되는 단어 중에 의미 있는 것들이 유독 많기 때문입니다. 그래서 C와 I로 시작되는 단어들을 잘 음미해 보고 이 단어가 의미하는 바를 실천하려고만 해도 직장 생활이 성공적이 되지 않을까 생각해 봅니다.

오늘부터 3일간 C와 I로 시작되는 단어들에 대해 이야기를 해보고자 합니다. 우선 C로 시작되는 단어들부터 보도록 하죠.

▸ **Creativity**

창조경영이라는 말이 화두가 되는 것처럼 창조적인 활동의 중요성이 강조되는 시대입니다. 어느 기업이든 획기적이고 창의적인 아이디어를 통해 새로운 제품과 서비스를 개발해 내고 그것을 바탕으로 기존에 없던 가치를 창출해 내는 기업이 살아남을 수 있는 시대입니다. 다른 기업과 차별화되는 제품이나 서비스가 없다면 생존을 보장할 수 없습니다. 이러한 시대의 변화로 인해 직장인들에게도 가장 중요한 역량 중 하나가 창의력이 되었습니다.

글로벌 기업 IBM에서 전 세계 60여 개 기업의 최고 경영자 1,500여 명에게 '성공적인 최고경영자가 되기 위해 꼭 필요한 요건은 무엇인가?'라는 질문을 한 결과 1위로 꼽힌 대답은 '창의적 사고, 즉 창의력'이었다고 합니다. 각종 경영서나 자기계발서에서도 자주 등장하는 말이 '21세기 인재에게 요구되는 첫 번째 조건은 창의력'이라는 말입니다. 창의력이 기업의 생존을 좌우하는 시대에 살게 되면서 기업에서도 창의적인 인재가 필요하게 된 것이죠. 우리 회사도 마찬가지입니다.

창의적인 사고를 기르기 위해서는 무엇보다 기존의 사고와 행동을 거부하는 마음, 다시 말해서 기존에 당연하다고 생각하는 것들에 대해 의문을 품고 새로운 눈으로 보려고 해야 한다는 것이죠.

사람들은 대체로 정해진 패턴을 따라 행동하길 좋아합니다. 매일 아침, 같은 시간에 일어나 어제와 같은 방식으로 준비를 하고 동일한 교통수단을 이용하여 동일한 경로를 거쳐 일터로 나갑니다. 또 일터에서는 늘 해오던 비슷한 일들을 비슷한 방식으로 수행하고, 비슷한 사람들을 만나 비슷한 이야기들을 나누며 점심시간에는 자주 가는 집에서 자주 먹는 음식을 먹고, 또 비슷한 일들을 비슷한 방식으로 하다가 시간이 되면 출근할 때와 동일한 과정을 거쳐 다시 집으로 돌아옵니다.

미국 노스이스턴 대학교의 알버트 바라바시 박사팀이 사람들의 행동패턴이 얼마나 정형화되어 있는지 알아보기 위해 수행한 연구가 있는데요, 휴대전화 사용자 5만 명을 대상으로 3개월간에 걸쳐 각 개인의 이동 경로를 산출하고 그로부터 엔트로피를 계산했다고 합니다. 엔트로피는 무질서의 정도를 나타내는 파라미터이라고 하는데 그 결과 엔트로피는 겨우 0.8 비트였다고 하네요. 이 연구 결과는 사람의 행동반경을 나타내는 것인데요. 어느 누가 어느 곳에 있는지에 대한 불확실성이 $2^{0.8}$ 즉 1.74였다는 것을 나타냅니다. 즉 어떤 사람이 지금 어디에 있을지 모를 때 평균 2~3곳 정도만 뒤지면 그 사람을 찾아낼 수 있다는 말이죠. 그만큼 사람들의 일상적인 행동반경은 좁으며 정해진 패턴에 따라 움직인다는 얘기가 됩니다.

이어서 얼마나 정확하게 사람의 이동 패턴을 맞힐 수 있는지 예측 가능한 정도를 계산한 결과, 무려 93%라는 수치가 산출되었다고 합니다. 즉 전혀 모르는 사람이라고 해도 그 사람이 어떻게 움직일지 알아맞출 확률이 93%나 된다는 것입니다. 아무리 생활 패턴이 불규칙한 사람이라 해도 80%를 밑도는 일은 없다고 하니 우리 행동의 80% 이상은 정해진 습관을 따르는 것이라고 할 수 있습니다. 연구결과에 나타나듯, 인간의 삶은 대체적으로 정형화된 패턴을 따르게 됩니다.

뇌를 전문적으로 연구하는 과학자들에 의하면 사람의 행동은 대부분 환경이나 자극 또는 평소 습관에 의해 정해지는데 80% 이상이 평소 습관을 따른다고 하는군요. 따라서 사람들이 익숙한 행동을 반복하는 것은 자연스러운 일이라고 볼 수 있는 셈이죠. 사고가 행동을 지배한다고 알고 있지만, 실상은 행동이 사고를 지배하는 셈입니다.

그런데 이렇게 정해진 패턴에 따라 행동하다 보면 사고가 고착화되어 새로운 생각을 하기 어려워집니다. 앞서 말한 것처럼 직장인들은 대부분 동일한 종류의 일을 동일한 방식으로 반복적으로 수행하는 데 익숙해져 있습니다. 그래서 새로운 일이 주어졌을 때 새로운 방식으로 업무를 처리하기보다는 '이 일은 당연히 이렇게 하는 거야.'라며 익숙한 방식을 떠올리게 됩니다. 하지만 동일한 일이 계속 반복되다 보면 저절로 행동이 고착화되고 아무 의심 없이 일상을 '당연한 것'으로 받아들이게 됩니다. 그리고 자기도 모르게 그것으로부터 벗어나려고 하지 않는 거죠. 익숙한 대로 생각하고 행동하면 편하지만 낯선 생각을 하고 평소와 다르게 행동하면 불편해지기 때문입니다.

그렇게 되면 생각이 멈추게 되고 우리가 자주 쓰는 말처럼 '아무 생각 없이' 행동하는 경우들이 많아지게 됩니다. 쳇바퀴 속에 갇히게 되고 고정관념이 강해져 매너리즘에 빠지기 쉽습니다. 매너리즘에 빠지면 일의 효율이 떨어지고 생산성이 낮아질 수밖에 없습니다. 똑같은 일을 똑같은 방식으로 하려니 업무에 지루함을 느끼고 재미를 찾을 수 없게 되고 말죠.

그래서 매너리즘에 빠지지 않고 창의적인 사고를 하기 위해서는 기존에 익숙해져 있는 것, 당연하다고 여겼던 것들을 부정하지 않으면 안 됩니다. 업무를 수행할 때 관행에 따라 또는 기존에 정해진 습관에 따라 하는 것보다 늘 새로운 방법은 없을까, 보다 효율적이고 빠른 방법은 없을까, 더욱 성과를 낼 수 있는 방법은 없을까 고민하는 것이 필요합니다. 기존의 관점을 새롭게 해석하려고 하는 노력이 거듭되다 보면 남들과 다른 생각을 할 수 있게 될 것이라 생각합니다. 창의력이라는 것이 결국은 기존의 생각을 벗어나거나 남들과 다른 생각을 하는 것이니까요.

『스토리로 리드하라』는 책을 저술한 폴 스미스는 창의성과 혁신을 북돋우기 위해 '만약에'나 '왜'와 같은 질문을 하라고 합니다. 더불어 그러한 질문들은 가급적 '긍정적으로' 하는 것이 좋다고 말합니다.

부정적인 질문을 던지게 되면 방어적이고, 움츠러들며, 상상력을 제한하고, 안 되는 이유만 나열하게 되지만, 긍정적인 질문을 하게 되면 문제의 본질을 보려 하고, 해결방안을 고민하며, 상상력을 자극하고, 될 수 있는 방법을 찾게 된다는 것이죠.

여러분, 틀에 얽매이지 않고 평소와 다른 관점에서 사물이나 상황을 바라보세요. 지금까지와 반대로 생각하거나, 아주 엉뚱하게 생각을 하거나, 내 생각이 옳지 않을 수 있다고 생각해 보세요. 기존의 사고나 행동을 거부하고, 기존의 틀이나 관습을 거부하며 끊임없이 질문을 던지고 답을 찾으려는 노력을 통해 창의적인 사고를 기르도록 노력해 보세요.

우리 회사는 그런 사람들을 필요로 합니다.

▸ **Courage / Challenge**

C로 시작되는 단어 중 다음으로 중요한 것은 '용기'를 가지고 '도전'하는 것입니다. 지금 여러분들은 회사 생활을 처음 시작하는 입장에서 꿈과 희망으로 가득 차 있을 것입니다. 그리고 무슨 일이든 맡겨주기만 하면 잘할 수 있을 것 같은 용기와 도전정신으로 가득 차 있을 것입니다. 하지만 시간이 지나다 보면 이러한 마음가짐이 무뎌질 수 있습니다. 적당히 현실에 타협하고 지금까지 해 온 그대로 실수 없이 일하는 데 더 많은 의미를 둘 수 있습니다. 사실 많은 직장인들이 시간이 지남에 따라 그렇게 변해 갑니다. 그 이유는 실수나 실패가 두렵기 때문입니다.

실수나 실패는 사람을 위축되게 만듭니다. 우리 사회는 아쉽게도 과정보다는 결과가 중시되다 보니 실수하거나 실패한 사람에 대해 무능하고 실력 없는 존재로 대하는 경향이 있습니다. 그래서 사람들은 실수나 실패를 두려워하고 피하려고 합니다. 그러다 보니 잘할 수 있는 일, 익숙한 일, 어렵지 않은 일만 찾아서 하려고 합니다. 그런 일들은 비록 빛이 나지 않을지라도 크게 실수하거나 실패할 가능성도 낮으니까요. 흔히 말하듯 '대과' 없이 일을 마칠 수 있는 겁니다. 하지만 실수나 실패가 두려워 매일 하던 일, 쉬운 일, 잘할 수 있는 일만 찾아서 한다고 하면 개인은 물론 회사도 더 이상 발전할 수 없습니다.

성공을 통해 배울 수 있는 것도 많지만 실패나 실수를 통해 배울 수 있는 것들이 더 많습니다. 에디슨은 전구개발을 위한 실험에서 700번째 실패했을 때 '왜 포기하지 않느냐?'는 질문에 '나는 700번 실패한 게 아니라 작동하지 않는 700가지 방법을 발견한 것'이라고 담담하게 말했다고 합니다.

실수나 실패가 두려워 도전하지 않는다면 성과도 얻을 수 없습니다. 여러분들 중에는 겨울이면 보드를 즐기는 분들도 있을 텐데 그것 역시 넘어지지 않고서는 제대로 타는 방법을 배울 수 없죠. 넘어지고 쓰러지면서 같은 행동을 반복하지 않으려고 노력해야 활강 요령을 터득하게 되는 것입니다.

세상은 용기를 가지고 도전했던 사람들에 의해 발전해 왔습니다. 앞으로도 그럴 겁니다. 우리 회사가 지금처럼 성장할 수 있었던 것도 초창기에 온갖 어려움을 극복하고 용기를 가지고 도전한 사람들이 있었기 때문입니다. 창업주와 직원들이 혼연일체가 되어 수많은 난관을 이겨 내고, 지금 우리 회사의 주력 제품을 개발했지만 제품이 알려지지 않아 판매에 어려움을 겪었습니다. 들어간 비용은 많은데 판매가 되지 않으니 자금 사정도 악화될 수밖에 없었고 이대로는 회사 문을 닫아야 할 처지에까지 이르렀습니다. 그때 창업주가 직접 제품을 가지고 외국의 바이어를 찾아갔습니다. 처음에는 문전박대를 당했지만 제품 설명을 위하여 하루도 거르지 않고 꾸준히 찾아간 결과 마침내 제품을 설명할 기회를 가지게 되었습니다. 그리고 그것이 계기가 되어 판로가 열리기 시작했고, 우리 회사도 본격적인 성장의 궤도에 오르게 된 것입니다. 만약 그때 끊임없이 도전하지 않았다면 지금의 우리 회사는 없었을 겁니다.

도전하지 않는 삶은 편하고 안정적으로 느껴지겠지만 그것은 퇴보입니다. 내가 편한 현실을 찾아 안주하는 사이 누군가 용기 있는 도전자가 나타나 나를 제치고 앞으로 달려나갈 것이기 때문입니다. 이 세상에 해결하지 못할 문제는 없습니다. 아무리 어렵고 힘들더라도 포기하지 않고 계속 도전하다 보면 해법을 찾을 수 있게 됩니다. 어떠한 문제가 주어지더라도 못하겠다는 생각보다는 용기를 가지고 도전하다 보면 여러분들의 삶이 달라져 있을 겁니다. 시간은 여러분의 노력과 정열을 배반하지 않습니다.

▸ **Cooperation / Collaboration**

다음으로 강조하고 싶은 것은 Cooperation과 Collaboration입니다. 둘 다 협동을 강조하고 있는 것이죠. 개인의 능력이 아무리 뛰어나도 혼자서 할 수 있는 일에는 한계가 있는 법입니다. 그러나 개인의 힘을 합쳐 집단이 되면 그 힘은 더욱 커질 수 있습니다. 우리 속담에 '백지장도 맞들면 낫다.'고 하지 않던가요.

픽사는 독특한 소재와 기발한 아이디어를 통해 20여 년간 무려 1,500배라는 놀라운 성장을 기록한 애니메이션 제작 업체입니다. 여러분 중에 픽사가 만든 만화영화를 보지 않은 사람은 없을 겁니다. '토이 스토리'를 비롯하여 '몬스터 주식회사', '벅스 라이프', 최근의 '인사이드 아웃'까지 전 세계 어린이들을 감동과 환희로 몰아넣은 애니메이

선 작품들이 모두 픽사의 손에 의해 태어난 것들입니다. 한때 애플에서 쫓겨난 스티브 잡스가 CEO로 재임했던 회사이기도 하죠.

픽사에는 픽사 대학이라고 하는, 상상력을 자극할 수 있는 모든 시설들이 구비되어 있는 교육기관이 있는데 로고에는 'Alienus Non Diutius'라는 말이 새겨져 있습니다. 이는 '더 이상 혼자가 아니다.'라는 뜻입니다. 새로운 아이디어나 성과라는 것이 어느 한순간 기적처럼 다가오는 것이 아니라 구성원들이 끊임없이 협동하는 과정에서 나오는 것이라고 믿기에 직원들끼리 아이디어와 진행 중인 작업물을 서로 공유하고 이것을 지속적으로 발전시켜 나가는 것이 이 회사의 업무 방식입니다. 이를 픽사에서는 플러싱(Plus+ing)이라고 부르는데 직원들간에 서로 관심을 가지고 상대방의 이야기에 귀를 기울이며 문제가 생기면 각자 고민한 해결방안을 들고 모여 힘을 합친다고 합니다. 일방적으로 지시하는 사람도, 나의 일이 아니라고 돌아서는 사람도 없다고 하니 참으로 부러운 문화를 가졌다는 생각이 듭니다.

우리 회사를 비롯하여 대부분의 기업들이 팀제를 도입하고 있습니다. 팀이란 기본적으로 여러 사람이 힘을 합쳐 일하는 조직입니다. 그러나 아직 우리나라에서는 제대로 된 팀제는 운영되지 않고 있는 것 같습니다. 형태는 팀제이지만 과거처럼 개인이 한 가지 일을 맡아 수행하는 방식이죠. 이런 조직형태에서는 개인의 역량을 뛰어넘는 좋은 아이디어가 나오기 힘듭니다. 그렇다고 해서 당장 우리 회사를 픽사처럼 바꿀 수는 없으니 주어진 환경 하에서 최선을 다하는 수밖에는 없겠죠. 앞서 인간관계 편에서 말씀드렸지만 늘 주위 사람들의 일에 관심을 가지고 그들을 도와주려고 노력해야 합니다. 서로 돕다 보면 보다 더 큰 성과를 얻을 수 있습니다.

그러기 위해서는 개방적이고 포용적인 태도를 가져야 합니다. 주위에서 어려워하거나 힘들어하는 동료나 선배 사원을 보고 그냥 지나치거나 모든 일을 동료의 도움 없이 혼자서만 처리해야 한다는 생각은 버려야 합니다. 도움을 필요로 하는 사람이 있으면 적극적으로 나서 도와주고 반대로 내가 도움이 필요한 경우 적극적으로 도움을 요청해야 합니다. 여러분 한 명 한 명이 접착제가 되어 여러분이 속한 부서를 하나의 끈끈한 조직으로 만들어 나간다면 여러분 자신은 물론 주위 사람들도 좋은 성과를 거둘 수 있을 것이고, 부서 전체로도 뛰어난 성과를 창출할 수 있을 겁니다. 한 올의 실은 약해서 금방 끊어질 수 있지만 여러 가닥의 실이 씨줄과 날줄로 엮여 천으로 만들어지면 강한 힘을 발휘할 수 있듯이 여러분도 그렇게 힘 있는 조직, 성과를 창출할 수 있는 조직으로 만들기 위해 노력해 주기 바랍니다.

▶ Communication

다음은 소통입니다. 소통은 아주 중요한 요소입니다. 만약 사람 몸에 피가 제대로 돌지 않는다면 어떤 일이 생길까요? 산소나 영양소가 몸 구석구석으로 전달되지 않고 노폐물이 쌓임으로 해서 그 부분에 좋지 않은 병이 생길 것입니다. 조직 내에서의 소통은 신체의 피와 같이 조직을 건강하게 유지시켜 주는 원동력이 됩니다.

부서 간의 의사소통뿐 아니라 상하 간의 의사소통도 마찬가지입니다. 상사는 자신의 의견이 절대적이라는 우월주의에 빠져 부하 직원의 의견은 들으려고 하지 않고 무조건 자기주장만 내세운다면 부하직원은 할 말이 있어도 자기 의견을 밝힐 수가 없을 것입니다. 의견들이 자유롭게 표출되고 논의되어 합의된 결론에 이르러야 창의적인 조직이 될 수 있을 텐데 '직급이 깡패'라고 힘으로만 밀어붙이려고 한다면 그 조직은 결코 창의적인 조직이 될 수 없고 성과를 만들어 내지도 못할 것입니다.

소통은 상대방의 말을 귀 기울여 듣는 경청, 내가 틀렸을 수도 있겠다고 생각하는 유연한 마음가짐, 그리고 정확한 이해입니다. 상대방의 말을 흘려듣거나 무시하면 소통이 이루어질 수 없습니다. 간혹 소통을 한다고 직원들을 모아 놓고 일방적으로 자기 얘기만 하는 팀장이나 임원들이 있는데 이는 소통이 아니라 훈계입니다. 직원들은 그런 상사의 얘기에 귀를 기울이지 않습니다. 사람들 간에 소통에 어려움을 겪는 이유 중 하나는 자신의 생각이 옳다며 그 생각을 꺾지 않으려 고집을 피우기 때문입니다. 심리학에서는 진실의 반대말은 거짓이 아니라 신념이라고 합니다. 자신이 믿고 있는 생각이 틀림없다는 확신이 있기 때문에 다른 사람의 조언이나 충고에 마음을 열지 않는 것이죠.

서로 자신의 의견을 고집하며 자신의 생각을 굽히려고 하지 않는 두 사람이 만나 대화를 나눈다면 어떤 일이 벌어질까요?

질펀한 논쟁만 벌이다가 아무런 소득 없이 끝나고 말 것입니다. 나의 생각이 틀렸다고 인정할 수 있는 것은 용기입니다. 상대방의 말에 귀를 기울이고 상대방의 의견에 타당성이 있다고 여겨지면 자신의 생각을 바꿀 줄도 알아야 합니다. 그래야 진정한 의미의 소통이 이루어질 수 있습니다.

정확한 이해는 소통의 질을 높이는 데 있어 필수적입니다. 앞서 고맥락 문화와 저맥락 문화에 대해 얘기했지만 소통이 잘못되면 많은 시간과 자원의 낭비를 초래할 수 있습니다. 아주 간단한 예로, 여러분이 앞으로 실무를 하다 보면 상사가 지시한 것과 전혀 다른, 엉뚱한 일을 하게 되는 경우가 있습니다. 상사가 시킨 일을 잘못 알아듣고 다른 일을 한 것이죠. 그래서 처음부터 다시 일을 해야만 하는 경우가 생길 수도 있습니다. 이는 상사와 여러분 간에 소통이 제대로 이루어지지 않았기 때문입니다. 처음부터 분명하게 일의 목표와 내용에 대해 서로 간에 합의가 된 상태에서 일을 했다면 재작업은 막을 수 있었겠지만, 소통이 제대로 이루어지지 않음으로 해서 시간과 물질적 낭비를 초래하고 만 것이죠. 상대방의 말을 정확히 이해하는 것은 아주 중요합니다.

이렇게 잘못된 이해로 인한 소통의 왜곡을 막기 위해서는 말하는 사람은 오해의 소지가 없도록 정확히 말해야 하고, 듣는 사람의 입장에서는 이해되지 않는 부분에 대해 다시 확인을 해야 합니다. 상대방의 말이 이해되지 않았다면 다시 한 번 묻거나 혹은 '이런 말씀이십니까?' 하고 자신이 이해한 것을 되물을 필요가 있습니다. 간혹 전혀 이해되지 않았음에도 불구하고 알아들은 척 대답한 후 무슨 말인지 몰라 끙 끙 앓는 사람들을 볼 수 있는데 그런 경우에는 처음부터 말한 사람에 게 재차 확인하는 것은 좋은 방법입니다.

▶ Combine / Connection

컴바인은 '결합'한다는 뜻이고, 커넥션은 '연결'한다는 뜻입니다. 이 단어들은 중요한 의미를 지니고 있습니다. 기업이 성장과 발전을 이 어 나가기 위해서는 지속적으로 새로운 제품이나 서비스를 만들어 내 는 창조활동이 필요합니다. 하지만 기술의 융·복합화로 인해 산업 간 경계가 희미해지고, 기업 간 경쟁이나 기술의 급격한 발전으로 인한 제품이나 서비스의 라이프 사이클의 단축 등으로 인해 경영환경의 변 화에 대응하기 위한 모든 역량을 기업 내부자원으로 충당하기에는 점 차 힘들어지고 있는 추세입니다. 현대와 같이 복잡하고 변화가 심한 경영환경에서 기업활동에 필요한 모든 역량을 내부에서 조달하고자 한다면 기업의 규모는 말할 수 없이 비대해질 것이며 그렇게 되면 유 연성과 민첩성이 떨어져 오히려 신속한 대응이 어려워질 것입니다.

이에 따라 경영활동에 필요한 역량을 기업 내부에서 자체 조달하지 않고 외부로부터 조달하려는 기업들이 늘어나고 있는데요, 예를 들어 자신들은 제품에 대한 개발과 디자인만 맡고 생산은 외부의 전문업체 를 활용하는 방식은 이미 오래전부터 이용되어 이제는 일반화·보편화 되었으며, 전략이나 재무 등 핵심적인 기능만 자신들이 보유하고 HR

196

이나 총무, 구매 등의 기능은 외부의 전문업체에 의뢰하는 기업이 늘어나고 있습니다. 글로벌 기업들의 상당수가 이렇게 외부의 힘을 빌어 기업을 경영하고 있는데 이러한 아웃소싱을 통해 기업은 자신들이 가지고 있지 못한 역량을 보완함으로써 큰 투자의 리스크 없이 사업을 영위하거나 확대할 수 있는 기회를 넓혀 나갈 수 있게 된 것입니다.

그런데 최근에는 단순히 필요한 기능만을 외부에서 조달하여 사용하는 아웃소싱의 개념에서 벗어나 보다 능동적이며 적극적이고 진일보한 개념으로 기업활동이 진화하고 있습니다. 서로 다른 기술을 가진 업체들끼리 공동의 목표를 가지고 기술을 결합하거나, 공동으로 제품을 개발하는 등 자신의 강점을 내주고, 외부로부터 자신에게 부족한 역량을 받아들여 보완함으로써 창의적인 혁신을 이끌어 내고자 하는 활동이 늘어나고 있는 것이죠. 새로운 제품이나 서비스의 아이디어를 외부로부터 공개적으로 얻는 업체도 등장하고 있고요. 그러다 보니 제품이나 서비스 개발에 필요한 역량을 기업 내부에서 자체적으로 확보하기 위한 연구개발의 개념에서 벗어나 필요한 기술을 가진 업체를 발굴하고 그것들을 자사의 기술과 연결하여 혁신을 일구어 내려는 C&D의 개념이 확대되고 있습니다.

이러한 C&D의 개념을 가장 잘 활용하는 업체가 P&G입니다. 글로벌 소비재 기업인 P&G는 2002년에 새로운 CEO 앨런 조지 라플리가 취임하면서부터 '우리가 얻는 Innovation의 50%는 P&G 외부에서 가져오겠다.'며 오픈 이노베이션을 강조하였습니다. 특히 'Connect +

Develop'이라는 프로그램을 운영하여 외부의 아이디어를 적극 활용하고 있는데 그 좋은 예가 바로 감자 스낵 제품 프링글스입니다.

P&G는 자신들이 생산하는 감자 스낵 프링글스 표면에 그림이나 글씨를 새겨 넣는 혁신적인 제품을 만들고 싶었지만 내부적으로는 그러한 기술을 가지고 있지 못했습니다. P&G에서는 원하는 제품을 만드는 데 필요한 기술을 내부적으로 개발할 것인가 아니면 외부에서 조달할 것인가를 두고 논란이 거듭되다가 외부에서 가져오기로 결정하였습니다. 오랜 수소문 끝에 이탈리아 볼로냐에 위치한 작은 제과점에 그들이 원하는 기술을 가지고 있다는 것을 알게 되었고, P&G는 바로 이 제과점과 기술협약을 맺고 자신들이 원하는 제품을 만들 수 있게 되었는데 큰 히트를 기록했다고 합니다.

여러분도 일을 하면서 개인의 힘으로만 해결할 수 없는 많은 문제들에 직면하게 될 것입니다. 그런데 이러한 상황에서 끝까지 혼자 힘으로 문제를 해결하겠다고 고집을 피우는 것은 바람직한 자세가 될 수 없습니다. 어딘가에는 여러분이 가지고 있지 못한 문제 해결 역량을 가진 사람이 있을 수 있고, 집단이 있을 수 있습니다. 그리고 여러분이 하는 일과 전혀 관련 없는 분야에서 해법을 찾을 수도 있습니다. 그것을 잘 이용한다면 굳이 여러분의 힘으로 문제를 해결하기 위해 전전긍긍하지 않아도 됩니다. 내게 필요한 것들을 찾아내어 연결하고 결합하며 그것을 더욱 심화·발전시켜 나간다면 큰 성과를 만들어 낼 수 있습니다.

예전에는 외부에서 문제 해결의 아이디어를 가져오는 것을 별로 좋지 않은 눈으로 보기도 했지만 요즘에는 오히려 그것이 더욱 효율적이라고 여기는 기업들이 많아지고 있습니다. 그러니 여러분도 일을 하는 과정에서 여러분 스스로 모든 문제를 해결하려고만 하지 말고 자신의 생각을 함께 키워나갈 수 있는 사람이나 조직을 찾아내어 그것들을 연결하고 결합하면 좋은 성과를 거둘 수 있습니다. 그리고 그렇게 되기 위해서는 오픈된 마인드와 유연한 마음가짐, 즉 개방성과 포용성이 필요합니다. 익숙한 것이 편하긴 하지만 낯선 것, 낯선 사람에 대해 거리낌 없이 받아들이고 수용하려는 자세를 가져야 발전할 수 있습니다.

오늘도 보람 있는 하루가 되길 바랍니다.

대표이사 조원석

사장의 편지를 읽다 보니 정말 알파벳 C로 시작하는 단어 중에 중요한 의미를 담고 있는 것들이 많아 보였다. 우석은 그것들을 수첩에 옮겨 적으며 '내 마음에 C를 심자.'고 되뇌었다.

CI형 인간이
되어라 ❷

어제 회의에서 우석이 제안한 내용은 결국 없었던 얘기가 되었다. 홍기훈 팀장의 생각과는 달리 담당 임원은 직원들이 부서장이나 임원들을 평가한다는 것에 대해 부담을 느끼는 것 같았다. 대신 좀 더 효율적인 방법을 생각해보기로 했다.

우석이 자리에서 업무를 보고 있는데 메신저의 팝업창이 떠올랐다. 맞은 편의 오종석 과장이었다.

'홍 팀장 때문에 미치겠다.'

'왜요?'

'워크숍 참석자들한테 과제 빨리 안 보냈다고 신나게 깨졌네.'

'그건 과장님 잘못이네요.'

'뭐? 지금 홍 팀장 편드는 거야?'

'그게 아니라 이번 주 화요일까지 보내라고 했는데 과장님이 아직 안 보낸 거잖아요. 워크숍도 얼마 안 남았는데.'

대략 그런 내용이었다. 그런데 가만 보니 무언가 이상했다. 대화를 나누고 있는 사람들이 오 과장과 홍 팀장이었던 것이다. 오 과장이 홍 팀장을 제외하고 단체 채팅을 한다는 것을 그만 전략기획팀 전원이 초대되었고 흥분한 나머지 홍 팀장이 대화에 참여하고 있다는 것을 모르고 있었던 것이다. 그것을 눈치챈 사람들은 모두 안절부절하고 있었는데 오 과장만 여전히 불만을 얘기하고 있었던 것이다. 뒤늦게 누군가 오 과장에게 문자를 보낸 것 같고 그제서야 오 과장은 서둘러 메신저를 빠져나갔다. 홍 팀장은 그 일에 대해 모르는 척 시치미를 떼었지만 오 과장은 얼굴이 붉게 달아올라 어쩔 줄 몰라 했다.

그런 에피소드가 있은 후, 우석은 잠시 틈을 내어 대표이사의 편지를 확인해 보았다.

안녕하세요. 오늘은 어제에 이어 알파벳 C로 시작하는 단어들에 대해 얘기해 보도록 하겠습니다.

▶ Conquest

제가 직장 생활을 하는 동안 본 사람들을 두 부류로 나누어 본다면 악착같이 일에 매달려서 사는 일벌레 같은 사람들과 겉으로는 그렇게 바쁘게 일을 하지 않으면서도 늘 성과는 좋은 사람들로 나눌 수 있을 것 같습니다. 전자는 일에 치여 사는 사람들이고, 후자는 일을 지배하는 사람들입니다.

대부분의 직장인들은 일에 치여 지내는 경우가 많습니다. 이들은 업무가 주어지면 마치 기계의 부속품처럼 정형화된 패턴에 따라 사고하고 움직입니다. 정형화된 패턴에서 벗어나 좀 더 발전적이고 개선적인 해결 방법을 찾아내기보다는 지금까지 해왔던 형식과 방법에서 벗어나려고 하지 않습니다. 주어진 일에 대해서는 일정 수준의 성과를 내긴 하지만 그 이상 성과가 올라가기는 어렵습니다. 이런 사람들의 목표는 맡은 일에 실수를 하지 않는 것입니다. 그렇지만 별다른 감흥도 주지 못합니다. 평균 이하로 내려가지만 않는다면 성공인 것이죠.

이런 사람들은 직장 생활이 즐겁지 않습니다. 먹고 살기 위해서 마지못해 하는 경우가 많습니다. 그러다 보니 업무의 속도도 늦고 능률도 오르지 않습니다. 시간이 지날수록 일거리는 쌓이고 어쩔 수 없이 일을 해야 하니 일에 치여 지낼 수밖에 없습니다. 일을 지배하지 못하고 일에 끌려다니는 것이죠. 제 시간에 일을 끝내지 못하고 늘 야근이나 잔업을 밥 먹듯 하는 사람들은 대부분 이런 사람들입니다. 이런 사람들은 일벌레처럼 보입니다. 겉으로 보면 일을 아주 열심히 하는 것 같지만 들여다보면 실속이 별로 없는 거죠.

반면 일을 잘하는 사람, 남다른 성과를 만들어 내는 사람은 일을 즐기며 합니다. 일에 끌려다니는 것이 아니라 일을 지배하고 정복합니다. 마치 숙련된 서커스단원이 여러 개의 공을 가지고도 땅에 떨어뜨리지 않고 자유자재로 저글링을 하듯이 일을 자유자재로 다룹니다. 이들에게는 정형화된 업무 패턴이 없습니다. 업무가 주어지면 자신에게 맡겨진 일을 정확히 이해하려고 노력하고 그 핵심이나 원천을 장악하려고 합니다. 그래서 이들은 업무가 주어지면 무조건 달려들지 않고 생각부터 합니다. 이 일은 무엇을 요구하는 것이며, 어떤 결과를 만들어 내야 하고, 그런 결과를 얻기 위해서 이 일에서 요구되는 핵심은 무엇인지 먼저 생각합니다.

볼링에 킹핀이라는 것이 있죠? 이것을 쓰러뜨리게 되면 모든 핀들을 쓰러뜨릴 수 있습니다. 일을 잘하는 사람은 자신에게 일이 주어지면 '이 일의 킹핀이 무엇일까? 이 일의 핵심이 무엇이고, 내가 무엇을 알아야 이 일의 성과를 최고로 끌어올릴 수 있지?'라는 생각을 하고 일의 핵심부터 장악하려고 노력합니다. 킹핀을 쓰러뜨리면 스트라이크를 만들 수 있지만 킹핀을 쓰러뜨리지 못하면 스트라이크는 결코 나올 수 없습니다.

자신만의 킬러 애플리케이션을 가지기 위해서는 자신만의 핵심 또는 원천을 확보해야 합니다. 내가 하는 일이 무엇인지를 명확히 알고 그 분야에서 핵심은 무엇인지, 경쟁력의 원천은 무엇인지 고민하고 끊임없이 그것을 확보해 나가려고 노력해야 합니다.

예를 들어 상품기획 업무를 담당하고 있다면 그 업무에 있어서 핵심은 무엇인지, 직원들의 경력관리 업무를 담당하고 있다면 경력관리 업무에 있어서 경쟁의 원천은 무엇인지, 품질관리를 담당하고 있다면 그 업무에 있어서 최고가 되기 위해서는 무엇을 잘해야 하는지 고민하고 그것을 손에 쥐기 위해 노력해야 합니다. 이렇게 자신이 맡은 일에서 킹핀을 쓰러뜨리고 업무를 완전히 장악할 수 있는 역량들이 축적되다 보면 자신만의 킬러 애플리케이션이 만들어질 수 있습니다.

▸ Confidence

직장 생활을 하다 보면 자신에게 주어진 일을 마무리 짓지 못하는 경우가 상당히 많습니다. 지시했던 업무가 시작하지도 않은 채 어느 사이엔가 슬그머니 사라지기도 하고 시작은 했으되 마무리되지 못한 채 흐지부지 끝나고 마는 경우도 많습니다. 워낙 일이 많다 보니 상대적으로 중요도가 낮거나 긴급하지 않은 일들은 우선순위에서 밀려 책상 서랍 속에서 잠을 자기도 하고 갑자기 치고 들어오는 급한 일 때문에 뒤로 밀렸다가 어느 순간 잊혀지고 마는 것이죠. 처음에는 야심 차게 시작했다가 어느 순간 유야무야되는 일들도 많습니다.

한국 축구의 고질적인 문제가 뭔지 아시죠? 아마도 문전처리 미숙일 겁니다. 필드에서는 상대방과 대등하게 경기를 하면서도 상대방 골대 앞에만 가면 머뭇거리거나 주춤거리다가 기회를 놓쳐 버리는 경우가 너무나 많습니다. 또는 완벽한 찬스에서 소위 말하는 '똥볼'을 차서 천금 같은 기회를 날려 버리는 경우도 종종 있죠. 축구는 골을 넣어야만 이길 수 있는 경기입니다. 승리하기 위해서는 상대방보다 더 많은 골을 넣어야 하지만 우선 골을 넣지 못하면 게임에서 승리할 수가 없습니다. 잘해야 비기는 것이죠. 맡은 일을 끝까지 책임지고 마치지 못하는 것은 축구에서 골을 넣지 못하는 것과 다를 바 없습니다.

일을 끝까지 완수해야 하는 이유는 바로 '신뢰'를 나타내는 'confidence' 때문입니다. 직장 생활을 하는 데 있어서 신뢰는 아주 중요한 요소가 됩니다. 개인적인 삶에 있어서도 마찬가지겠지만요. 아무튼 누군가에게 일을 맡겼을 때 끝까지 잘 해내는 모습이 반복되면 상대방은 '아, 저 친구한테 일을 맡기면 항상 든든해. 믿을만한 사람이야.'라고 생각하게 될 것입니다. 그리고 중요한 일이 생기면 그 사람을 찾게 되겠죠. 신뢰는 성공을 위한 필수요소가 됩니다.

자신에게 주어진 일에 대해서는 끝까지 마무리하려는 자세를 가지시기 바랍니다. 용의 머리로 시작했다가 뱀의 꼬리로 끝나서는 결코 안 됩니다. 납기를 분명히 정해 놓고 그 납기를 맞추기 위해 노력하세요. 많은 사람들이 납기의 중요성을 망각하는 경우가 많은데 납기를 생명과 같이 여겨야만 합니다. 이 일은 언제까지 반드시 완료하겠다는 각오로 일을 해야 합니다. 일이 많을 때는 일의 우선순위를 분명히 정하고 그 우선순위에 맞추어 일을 하되 빠뜨리는 일이 없도록 주의해야 합니다. 그렇지 않을 경우 부지불식간에 잊혀지는 업무가 발생할 수 있고, 여러분들은 비록 그 일을 잊어버릴지 몰라도 상사는 그것을 기억하고 평가에 반영하게 될 것입니다.

▶ Completion

여러분들은 이제 갓 직장 생활을 시작했으니 업무에서의 실수도 잦고 일의 깊이도 그리 깊지 못할 겁니다. 그러나 여러분의 실수를 이해할 수 있는 시간은 길지 않습니다. 일정한 시간이 지난 후에도 그러한 모습이 반복된다면 여러분에 대한 상사나 주위 사람들의 평가는 좋지 못할 것입니다. 일을 할 때 고려해야 할 또 하나의 요소는 완벽하게 마무리를 하기 위해 노력해야 한다는 것입니다. 이 단락에 '완료'라는 의미의 completion을 제목으로 붙였지만 저는 이것을 '세세하고 꼼꼼하게' 일을 하라는 의미로 들려드리고 싶습니다. 사람들은 흔히 큰일만 잘하면 된다고 생각하지만 작은 것을 세심하고 섬세하게 처리하지 못하면 큰 위험을 맞을 수 있습니다.

200년 역사를 지닌 영국의 베어링 은행은 단 한 사람의 부정을 사소하게 여겼다가 끝내 회사가 파산하고 마는 아픔을 겪었습니다. 승무원 7명을 태우고 원대한 우주 탐사에 나섰던 컬럼비아호는 아주 사소한 부품 결함으로 인해 산산조각이 나고 말았습니다.

우리 회사에서도 재작년에 사소한 실수로 인해 큰 손실을 입은 적이 있습니다. 한 회사에 부품을 대량으로 납품하는 일이 있었는데 담당자가 실수로 납품가격을 입력하면서 $200.0인 단가를 서두르는 바람에 $20.00으로 잘못 입력한 것입니다. 뒤늦게 실수를 깨닫고 바로잡으려 했지만 상대편 회사에서는 이미 시스템적인 처리가 완료된 상황이었고 우리 회사는 무려 30억 원에 가까운 손실을 입을 수밖에 없었습니다.

중국의 자기계발 작가 왕중추는 『디테일의 힘』이라는 책을 통해 사소한 것을 놓치지 말고 잘 관리하라고 강조하고 있는데, 흔히들 큰 성공을 이루려면 큰일을 잘해야 한다는 생각을 가지고 있지만 이건 사고의 오류일 뿐, 모든 실패는 신경 쓰지 않는 사소한 일로부터 시작된다는 내용입니다.

종종 주위에서 임원이나 부장에게 대리니 과장이니 하는 직급을 붙여 별명처럼 부르는 경우가 있습니다. 예를 들어 제게 '조원석 사장'이아니라 '조원석 과장'이라고 부르는 식인데요, 이 말은 그 임원이나 부장이 자신의 직급에 맞지 않게 너무 세세한 것까지 미주알고주알 따진다는 것을 의미합니다. 너무 쫀쫀하다는 것이죠. 그러나 이를 뒤집어 보면 그만큼 부하 직원들이 세심하지 못하다는 것을 나타냅니다. 작은 실수가 계속 이어지니까 임원이나 부장들이 그것을 넘기지 못하고 계속 지적할 수밖에 없게 되는 것이죠. 그렇다면 그건 누구의 잘못일까요? 만약 실무자가 꼼꼼하고 세밀하게 일처리를 한다면 임원이나 부장은 그런 세세한 것까지 신경 쓰지 않고 정말 자신의 직급에 걸맞은 일을 할 수 있겠죠. 그러나 실무자가 하는 일을 믿을 수 없기 때문에 그들은 할 수 없이 대리니 과장이니 하는 놀림을 받으면서까지 세세한 것에 신경을 쓸 수밖에 없는 겁니다. 이건 엄밀히 말하면 실무자가 일을 잘못함으로써 상사의 소중한 시간을 뺏는 것과 마찬가지이므로 회사에 손해를 끼치는 것이나 다를 바 없습니다.

▸ **Consistency & Cool**

사람에 따라서는 특별한 일이 없음에도 불구하고 기분이 수시로 변하는 사람들도 있습니다. 조증과 울증이 번갈아 나타나는 조울증을 가진 사람이 그러한 예라고 할 수 있는데 만약 이런 상사를 모시고 일한다면 정말 힘들 겁니다. 수시로 눈치를 보아야 하니 얼마나 피곤하겠습니까? 그런데 꼭 상사만 힘든 것이 아닙니다. 입사 선배나 같은 동료라고 해도 하루에도 몇 번씩 기분이 바뀌는 사람이 있다면 같이 일하기가 쉽지 않을 겁니다.

기분뿐만이 아닙니다. 종종 말을 자주 바꾸는 사람들을 볼 수 있습니다. 언제는 A가 옳다는 식으로 말을 했다가 말을 바꾸어 B가 옳다는 식으로 얘기를 하는 겁니다. 이는 자신의 가치관이나 업무처리의 원칙이 올바로 정립되어 있지 못하기 때문인데 이런 사람과 일을 하려면 정말 힘듭니다.

일관성이 없는 사람은 상대방을 아주 피곤하게 만듭니다. 상대방을 눈치 보게 만들고 정신적 피로를 줌으로써 불필요하게 에너지를 소모하도록 만듭니다. 이런 사람은 주위에 따르는 사람이 없게 됩니다. 직장 생활을 성공적으로, 그리고 인간관계를 원만하게 유지하기 위해서는 자신의 감정을 조절하고 사고와 행동에 일관성을 유지하는 것이 중요합니다.

감정적인 측면이 강하지만 기술적인 노력이 필요한 것이 직장 생활이고 인간관계입니다. 사람들과 좋은 관계를 유지하고 그들로부터 좋은 평판을 얻기 위해서는 항상 일관성이 있어야 합니다. 일관성이라는 것은 어떤 상황에서 어떤 상대를 만나든 항상 같은 상태에 있는 것을 말합니다. 인간은 감정을 가진 동물이니 일정 부분은 어쩔 수 없지만 자신의 기분이 좋은 날은 웃으며 잘 대해 주다가 조금만 기분이 상하거나 안 좋은 일이 있으면 까칠하게 대한다면 상대방은 나의 감정 상태에 대해 눈치를 보고 부담을 갖게 될 것입니다. 반면에 좋은 일이 있든 나쁜 일이 있든 일관성 있게 대한다면 상대방은 나를 만날 때마다 항상 같은 모습을 보고 같은 모습으로 대할 수 있으므로 편안함을 느끼게 되겠죠. 언제 봐도 한결같은 사람은 따르기가 편합니다.

하지만 만날 때마다 반응이 달라지는 사람은 도대체 어느 장단에 춤을 춰야 할지 몰라 괴로워집니다. 사람은 피곤해지면 그 사람과의 관계를 그만두고 싶어집니다. 만약 이유 없이 내게서 멀어지는 사람이 있다면 자신은 그 사람에게 일관성 있게 대하고 있는지 되돌아봐야 합니다.

일관성이 있으려면 기본적으로 대범해지지 않으면 안 됩니다. 쿨해야 하는 거죠. 스스로 감정을 다스리고 늘 한결같은 모습으로 지내려고 노력해야 하며 사소한 걱정은 떨쳐 내며 내게 조금 잘못한 사람일지라도 빨리 잊어버리고 전과 다름없는 모습으로 대하려고 노력해야 합니다. 혹시라도 예전에 안 좋은 일이 있었다고 해서 그것을 잊지 못하고 마음에 담아 두었다가 결정적인 순간에 그것을 끄집어낸다거나 사소한 일에도 자주 삐쳐서는 안 됩니다.

직장 생활을 하다 보면 상사에게 야단맞는 일은 수시로 일어납니다. 그때마다 꽁해 있기보다는 자신의 잘못을 받아들이고 쿨하게 잊어버리도록 노력하세요. 물론 사람의 성격은 기본적으로 타고난 것이기 때문에 고치기가 쉽지 않습니다. 하지만 성공적인 직장 생활을 위해서는 안 된다고 포기하기보다 고치려고 노력하는 것이 바람직한 자세입니다.

▸ Competition

성공하기 위해서는 타인에 대해 건전한 경쟁심을 가질 필요가 있습니다. 사람은 경쟁이 없으면 현실에 안주하고 주어진 삶에 만족하며 나태해질 수밖에 없습니다. 나태함은 길게 이어지면 곧 무능함으로 이어지게 됩니다.

중국의 작가 허샨이 쓴 『잘되는 사람은 무슨 생각을 할까』라는 책에 경쟁의 중요성에 관한 글이 실려 있어 인용해 보도록 하겠습니다.

페루 정부에서 운영하는 동물원에 재규어가 한 마리 있었답니다. 재규어는 멸종 위기에 처해 있는 동물인데, 이 동물원에서는 재규어의 우리에 초원을 꾸미고 암석과 시냇물을 만들고 온갖 나무와 풀들이 자라도록 하였답니다. 마치 실제 초원에서 생활하는 것과 같은 환경을 만들어 준 것이죠. 게다가 언제든 소나 양, 토끼, 사슴 등 신선한 먹이를 마음껏 먹을 수 있도록 공급해 주었습니다.

동물원 측은 이런 환경이라면 재규어가 아주 건강하고 활동적으로 뛰어놀 것으로 예상했지만 실제 재규어의 모습은 정반대였습니다. 시원한 나무그늘에서 하루 종일 누워 움직이지도 않고 귀찮다는 듯 하품만 해댈 뿐 달리는 모습도, 우렁차게 포효하는 모습도 볼 수 없었습니다. 재규어를 보러 온 관광객들도 그 모습을 보고 실망해서 돌아서는 일이 많았죠. 그러자 동물원 측에서는 재규어가 외로워서 그런 것이라 생각하고 암컷 재규어를 합사시켜 주었답니다. 그러나 동물원 측의 예상은 빗나가고 재규어의 행동에는 전혀 변화가 없었습니다.

동물원 측은 걱정이 되어 동물행동연구가에게 재규어의 행동을 분석해 달라고 의뢰했습니다. 재규어의 행동을 살펴본 동물행동연구가는 재규어가 너무 평화로운 환경에 놓여 있는 것이 삶의 의욕을 잃게 만든 원인이라는 진단을 내렸습니다. 이 말을 듣고 동물원 측은 몇 마리의 여우를 재규어의 우리에 풀어 놓았습니다. 여우들은 호시탐탐 재규어의 먹이를 노리기 시작했고, 자신의 먹이를 빼앗기지 않기 위해 재규어는 지금까지와는 다른 행동을 보이기 시작했습니다. 바위 위에 올라가 포효함으로써 자신의 지위를 상기시키고, 경계를 늦추지 않고 우리 안을 순찰하며 자신의 먹이를 여우들에게 빼앗기지 않도록 하였습니다. 여우라는 경쟁자가 나타남으로 해서 재규어는 예전의 나태한 모습을 벗어나 긴장 속에서 활력을 되찾을 수 있었던 것입니다.

경쟁 없이 편안한 환경 속에 놓여 있던 재규어는 현실에 만족하며 나태한 삶을 살았지만, 여우라는 경쟁자가 나타나자 자신의 먹이를 지키기 위해 긴장하지 않을 수 없었던 겁니다.

　직장 생활도 마찬가지입니다. 경쟁자가 없으면 발전하려는 노력을 하지 않게 됩니다. 그렇게 오랜 시간이 쌓이다 보면 도태될 가능성이 높아지죠. 누군가 나와 경쟁이 될만한 사람이 있다면 그에게 뒤처지지 않기 위해서 꾸준히 자신을 발전시키려 하고 그러한 노력이 쌓이다 보면 진보의 길을 걸을 가능성이 높아집니다.

　종종 스포츠에서도 그러한 경우를 볼 수 있죠. 예를 들어 스피드 스케이팅의 경우 자신보다 실력이 훨씬 떨어지는 상대와 겨루면 기록이 좋지 못하지만 자신과 막상막하의 실력을 가진 상대와 겨루면 기록이 훨씬 좋아지는 모습을 볼 수 있잖습니까?

　여러분들이 직장 생활을 하면서 선의의 라이벌을 만들어 보세요. 일을 할 때도 그 사람이라면 어떻게 했을까, 그 사람은 이 순간에 어떤 결정을 내릴까, 그 사람이라면 어떤 자세로 임할까 끊임없이 고민하면서 자신을 발전시켜 나가도록 노력하기 바랍니다. 그렇지 않으면 현실에 적당히 안주하면서 나태해져서 경쟁력을 잃을 수밖에 없습니다. 경쟁력을 잃는다는 것은 내가 아닌 다른 사람에게 일을 맡겨도 별 차이가 없다는 것을 말합니다. 내가 아닌 다른 사람이 해도 똑같은 결과를 얻을 수 있다면 회사에서는 여러분의 존재를 특별히 여기지 않겠죠.

　명심하세요. 꾸준히 자신의 경쟁력을 끌어올려야만 정글 같은 회사에서 살아남을 수 있다는 것을요.

▸ Contribution

직장 생활의 궁극적인 목표는 일을 통해 성과를 창출하고 회사의 발전에 기여하는 것입니다. 만약 여러분들이 몸담고 있는 부서, 그리고 더 나아가 회사의 발전에 기여하는 것이 없다면 여러분은 있으나 없으나 별 차이가 없는 사람이 될 것입니다. 흔히들 직장인들은 노예 같은 삶을 산다고 하지만 알고 보면 직장인처럼 편한 삶도 없습니다. 때가 되면 척척 월급이 들어오죠. 때로는 성과가 좋으면 두둑한 인센티브도 지급합니다. 게다가 여러분들이 쓰는 거의 대부분의 비용들도 회사에서 부담합니다. 이처럼 좋은 곳이 또 어디 있겠습니까? 더럽고 아니꼬운 일도 참아야 하고 언제 잘릴지 몰라 불안하다고 하지만 회사를 벗어나 자기 사업을 한다고 해도 마찬가지입니다. 거래처에 굽실거려야 하고 경기가 나빠지기라도 하면 걱정에 잠을 이룰 수가 없을 겁니다.

사실 직장인들 스스로도 그것을 잘 압니다. 조금 자존심 상하고 스트레스받더라도 그래도 회사가 편하다는 것을 알기 때문에 겉으로는 불만을 토로하면서도 회사를 떠나려고 하지 않습니다. 그런데 그 편안함을 악용하면 아침에 출근해서 커피 마시고 동료들과 잡담을 나누거나 하루 종일 인터넷 서핑을 하며 시간을 보내도 별로 죄책감을 느끼지 않습니다. 상사 몰래 몇 시간 농땡이를 피워도 미안한 생각이 들지 않습니다. 영업사원이 아니라면 매출이 오르든 떨어지든 별로 관심이 없습니다. 이런 사람을 일러 흔히들 '월급도둑'이라고 표현합니다.

그러나 한 번 생각해 보세요. 여러분이 자신의 사업을 한다고 말입니다. 자신의 사업을 하는 경우에는 자신이 노력하는 시간만큼 매출이 발생하게 됩니다. 게다가 여러분들이 먹고, 이동하고, 쓰고, 즐기는 모든 것들은 여러분의 비용으로 고스란히 반영되고 맙니다. 그렇다면 여러분들은 빈둥빈둥 놀고먹을 수 있을까요? 개인 사업을 하는 분들이 하루를 공치면 그 타격이 엄청날 텐데 말입니다. 조금이라도 시간을 아껴 쓰고, 조금이라도 비용을 줄이기 위해 혈안이 되겠죠.

회사가 여러분들에게 월급을 주는 이유는 많은 일을 열심히 해서 성과를 창출하고 회사 발전에 기여하고 있다고 여기기 때문입니다. 여러분이 회사에 소속되어 있는 한 여러분이 생각하고 행동하는 모든 것들은 회사의 성과와 연결되어야 합니다. 직장 생활을 하는 동안 '공헌'이라는 단어를 늘 마음속에 담아두시기 바랍니다.

내가 회사에 어떠한 공헌을 할 수 있을까, 어떻게 기여할 수 있을까를 늘 고민하시기 바랍니다. 아무런 성과도 만들어 내지 못하면서 시간만 흘러보낸다면 그건 자신의 직무를 유기한 것이고, 회사의 자산을 축내는 것입니다.

직장 생활을 하는 동안 열심히 공부하라는 얘기도 했습니다만 업무 시간에 공부를 하는 것도 사실 시간을 올바르지 않게 사용하는 것입니다. 근무시간에는 오로지 일이 중심이 되어야 하며, 공부가 필요하면 근무 시간 이외에 별도의 여유 시간을 만들어 활용하여야 합니다. 열심히 일을 하는 경우에도 성과로 나타나지 않는다면 문제가 있습니다.

예를 들어 사물인터넷을 이용해 새로운 사업기회를 찾기 위해 열심히 관련된 자료를 수집하고 비싼 비용을 들여 세미나나 심포지엄에 다녀오는 등 관련된 스터디를 했다고 해 보죠. 그런데 결국 공부만 열심히 하고 사업기회는 찾지 못했다고 한다면 그건 아무것도 하지 않는 것과 크게 다를 바 없습니다. 좀 지나친 말일지도 모르겠지만 일은 했으되 성과가 없으니 냉정하게 말하자면 일을 안 한 것이나 다름없죠.

회사에 공헌하는 사람과 그렇지 못한 사람 간의 차이는 그 사람이 자리를 비웠을 때 극명하게 드러납니다. 회사에 공헌하는 바가 많은 사람은 그가 없을 때 빈자리가 크게 느껴지지만 회사에 공헌하는 것이 없는 사람은 빈자리임에도 불구하고 티가 나지 않게 됩니다. 그런 사람들은 회사 입장에서는 기회만 되면 내보내고 싶어질 것입니다.

여러분들은 성과 지향적인 마인드를 갖추고 있어야 합니다. 성과 지향적인 마인드란, 일을 했으면 반드시 결과를 만들어 내야 한다는 것입니다. 열심히 일을 했는데 알아주지 않는다고 억울하다고 생각하기보다 열심히 일을 했지만 결과적으로 성과가 나온 것이 없으니 회사에 미안하다는 생각을 가져야 합니다. 이런 마인드를 가지고 있지 않으면 성과가 도출되든 그렇지 않든 무관심하게 되고 맙니다. 일을 통해 반드시 성과를 도출해야겠다는 마음가짐을 가지고 어떤 일이든 결과를 도출하려고 노력하시기 바랍니다.

대표이사 조원석

여러 가지 이야기를 했지만 우석은 제일 처음에 언급한 conquest 의 내용이 제일 가슴에 와 닿았다. 자신이 맡은 일을 저글링 하듯 자유 자재로 다룰 수 있어야 하고, 킹핀을 찾아 그것을 장악하려고 노력하라는 말이 특히나 좋았다. 아직 자신에게 맡겨진 고유의 업무가 없기에 킹핀이 무엇인지 지금으로써는 알 수 없지만 앞으로 어떤 일이 주어지든 적극적으로 실천함으로써 일에 치여 다니지 않고, 일을 정복하는 사람이 되리라 마음을 가다듬었다.

CI형 인간이
되어라❸

또다시 금요일이 되었다. 출근하니 홍기훈 팀장이 우석을 찾았다. 전략워크숍에 쓸 현수막은 준비하고 있느냐는 것이었다. 우석은 아직 시간이 있다고 생각해서 준비를 안 하고 있다고 얘기했다가 홍 팀장에게 야단을 맞고 말았다. 별것 아닌 것 같지만 열심히 준비하고도 그런 사소한 것을 놓쳐서 일을 망치는 경우도 있다며 홍 팀장은 우석을 호되게 나무랐다.

'야단맞을 때 심정이 이런 거구나.'

우석은 홍 팀장이 야속하기도 하고 다른 사람들 보기에 창피하기도 해서 속이 상했다. 하지만 특별히 바쁜 일이 있었던 것도 아닌데 여유가 있다며 미루었던 자기 잘못을 인정할 수밖에 없었다. 야단을 맞고 자리로 돌아온 우석은 회사와 거래관계에 있던 현수막 업체에 바로 전화를 걸어 현수막 제작을 확인했다. 업체 얘기로는 오늘까지 주문하면 문제가 없지만 확장 이전 관계로 다음 주부터는 1주일간 주문이 안 된다고 했다. 우석의 가슴이 철렁 내려앉았다. 서두르면 오늘 중으로 주문이 가능할 수 있었다. 만약 홍 팀장이 지적을 하지 않고 지나갔다가 다음 주가 되어 주문하려고 했다면 큰 난관에 봉착할 수 있었다. 물론 현수막을 만드는 업체야 많고 많으니 대안을 찾을 수도 있었겠지만 늘 거래하던 업체가 아니면 불편한 점도 많을 것이었다. 게다가 이러한 일은 쉽게 대안을 찾을 수 있지만 만약 중요한 일임에도 불구하고 대안이 없는 경우라면 그야말로 낭패를 맛볼 수도 있을 것 같았다. 우석은 이번 일을 계기로 스스로를 반성하고 미루지 않는 습관을 들이자고 다짐하였다.

대표이사의 편지는 퇴근 시간이 다 될 무렵에나 열어볼 수 있었다.

다시 금요일이 돌아왔습니다. 모두들 즐거우시죠? 어제까지는 C로 시작되는 단어에 대해서 말씀드렸는데 오늘은 I로 시작되는 단어에 대해 얘기해 볼까 합니다. C와 마찬가지로 I에도 얘기할만한 단어들이 많이 있네요. 자, 그럼 시작해 볼까요?

아마도 앞으로 직장 생활을 하면서 여러분들이 가장 많이 들어야 할 단어가 바로 '혁신'이 아닐까 생각됩니다. 저 역시 그랬으니까요.

모든 기업은 생존과 성장이 가장 큰 당면 과제입니다. 생존하지 못하는 기업은 의미가 없으니까요. 그리고 성장하지 못하고 늘 그 모습 그대로 있는 기업은 의미 없는 기업이 될 수밖에 없습니다. 그래서 기업에서는 늘 생존과 성장을 부르짖는데 기업이 생존하고 성장하기 위해서는 남들과 다른 제품을 개발하고 남들과 다른 서비스를 제공함으로써 자신만의 차별화된 무기를 가지고 있어야 합니다.

그런데 경쟁 환경이 점점 심화되고 산업 간의 경계가 희미해지면서부터, 어제는 적이 아니었던 기업이 오늘은 적이 되는 등 급격한 변화가 나타나는 오늘날의 경영환경에서 과거와 같은 사고와 행동으로는 경쟁에서 이길 수가 없습니다. 그래서 달라지지 않으면 안 되는데 그렇다 보니 모든 기업이 혁신을 부르짖게 된 겁니다.

여러분들도 늘 혁신을 염두에 두고 있지 않으면 안 됩니다. 기업은 혁신을 부르짖는데 여러분들은 과거와 똑같이 사고하고 행동하려 한다면 조직 내부에서 불일치가 발생할 것이고, 기업에서 외치는 혁신은 무용지물이 되고 말 것이기 때문입니다. 기업에서 혁신이 성공하려면 조직구성원들 하나하나가 혁신적으로 사고하고 행동하려는 마음가짐이 필요합니다.

혁신이라는 것은 기존의 질서나 기존의 고정관념, 기존 패러다임 등을 깨고 과거에는 생각하지 못했던 전혀 새로운 생각들을 떠올리고 실천하는 것을 말합니다.

기존의 틀을 깨고 기존 게임의 룰을 바꿔버리는 것이 혁신입니다. 철저하게 지금까지 해왔던 것과는 다르게 사고하고 행동해야 합니다. 여러분이 앞으로 경력이 쌓이게 되고 일이 익숙하게 되면 정해진 틀에서 벗어나는 것이 참으로 어려워집니다. 정해진 틀대로 하게 되면 실수도 없고 욕먹을 일도 없기 때문입니다. 여러분이 가장 경계해야 할 것이 바로 이것입니다. 익숙해지는 것은 안정을 가져다줍니다. 보수 세력들이 진보적인 세력을 반대하는 이유도 그런 것이죠. 하지만 안정은 서서히 자신을 죽이는 독약이 될 수 있습니다. 개구리를 처음부터 찬물에 넣고 서서히 가열하면 죽는지도 모르고 그 안에서 나올 생각을 하지 않다가 그대로 죽고 말게 됩니다.

여러분들은 같은 일을 하더라도 늘 새로운 접근 방법, 새로운 해결 방법을 찾으려고 노력해야 합니다. 혁신은 작은 변화가 누적되어 나타날 수 있습니다. 어느 날 갑자기 하늘에서 뚝 떨어지다시피 하는 것이 혁신은 아닙니다. 지속적으로 자기의 생각과 행동을 바꾸려고 노력하다 보면 그것이 쌓여서 어느 순간 임계점을 넘어서게 되고 그 순간 혁신의 힘이 발휘될 수 있는 겁니다. 그러므로 어떤 일을 하든지 간에 늘 새로운 시각을 가지고 새롭게 바라보려고 노력하세요. 그리고 기존과 다른 새로운 해결 방법을 찾으려고 노력해 보세요. 기존과 달라지려고 하는 사고와 행동, 그러한 혁신적인 자세가 필요합니다.

여러분들 중에는 힘들게 입사한 사람도 있고, 한 번에 수월하게 입사한 사람도 있을 겁니다. 사람에 따라서는 자신감이 넘치는 사람도 있고, 자신감이 부족한 사람도 있을 겁니다. 그러나 사람이 가지고 있는 능력은 대개 비슷합니다.

저는 지금까지 직장 생활을 하면서 꽤 성공한 사람들을 많이 만나 봤지만 그들이 가진 능력이 감탄할 만큼 대단하다고 여겨본 적은 거의 없습니다. 그만큼 모든 사람들은 비슷한 능력을 가지고 있다는 것이죠.

여러 번 실패를 거쳐 어렵게 입사한 사람은 과거의 실패 경험 때문에 위축될 수 있고, 실패 없이 한 번에 입사한 사람들은 거만하게 느껴질 정도로 당당할 수 있지만 실제로도 직장 생활이 그렇게 풀려나가는 것은 아닙니다. 자신감은 마음에서 우러나는 것입니다. 자신감이 있는 사람들은 모든 일에 적극적이고 도전적이 될 수 있지만, 자신감이 부족한 사람들은 모든 일에 소극적이고 피하며 숨으려고 합니다. 그래서 어떠한 마음가짐을 가지느냐가 중요합니다. 여러분들이 스스로를 무한한 가능성을 가진 사람이라고 믿으면 무한한 능력을 발휘할 수 있지만 스스로의 능력에 선을 그어 버리게 되면 그 선 밖으로 나가지 못하게 됩니다.

이제 막 사회생활을 시작하는 여러분들은 무한한 가능성을 가지고 있습니다. 여러분은 각자 하나씩 그릇을 가지고 있습니다. 그 그릇에는 아직 아무것도 채워지지 않았습니다. 그런데 여러분이 스스로를 어떻게 생각하느냐에 따라 그 그릇은 커질 수도 있고 작아질 수도 있습니다. 그리고 그 그릇에 담을 수 있는 것들도 달라질 수 있습니다. 큰 그릇을 가진 사람들은 많은 물건을 담을 수 있을 것이고, 작은 그릇을 가진 사람은 적은 물건밖에 담지 못할 것입니다. 그렇다면 이왕이면 큰 그릇을 품을 수 있도록 스스로의 가능성을 믿고 자신감을 가질 필요가 있지 않을까요?

자기 자신을 믿으세요. 자신의 숨겨진 능력을 찾아내 보세요. 사람은 태어나면서부터 여러 가지 재능이 담긴 복주머니를 가지고 태어납니다. 어떤 주머니는 땅속 깊이 있어서 힘들게 파고 내려가야만 발견할 수 있는 재능이 있는가 하면, 어떤 주머니는 땅 표면 가까이 묻혀 있어서 조금만 노력해도 발견할 수 있는 재능도 있습니다. 사람들은 표면으로 드러난 재능만 보고 자신의 한계를 정해 버리곤 하지만 더욱 깊숙이 파고 내려가면 자신도 몰랐던 재능이 숨겨 있을 수 있습니다. 뒤늦게 자신의 재능을 발견하고 그 재능을 이용하여 성공한 사람들이 얼마나 많은지 아십니까?

그 재능을 찾아내려면 가장 중요한 것은 끊임없이 도전하는 것입니다. 자신에게 숨겨진 새로운 재능을 발견하기 위해 다양한 분야에서 다양한 일에 도전해 보는 것입니다. 무한한 자신의 가능성을 믿고 도전해 보세요.

여러분은 지금 아무것도 그려지지 않은 백지입니다. 그 속에 여러분이 그리는 원의 크기만큼 여러분은 성장할 수 있습니다. 여러분의 역량을 파악하기 위해 다양한 일들이 여러분에게 주어질 수 있습니다. 그 일을 맡을 때마다 '힘들다. 어렵다. 못하겠다.'는 말보다 여러분들이 가진 재능을 발견하기 위해 120%의 역량을 발휘하려고 노력해 보세요.

▸ **Imagination**

픽사라는 회사 아시죠? 지금은 디즈니에 흡수되었습니다만 '토이 스토리'나 '벅스 라이프'와 같은 애니메이션 영화를 만든 회사죠. 이 회사가 만든 '토이 스토리'나 '인사이드 아웃'과 같은 영화는 만화영화임에도 불구하고 세계적으로 1조 원이 넘는 매출을 올리고 있습니다. 정말 대단하지 않습니까? 그런데 이 회사에서 만든 영화들을 보고 있노라면 정말 그 상상력에 감탄하지 않을 수 없습니다.

장난감들이 살아서 움직이고, 감정이 있다는 설정은 대단한 발상 아닌가요? 생쥐가 요리사가 된다는 주제의 '라따뚜이', 풍선으로 집을 들어 올려 여행을 떠난다는 '업' 등 다른 사람들은 미처 생각하지 못했거나 상상하기 힘든 주제를 거침없이 끄집어내는 걸 보면서 그들의 상상력에 감탄을 금치 못합니다.

직장인들에게도 상상력은 꼭 필요한 요소입니다. 상상력이 풍부한 사람은 그렇지 못한 사람들에 비해 더욱 많은 아이디어를 떠올릴 가능성이 높습니다. 업무에 대한 새로운 접근 방법이나 새로운 해결 방법은 풍부한 상상력이 있으면 더욱 쉽게 찾아낼 수 있습니다.

또 상상력이 풍부한 사람은 남들과 다른 생각을 할 수 있습니다. 요즘은 자신만의 독특한 캐릭터를 만들지 않으면 사람들의 주목을 받기 어렵습니다. TV의 예능 프로에서도 자신만의 캐릭터를 뚜렷하게 각인시킨 사람은 잘 나가지만 그렇지 못한 사람은 자리를 잡지 못하고 어려움을 겪지 않습니까?

직장에서도 자신만의 독특한 캐릭터를 가지고 있는 것이 도움이 됩니다. 단 그것이 긍정적인 것이어야 하겠지만 말입니다. 여러분들이 직장 내에서 상상력이 풍부한 사람이라고 알려지면 주위 사람들이 문제 해결의 벽에 부딪힐 때 여러분들의 도움을 요청하는 일이 많아질 것입니다. 여러분들의 상상력을 이용해 그들의 어려움을 해결해줄 수 있다면 여러분에 대한 그들의 평가는 높아질 것입니다.

앞서 로터리 같은 사람이 되라고 말씀드렸지만 그렇게 자신의 상상력을 이용하여 주위 사람들을 도와주게 되면 여러분의 도움을 찾는 손길이 늘어나게 될 것이고 자연스럽게 여러분은 로터리 같은 사람이 될 것입니다.

상상력은 창의적인 사람이 되기 위한 필수조건이기도 합니다. 오늘날의 기업은 평범한 사람보다는 창의적인 사람을 더욱 가치 있게 여기는데 창의력이라는 것은 결국 남다른 생각을 많이 하는 것과 다름없습니다. 남들이 하지 못하는 생각을 떠올리거나 남들보다 풍부한 아이디어를 떠올리는 것이 창의적인 것입니다. 그래서 창의적이 되려면 무엇보다 상상을 많이 해야 하는 것이죠. 상상력 없이는 창의적인 사람이 될 수 없습니다.

틈날 때마다 상상을 많이 하세요. 그것이 허구여도 좋고 이뤄질 수 없는 것이어도 상관없습니다. 오늘날 지구상에 존재하는 발명품들 중에는 20년 전만 해도 말도 안 되는 것이라고 구박받던 아이디어들이 많습니다. 그러나 시간이 지나고 기술이 발달함에 따라 그것들은 모두 현실 속으로 들어와 자리를 잡았습니다. 세상은 엉뚱한 생각을 하는 사람들에 의해 발전되어 왔습니다. 새들처럼 하늘을 나는 엉뚱한 상상이 비행기를 만들어 내었고, 달나라에 사람을 보내겠다는 허무한 상상이 우주항공 기술의 발달을 가져왔습니다. 어떤 생각이든 쓸데없는 생각은 없습니다. 상상을 많이 하다 보면 그 안에서 보석 같은 아이디어를 발견할 수 있습니다.

▸ **Intuition / Inspiration**

Intuition은 '직관적인 통찰'이나 '직감'을 말하고, Inspiration은 창조적인 일의 계기가 되는 번뜩이는 '착상'이나 '자극'을 나타냅니다. 모두 창의력과 관련 있는 단어들입니다. 창조에 있어 무언가 번뜩이는 영감, 즉 직관은 그 무엇보다 중요합니다.

창조적인 아이디어를 끌어내기 위해서는 통섭의 사고가 필요한데, 통섭이란 서로 다른 지식의 통합을 통해 새로운 사고를 이끌어

내는 것이라고 할 수 있습니다. 그런데 이러한 통섭의 사고는 직관적인 사고가 발달한 사람에게서 많이 나타나는 능력으로 창조적인 사람과 위대한 발명가, 예술가, 경영자들에게서 나타나는 공통점이기도 합니다.

『미저리』, 『그린 마일』과 같은 베스트셀러와 〈쇼생크 탈출〉의 각본을 쓴 스티븐 킹이나 세계적인 경영의 대가 피터 드러커, 창조의 아이콘 스티브 잡스 등도 모두 직관적 사고의 힘을 강조하였고, 노벨상을 수상한 물리학자, 화학자, 의학자 83명 가운데 무려 72명이 직관을 통해 그러한 위업을 달성했다고 밝히고 있습니다.

뇌과학적 측면에서 볼 때 직관적 사고는 창의적이고, 창조적인 활동을 관장하는 우뇌의 영역입니다. 어떤 하나의 현상에 대해 다양한 관점에서 녹여낸 암묵적 지식들이 쌓이면서 의식적인 이성적 활동보다는 지적 경험에 의한 무의식적인 전문 역량의 발현이 이루어지는 사고라고 할 수 있습니다. 이러한 직관적 사고 또는 번뜩이는 영감을 얻기 위해서는 폭넓은 경험을 통해 보는 눈을 넓혀야 합니다.

『마스터리의 법칙』이라는 책의 저자인 로버트 그린은 '다양한 분야의 거장들은 모두 '시야의 확장'을 경험했을 때 하나의 이미지나 아이디어, 또는 이미지와 아이디어의 결합을 통해 어느 순간 갑자기 전체를 이해하고 파악할 수 있는 '직관력'을 얻게 되었다.'고 언급하고 있습니다.

우리가 잘 알고 있는 레오나르도 다 빈치가 그러한 거장 중 한 명인데 그는 과학, 미술, 음악, 철학, 의학, 종교, 문학 등 모든 방면에 있어 고루 뛰어난 업적을 쌓았죠. 레오나르도 다 빈치가 만약 한 가지 분야에만 몰입하였다면 모든 분야에서 그렇게 훌륭한 업적을 나타내지는 못했을지도 모릅니다. 문학가로만 알고 있는 괴테 역시 마찬가지입니다. 그 역시 문학뿐 아니라 다양한 분야에서 폭넓은 지식과 경험을 쌓았는데 인생의 초반부에는 문학에 심취하였지만 이후 과학에 관심을 가지고 자신만의 독특한 어프로치를 통해 자연계에 대한 이해의 폭을 넓혀서 정치, 경제, 역사로까지 연구범위를 확장해 나갔다는군요. 그러다 보니 문학으로 다시 되돌아온 괴테의 인생 후반부에는 그의 머릿속에 온갖 종류의 지식들이 가득 쌓이고, 그 지식들 사이에 연결고리가 형성되어서 그가 쓴 시와 소설, 희곡에는 과학이 가미되었고, 그의 과학적 업적에는 시적인 직관이 스며들 수 있었습니다.

다시 돌아가서 얘기하자면 창조적인 활동에 있어서 직관이나 영감은 꼭 필요한 요소 중 하나입니다. 직관이나 영감이 발달한 사람은 다른 사람들에 비해 훨씬 짧은 시간에 우수한 결과를 도출할 수 있는데, 이러한 능력을 타고난 사람은 축복받은 사람입니다. 그러나 그렇지 못한 사람이라도 후천적인 노력에 의해 그러한 능력을 키울 수 있습니다.

직관 혹은 영감을 기르는 방법은 자신이 맡은 일에서 전문적인 깊이를 쌓고 그 주변 영역에서 다양한 경험을 쌓는 것입니다. 인생의 경험이 풍부한 어르신들의 통찰력이 깊은 것처럼, 직관적인 힘을 쌓기 위해서는 자신이 하는 일을 깊이 있게 파고들어 전문가 수준에 이르려고 노력해야 합니다. 또한 통섭의 힘을 발휘하기 위해 주변의 다양한 영역에서 다양한 지식과 경험을 쌓아야 합니다.

다시 책 읽기에 대해서 말씀드리겠지만 전문 분야 이외에 다양한 분야의 책을 읽고 다양한 경험을 쌓을 수 있도록 노력하는 것이 중요합니다.

대표이사 조원석

우석은 사장이 편지에서 언급한 단어들을 한 자 한 자 정성스럽게 수첩에 옮겨 적었다. 그리고 그 의미들에 대해 간략하게 압축해 단어 옆에 적어 넣었다. 옆자리에 앉은 조 대리가 우석을 쳐다보며 금요일 인데 술 한잔 어떻겠느냐는 사인을 보내 왔다. 오늘도 불타는 금요일이 될 모양이었다.

입사 4주차

성공적인 직장 생활을 위한 자기 계발

기록하고, 기록하고, 또 기록하라

부서를 배치받은 지 4주차가 되었다. 우석은 스스로 직장인으로서 자리가 잡혀가고 있다는 느낌이 들었다. 비록 지난주에는 팀장에게 크게 야단맞기도 했지만, 그것도 업무를 배워 가는 과정이라고 생각하며 긍정적으로 받아들이기로 했다.

전략워크숍을 앞두고 다들 바쁘게 움직였다. 비록 자신이 해야 할 일이 사소한 일이라 생각되었지만 우석도 워크숍이 열리는 이틀 동안 참석자들이 불편하지 않도록 지원해야 했기 때문에 덩달아 마음이 조급해졌다. 필요한 사항들을 정리해 보고 빠진 점은 없는지 확인하다가 작년에도 같은 행사가 있었다는 것을 알게 되었다. 그때 자료를 참고하면 좋겠다는 생각이 들었다. 작년에는 조 대리가 행사를 담당했으므로 그에게 물어보면 쉽게 알 수 있지 않을까 싶어 조 대리에게 작년 기록이 있으면 달라고 요청했다. 하지만 조 대리는 '그런 거 없는데…'라며 미안해하는 표정을 지었다.

그래도 우석은 어딘가 기록이 남아 있지 않을까 해서 서류철을 뒤져보기도 하고, 인트라넷의 지식창고를 뒤져보기도 했지만 별로 소득이 없었다. 하는 수 없이 자신의 판단에 의존하여 스스로 진행하는 수밖에 없었다. 바쁘게 움직이다 보니 어느새 오전 시간이 훌쩍 지나 있었다. 점심 식사 시간까지 조금의 시간이 남아 우석은 대표이사의 편지가 궁금해 메일을 열어 보았다. 어김없이 7시 30분에 발송된 편지가 우석의 메일함에 들어 있었다.

여러분, 주말 잘 쉬었나요? 주말 동안 회사에 가고 싶어서 몸이 근질근질했나요, 아니면 벌써부터 월요병에 시달렸나요? 주말은 정말 눈 깜짝할 사이에 지나는 것 같습니다. 월요일부터 금요일까지는 시계추에 무거운 돌을 달아 놓은 것처럼 시간이 안 가는 것 같은데 주말의 시간은 빨리 지나는 것 같지 않나요?

이번 주는 제가 여러분에게 편지를 보내는 마지막 주입니다. 마지막인 만큼 이번 주에는 성공적인 직장 생활에 필요한 자기 계발에 대해 말씀드리도록 하겠습니다.

성공한 사람들을 분석해 보면 자신들만의 고유한 습관이 있지만, 공통으로 가지고 있는 습관들이 있습니다. 예를 들면 부지런하다든지 책을 많이 읽는다든지 하는 것 말입니다. 그런데 성공한 사람들에게 공통으로 발견되는 또 하나의 특징이 있습니다. 바로 기록을 잘한다는 것입니다.

인류 역사상 가장 뛰어난 천재로 추앙받는 레오나르도 다빈치는 엄청난 기록의 대가였다고 합니다. 그는 주위 사물에 대해 호기심을 가지고 끊임없이 관찰하면서 그 관찰결과를 빠짐없이 기록하고 그로부터 아이디어를 얻어 다양한 발명품들을 제작하였다고 하는군요.

『퍼스트클래스 승객은 펜을 빌리지 않는다』는 책을 보면 상위 3%의 자수성가 형 퍼스트클래스 승객들은 언제 어디서나 메모지와 펜을 가지고 다니면서 머릿속에 떠오르거나 눈으로 관찰한 것을 잊지 않고 기록하는 습관을 가지고 있다고 합니다.

기록은 아주 중요한 성공수단 중 하나입니다. 저의 경험에 의하면 일을 잘한다고 생각되는 사람들의 대부분은 기록을 잘하는 사람들이었습니다. 기록을 잘하는 것과 일을 잘하는 것 사이에는 분명 상관관계가 존재합니다.

기본적으로 회사에서 벌어지는 모든 일들은 기록으로 남기는 것이 바람직합니다. 여러분이 부서에 배치받은 첫날 업무 수첩을 배부한 것은 그것을 잘 활용하라는 의미로 지급한 것입니다.

우선, 가장 기본적인 것은 업무지시 사항에 대한 기록이 되겠죠. 상사의 입장에서 무언가 업무지시를 내리기 위해서 부서원을 대하다 보면 일을 잘하는 사람과 그렇지 못한 사람이 한눈에 보입니다. 일을 잘하는 사람들은 업무 수첩을 들고 들어와 상사의 지시사항을 빠짐없이 기록했다가 후에 지시한 내용을 빈틈없이 정확하게 처리합니다. 하지만 일을 못하는 사람들은 빈손으로 들어와서 귀로만 듣고 나가서는 지시한 내용과 다른 일을 해 오거나 지시한 내용의 일부만 해 오는 경우가 많습니다. 수첩은 들고 다니되 열어 보지도 않는 경우도 있고요. 듣는 순간에는 다 기억할 것 같지만, 나중에 자리로 돌아가 생각해 보면 말한 내용들이 가물가물하고 떠오르지 않거나 완전히 잊어버리는 경우도 있습니다.

뇌과학과 심리학의 전문가들에 따르면 사람의 뇌는 결코 완벽하지 않다고 합니다.

크리스토퍼 차브리스와 대니얼 사이먼스가 공동으로 저술한 『보이지 않는 고릴라』라는 책이 있습니다. 이 책에 따르면 사람들 간에는 아주 흔하게 동일한 사안을 놓고 서로 자기의 기억이 옳다며 다른 사람이 다르게 기억하는 것을 답답해하는 경우가 많다고 합니다. 이를 입증하기 위해 같은 차를 타고 가던 두 남녀가 차 밖에서 벌어진 사건에 대해 증언하는 과정에서 완전히 서로 다른 이야기를 하는 사례를 들고 있습니다. 또 피해자의 잘못된 기억으로 인해 억울하게 옥살이를 한 남자의 이야기도 담겨 있습니다. 그만큼 사람의 기억력은 완벽하지 않음에도 불구하고 많은 사람들은 자신의 기억이 틀림없다는 착각에 빠질 때가 많습니다. 저자들은 이를 일컬어 '기억력의 착각'이라고 정의하였습니다.

이렇게 사람의 기억력이 완전하지 못하다 보니 정확한 내용을 기록해 두지 않으면 시간이 지난 다음에는 지시 사항을 잊어버리기 쉽습니다. 그래서 늘 사람들에게 기록하는 습관을 가지라고 하지만 처음부터 훈련이 되어 있지 않은 사람들은 여전히 그 습관을 고치지 못하고 또 같은 실수가 반복됩니다. 이런 부하 직원을 좋아할 만한 상사가 있을까요?

상사의 업무지시 사항 이외에 일과 관련되어 누군가와 나눈 모든 대화 내용도 기록이 되어야 합니다. 같은 부서의 선배 사원이나 동료, 주위 부서 사람들, 업무상 만나는 외부 사람들과의 미팅 등 혼자 하는 일이 아니고 상대가 있는 일이라면 그것들은 빼놓지 않고 기록해야 합니다. 언제 어디서 누구를 만나서 무슨 이야기를 나누었으며, 그 결론은 무엇인지 세세하고 구체적으로 기록해야 합니다. 이렇게 기록을 해 놓으면 업무의 연속성을 쉽게 이어갈 수 있고, 대화하면서 주고받은 내용들을 한눈에 파악할 수 있기 때문에 핵심을 정리하는 데 용이하고, 혹시나 실수나 고의로 인해 누락되는 일을 방지할 수 있습니다. 상대방이 말을 바꾸는 경우에도 증거 자료로써 유용하게 활용할 수 있는 수단이 되죠.

부서 내 회의, 타 부서와의 업무협의, 각종 보고 등에서 회의록을 쓰는 것도 중요한 기록활동입니다. 회의록은 회의에 참석한 사람 간에 오고 가는 대화의 내용을 정확히 이해하고 그 핵심을 파악해야만 합니다. 모든 내용을 실시간으로 기록하기 어렵기 때문에 요점만 간추려서 정리하여야 하는데 업무의 내용을 잘 이해하지 못하고 대화의 핵심을 파악하지 못하면 회의록을 쓴다는 것이 그리 쉬운 일은 아닙니다. 따라서 회의록을 잘 정리하는 것은 회의에 집중하고, 업무의 핵심을 파악하며, 요점을 정리하는 차원에서 아주 중요한 일입니다.

흔히들 회의를 하면 부서의 신참에게 회의록 작성을 맡기는 경우가 있습니다. 회의록 작성을 귀찮게 생각하는 거죠. 그래서 앞으로 여러분들도 회의록을 작성할 기회가 많이 주어질 겁니다. 만약 여러분들에게 회의록 작성의 기회가 주어진다면 불평하지 말고 적극적으로 나서서 회의록을 작성해 보길 바랍니다. 흔히들 회의록 작성은 허드렛일 정도로 취급하지만, 회의록 작성은 스스로를 발전시키는 아주 중요한 역할이 될 것입니다. 회의록을 쓰는 것만 봐도 그 사람의 실력을 알 수 있습니다. 과장, 차장, 심지어는 팀장이나 부장 정도의 직급에 있는 사람들 중에도 회의록을 제대로 쓰지 못하는 사람들이 있습니다. 그만큼 기록에 대한 훈련이 되어 있지 않기 때문인데 이런 사람들은 대부분 업무 결과도 좋지 못합니다.

회의록을 쓰는 것은 기본적인 원칙이 있습니다. 공식적인 회의가 되었든 비공식적인 회의가 되었든, 사내 회의이든 외부 업체와의 회의이든 모든 회의의 회의록은 24시간 이내 작성을 원칙으로 합니다.

가장 좋은 것은 회의 시간에 회의록을 작성하여 회의가 끝나면 즉시 배포하는 것입니다. 그러나 지나치게 회의록에 집착하면 회의 내용 자체에 몰입하지 못할 수도 있습니다. 게다가 손으로 쓴 글씨는 알아보기 어렵고 PC를 이용한다고 해도 오타나 부적절한 용어, 문장 등 수정해야 할 것들이 발생할 수 있습니다. 따라서 조금 여유를 가지고 회의가 끝난 이후에 보다 정교하게 다듬어 배포하되 가급적 24시간을 넘지 않는 것이 좋습니다. 어떤 경우에는 회의가 끝난 후 며칠이 지나서야 회의록이 도착하는 경우도 있는데 이런 회의록은 의미가 별로 없습니다. 회의록을 받는 사람들은 이미 그 회의로부터 신경이 멀어져 있는 상태이기 때문입니다.

회의록의 핵심은 의사결정 사항이 명확하게 드러나도록 작성하는 것입니다. 누가, 언제, 무엇을, 어떻게 하기로 결정된 사항이 있다면 반드시 그것을 포함하여야 합니다. 상사가 누군가에게 업무지시를 하였다면 그 내용도 반드시 포함되어야 합니다. 만약 난상토론이 이어지다가 결론 없이 회의가 종료되었다고 한다면 난상토론의 내용을 압축하고 결론 없이 회의가 종료되었다는 내용도 기록되어야 합니다. 그리고 가급적이면 발언한 그대로 회의록을 남기는 것이 좋습니다. 언어의 순화가 필요하거나 불필요한 오해를 받을 수 있는 말은 수정하되 발언자의 발언을 임의로 해석하여 다른 내용으로 적는 것은 주의하여야 합니다. 후일 이러한 것으로 인해 문제가 발생할 소지도 있기 때문입니다.

회의록을 작성하고 나면 반드시 회의 참석자들에게 회의록을 배포하여야 하는데 사전에 키맨들에게 회의록의 내용을 검증받는 것이 좋습니다. 부서장을 모시고 한 회의라면 부서장께 내용을 검증받아야 하지만, 상대방이 있는 경우에는 상대방 부서의 최선임자에게도 사전에 내용을 검증받는 것이 좋습니다. 서로 이해관계가 대립되는 회의의 경우 한쪽의 의견만으로 회의록을 작성하다 보면 다른 한 쪽에 불리하게 작성될 수도 있고, 회의록이 배포된 이후에 상대편에서 이에 대해 이의를 제기하거나 불만을 토로하면 곤란한 상황이 발생할 수 있기 때문입니다.

참석자들에게 회의록을 배포하기에 앞서 반드시 회의의 내용은 맞는지, 발언의 취지가 왜곡되거나 잘못된 것은 없는지, 누락되거나 혹은 반대로 빼야 할 것은 없는지 등에 대해 검증을 거치면 훨씬 만족스러운 회의록이 될 것입니다. 물론 여러분 스스로 외부 사람과 만나서 업무회의를 하는 경우도 마찬가지입니다. 이 경우에는 회의록을 써서 검증을 받기 보다는 회의 말미에 회의에서 오고 간 내용을 압축해서 정리하고 그에 대한 확인을 받은 후 회의록을 작성하여 보내면 됩니다.

만약 여러분이 회의 주최자가 아니어서 회의록 작성의 책임이 없다고 해도 회의에 참석하는 동안에는 늘 회의록을 작성하는 습관을 들이기 바랍니다. 앞서 얘기한 것처럼 회의에 집중할 수 있도록 만들어주고, 때로는 별도의 회의록이 배포되지 않는 경우 자신의 기록을 바탕으로 그날 오고 간 대화 내용을 떠올릴 수 있기 때문입니다.

좋은 회사라고 인정받는 회사의 직원들은 어떤 회의를 하든 늘 기록하는 습관을 가지고 있습니다. 개인으로 국한하자면 앞서 얘기한 것처럼 일을 잘하는 직원은 늘 기록하고 또 기록하지만, 일을 못하는 직원은 일 년이 지나도 업무 수첩이 늘 깨끗합니다.

기록만 해 놓고 다시 들여다보지 않는다면 기록 그 자체는 의미가 없습니다. 중요한 것은 활용입니다. 일을 잘하는 사람들은 상사의 잔소리를 듣지 않는 사람들인데 이들은 스스로 자신이 해야 할 일을 찾아서 합니다. 꼭 상사가 일을 시키지 않아도 시기에 맞추어서 자신이 해야 할 일을 척척 하는 사람이라면 상사의 입장에서는 잔소리할 필요도 없고 너무 대견해 보이지 않겠습니까?

자신의 업무 내용을 빼놓지 않고 기록하게 되면 아마도 일 년 후에는 업무 수첩 한 권이 빈틈없이 빼곡하게 채워질 겁니다. 그 업무 수첩 안에는 내가 언제 무슨 일을 했는지가 모두 기록되어 있습니다. 그래서 그것만 잘 활용해도 상사가 내게 일을 시키기에 앞서 내가 해야 할 일을 파악할 수 있습니다. 그리고 예전에 해 왔던 일에서 어떻게 달리 일을 할 것인지 개선 방안을 상사에게 제시한다면 여러분을 보는 상사의 눈은 분명 달라질 겁니다.

또 하나 있습니다. 사람의 뇌는 휘발성이 강해서 문득 떠오른 좋은 생각도 뒤돌아서면 금방 잊어버리고 다시 생각하려고 해도 도무지 떠오르지 않는 경우가 많습니다. 업무를 하다 보면 생각이 꽉 막혀 길이 보이지 않는 경우가 있습니다. 그런데 일에서 벗어나 있거나 관련 없는 일을 하는 순간에 좋은 아이디어가 문득 떠오르는 경우도 많습니다. 그 순간 '다시 생각나겠지.' 하고 그냥 넘어가 버리면 그 아이디어를 다시는 살릴 수 없게 될 수도 있습니다. 좋은 아이디어가 떠올랐을 때 바로 기록할 수 있다면 잊어버리지 않을 것이고 좀 더 여유가 있을 때 이를 정리하여 심화·발전시키면 업무의 효율도 올라갈 수 있겠죠.

기록의 중요성은 여러분 스스로 주체적으로 업무에 앞서 나가고 능동적으로 끌어나갈 수 있도록 하고 업무의 효율성을 높여줄 수 있습니다. 그렇다면 당연히 기록을 잘하는 사람들과 그렇지 못한 사람들 간에는 성과의 차이가 나타날 수밖에 없겠죠.

실제로 유명한 글로벌 회사들은 언제 어디서나 쉽게 기록을 남길 수 있는 환경을 갖추고 있습니다.

페이스북은 직원들이 좋은 아이디어가 떠올랐을 때 잊지 않고 기록할 수 있도록 모든 벽을 칠판으로 만들었다고 합니다. 유명한 디자인 기업 아이데오는 화장실의 모든 면에 바닥부터 천장까지 이어지는 칠판을 설치해서 자신이 하는 일과 관련된 고민, 자신의 생각 등을 적을 수 있고 다른 사람들이 이에 의견을 덧붙일 수 있도록 되어 있다고 합니다. 이 밖에도 비슷한 유형의 회사들은 아주 많습니다. 모두가 기록의 중요성을 간접적으로 말해주는 것이라고 할 수 있겠죠.

여러분들이 하는 일을 기록하고 그것을 자신에게 맞게 활용함에 따라 여러분들의 업무 능력이 업그레이드될 수 있습니다. 늘 수첩과 펜을 가지고 다니면서 사소한 것 하나라도 놓치지 말고 기록하려고 노력하세요.

또 하나 신경 써야 할 중요한 기록이 있는데 바로 업무 과정과 결과에 대한 기록입니다. 지금까지는 일을 하는 어떤 순간에 대한 이야기를 했지만 사실 긴 관점에서 보면 그런 순간보다는 연속적인 업무의 흐름이 더 중요할 수 있습니다. 자신이 맡아서 하는 일이 종료되면 그 일에 대해 기록을 남기십시오.

어떤 일을, 왜, 무슨 배경으로 시작했고, 그 일을 어떠한 방법으로 했으며, 목표는 무엇이었는데 결과가 어떻게 도출되었는지, 그 업무를 하면서 장애요인은 무엇이었으며 그것을 어떻게 극복했는지, 만약 실패했거나 중단되었다면 그 이유는 무엇 때문이었는지 등 업무가 종료된 이후에 업무를 되돌아보면서 정리해 보세요.

이는 바둑에서의 복기와 비슷합니다. 바둑 대국이 끝나고 나면 복기를 하면서 상대방의 전략과 나의 전략을 비교해 보고 나의 승리요인 또는 패배요인을 분석해 보지 않습니까?

많은 직장인들이 시간에 쫓기기 때문에 한 가지 일이 끝나고 나면 허겁지겁 다른 일로 옮겨가느라 정리할 시간이 없지만 몇 시간만 고민하고 정성을 들이면 자신에게 크나큰 자산이 되어 돌아올 수 있습니다.

그리고 한 가지 더 고려해야 할 것이 있습니다. 자신의 일만 기록할 것이 아니라 다른 사람들이 한 일들 중에서 참고할만한 내용이 있으면 이것도 빠짐없이 기록해 두라는 것입니다. 직장 생활을 하다 보면 각종 보고, 컨설팅, 타스크 활동 등을 통해 타인으로부터 배울 수 있는 기회가 많이 생깁니다. 그들이 보고하는 과정에서, 그들이 컨설팅을 하는 과정에서, 다른 선배 사원이나 동료들이 태스크 활동을 하는 과정에서 내가 미처 생각하지 못했던 것이 있다면 기록하십시오.

어떤 상황에서 어떤 문제가 주어졌는데 어떻게 문제를 해결했다는 것이 쌓이게 되면 여러분들도 웬만한 문제 앞에서는 걱정할 필요가 없게 될 것입니다. 나 혼자만의 힘으로는 분명 한계가 있지만 주위 사람들의 네트워크를 끌어들임으로써 그 한계를 훨씬 뛰어넘을 수 있게 되는 것이죠. 그들의 케이스를 기록하고 그들이 만든 문서도 보관해 둘 수 있다면 보관해 두세요. 회사 내에서 만들어진 모든 자료는 회사 바깥으로 가지고 나가지만 않는다면 지식공유 차원에서 여러분들도 모두 참고할 수 있는 자격을 가지고 있습니다. 그렇게 참고될만한 자료들을 저장해 두고 언젠가는 자신이 맡은 일을 하다가 막혔을 때 그 자료를 뒤적여 보면 도움을 얻을 수도 있습니다. 기록을 잘하다 보면 여러분의 이름도 회사의 역사 속에 기록될 수 있습니다.

대표이사 조원석

사장의 편지를 읽으면서 우석은 자신은 기록을 잘하는 사람이라며 고개를 끄덕거렸지만 업무 과정이나 다른 사람이 만든 문서까지 기록해야 한다는 말에 이르러서는 역시 경륜이 쌓이다 보니 생각의 폭도 넓다는 것을 깨닫게 되었다. 자신은 고작 자신과 관련되어 있는 업무기록이나 회의록만 떠올렸을 뿐인데 사장이 말한 것은 그보다 범위가 더 넓었다. 만약 조 대리가 작년의 업무기록을 꼼꼼하게 남겼다면 자신이 좀 더 편하게 일을 할 수 있었을지도 모른다는 생각을 하니 아쉬움도 남았다. 자신의 후배에게 조금이라도 도움이 될 수 있는 선배가 되기 위해서라도 우석은 기록을 철저히 남겨야겠다는 생각을 했다.

책을 많이
읽어라

우석에게 또 다른 일이 주어졌다. A 제품을 생산하는 사업부에서 라인을 증설하겠다는 투자계획서가 올라왔는데 그것을 검토해서 의견을 보고하라는 것이었다. 시장상황과 경쟁관계, 원가 등 모든 측면을 고려하여 경제적인 타당성을 검토하고 업무를 수행함에 있어 오 과장의 도움을 받으라는 지시였다.

워크숍 준비 외에 우석에게 처음으로 주어진 일다운 일이었다. 자신의 능력을 인정받기 위해서는 이번에 주어진 일을 잘 처리해야만 한다는 것을 우석도 잘 알고 있었다. 오 과장은 전체적인 업무의 프레임만 잡아 주고 세세한 것은 일을 해나가면서 물어보라고 했다. 비록 전체 업무의 프레임을 잡아 주기는 했지만 우석은 여전히 어떻게 문제를 풀어가야 할지 오리무중이었다. 고민 끝에 과거에 검토했던 유사한 보고서를 찾아 읽어보고 자료실에서 관련된 내용을 파악할 수 있는 책을 찾아 집중적으로 들여다보기 시작했다. 비록 자신이 맡기에는 어려운 일일 수 있지만 개념만 잘 잡으면 그리 어려운 일도 아닐 것 같았다.

우석은 그동안 사장의 메일로 인해 습득한 지식을 실험해보리라 생각했다. 우선은 도움이 필요한 부서에 관련된 자료와 데이터들을 요청하였다. 무엇보다 투자를 하겠다고 한 생산부서에 관련된 내용을 요청하고 좀 더 자세한 내용을 듣기 위한 회의를 요청하였다. 영업과 회계 부서에도 필요한 내용들을 요청하고 답을 찾기 위한 전략을 고민하기 시작했다. 무언가에 집중하는 자신의 모습에 우석은 마음이 뿌듯해졌다. 업무에 필요한 것 같은데 미처 자료실에 갖추지 못한 도서를 구입하기 위해 우석은 조 대리의 술자리 요청을 정중하게 다음으로 미루고 퇴근길에 서점으로 향했다. 대표이사의 편지는 서점으로 향하는 지하철 안에서 열어보았다.

오늘은 여러분에게 책에 대한 이야기를 하고자 합니다. 저의 학창 시절에는 여러 분야의 책을 참 많이 읽었는데 요즘 학생들은 책을 많이 읽지 않는 것 같더군요. 회사에 입사한 이후에도 출퇴근하면서 시간이 날 때마다 책을 읽곤 해서 한 달에 적어도 서너 권씩은 읽었던 것 같은데 요즘 젊은 사람들은 모두 스마트폰만 들여다보고 있는 것 같아 걱정스럽기도 합니다. 시대가 변하고 있고 IT 기술이 혁신적으로 발달하고 있으니 그도 이해가 되지 않는 것은 아닙니다만 안타까운 마음이 드는 것도 사실입니다.

저는 지금은 예전보다 다소 여유가 생겨 한 달에 열 권 가까이 책을 읽는데 여러분은 한 달에 책을 몇 권이나 읽나요? 우리나라 성인들의 한 달 평균 독서량이 불과 0.9권이랍니다. 일 년에 10권이 채 안 되는 것이죠. 선진국에 비해 아주 낮은 수준이니 정말 걱정이 많이 됩니다.

책 속에는 인생을 성공적으로 살아가기 위한 노하우들이 많이 담겨 있습니다. 일생 동안 우리가 경험하고 배울 수 있는 일에는 한계가 있습니다. 특히 늘 시간에 쫓기는 직장인들은 직장 밖에서 벌어지는 일을 경험하고 배우는 데 큰 제약이 있게 마련입니다. 그래서 직장 생활을 아무리 오래 한 사람이라도 직장 밖으로 나서는 순간 어수룩한 존재가 되고 맙니다.

독서는 효율적인 측면에서 직장인들이 공부하기에 가장 좋은 수단이 됩니다. 책은 세상을 앞서 살았거나, 나와 같은 관심사를 가진 수많은 전문가, 교수, 학자, 또는 다른 사람들의 경험과 지식, 노하우를 가장 쉽게 접할 수 있는 방법이 되는 거죠.

철학자 데카르트는 '좋은 책을 읽는다는 것은 지난 몇 세기를 걸쳐 가장 훌륭한 사람들과 대화를 나누는 것과 같다.'고 말했습니다. 그만큼 한 권의 책 속에는 글쓴이의 모든 지식과 지혜가 가득 담겨 있기 때문에 책만큼 좋은 공부 수단은 없습니다.

노벨화학상을 수상한 독일의 과학자이자 철학자인 프리드리히 빌헬름 오스트발트가 성공한 사람들의 공통점을 연구한 결과 첫 번째 특성은 실패나 시련 앞에서도 좌절하지 않고 도전하고 성공을 확신하는 '긍정적 사고'였고, 두 번째 특성은 보통 사람들보다 훨씬 많은 양의 책을 읽었다는 것이라고 합니다.

나폴레옹은 전쟁터에서도 책을 가지고 다닐 정도로 독서를 좋아하여 마침내 프랑스 황제 자리에 올랐고, 마오쩌둥은 놀라울 정도의 독서 편력을 통해 장제스와의 싸움에서 승리하여 혁명을 완수할 수 있었다고 하네요. 처칠 역시 전쟁터에서조차 책을 읽을 정도로 독서광이었다고 합니다. 우리나라 역사에 큰 획을 그은 세종대왕도 지독한 독서가여서 늘 책을 읽고 신하들과 토론을 하는 경연을 열었으며, 중국을 최초로 통일한 진시황 역시 상당한 독서가였다고 합니다. 〈미저리〉를 쓴 극작가 스티븐 킹은 시간만 나면 책을 읽는다고 하였고 심지어는 차 안에서도 오디오북을 듣는다고 합니다. 그 외에 빌 게이츠, 에디슨 등도 독서를 좋아했는데 결국 모두 자기 분야에서 최고의 자리에 올랐습니다.

실질적인 측면에서 볼 때 책은 다양한 경험과 지식, 그리고 지혜를 더해 줄 수 있는 가장 유용하고 훌륭한 수단이 됩니다. 앞서도 몇 차례 언급했지만 요즘은 어느 기업이나 창의적인 사람을 선호합니다.

기업의 경영환경 자체가 창의적인 아이디어를 바탕으로 다른 기업과 차별화될 수 있는 제품이나 서비스가 없으면 살아남기 힘든 세상이 되다 보니 기업에서도 그러한 창의적인 사고를 할 수 있는 사람이 필요해지는 거죠.

책을 통해 다른 사람들의 경험을 간접적으로 접하게 되고 그것들이 쌓이고 깊이를 더해가면서 서로 관련 없어 보이던 부분들이 연결되기 시작하여 통섭의 역량을 발휘하게 되면 그 속에서 통찰력이 꽃필 수 있게 됩니다.

통찰력은 사물의 보이지 않는 면을 꿰뚫어 보는 힘이기 때문에 창의적인 사고를 하기 위해서는 통찰력이 필수적이죠. 그래서 책을 많이 읽으면 통찰력이 깊어지고 창의적인 사고가 가능해지게 됩니다.

책은 과수원을 거닐며 글쓴이가 탐스럽게 가꾸어 놓은 맛있는 과일들을 따 먹는 것과 같습니다. 책을 한 권 저술하기 위해서는 다양한 경험과 깊이 있는 지식, 그리고 자신만의 독자적인 노하우와 철학이 갖춰지지 않고서는 불가능하겠죠.

책 속에는 이렇게 저자들이 공들여 힘겹게 가꾼 열매들이 가득 담겨 있습니다. 그 과수원을 여유롭게 거닐면서 맛있는 과일을 따먹고 잘 소화시키기만 하면 되는 겁니다. 내 스스로 경험하고 이론을 정립하기에는 아주 오랜 시간이 걸리는 일을 이미 앞서간 다른 사람의 경험을 통해 생생하게 배울 수 있으니 이보다 더 효과적인 방법은 없겠죠.

한 권의 책에서도 많은 것들을 얻을 수 있는데 100권의 서로 다른 책을 읽는다면 100권의 서로 다른 생각을 가진 저자들의 사고와 경험,

지혜를 읽는 것이며 이것들을 제대로 소화시키기만 한다면 자신의 사고와 지혜, 통찰력을 크게 높이는 일이 될 것입니다. 그리고 그 실용적인 측면에서의 노하우도 갖추게 될 수 있고, 다른 사람들이 미처 알지 못하는 많은 사례들도 풍부하게 갖출 수 있게 될 것입니다. 이것들을 나름대로 소화시키고 자신의 생각을 더해 자신만의 이론으로 승화시켜 업무에 적용시킬 수 있다면 그 누구보다 자신의 업무 분야에 있어서는 경쟁력을 가질 수 있지 않을까요?

다양한 분야의 책을 읽고 나면 여러분들이 자신이 맡은 일을 보는 눈이 달라질 수 있습니다. 생각의 깊이가 달라지고 사고의 폭이 달라지며 주어진 업무 이면에 있는 문제 해결책을 찾아낼 수 있는 통찰력이 깊어질 것입니다. 그러니 오늘부터라도 미루지 말고 책 읽기를 시작해 보세요.

그렇다면 책은 어떻게 읽어야 할까요? 책을 읽는 이유는 크게 세 가지 정도로 나눌 수 있습니다.

첫 번째는 지식의 확장입니다. 책을 읽기 전에는 몰랐던 사실들을 책을 통해 새롭게 알게 되는 것이죠. 아마도 전문서적이 그러한 범주에 속하겠죠.

두 번째는 사고의 확장입니다. 글쓴이가 내세우는 가설이나 명제에 대해 이해하고 그것을 수용 또는 비판하거나 그와 다른 자신만의 가설이나 명제를 내세울 수 있는 수준에 도달하는 것이죠.

세 번째는 응용력 또는 융통성의 확장입니다. 책을 통해 내가 기존에 알고 있던 이론과 일맥상통하는 연결고리를 찾고 기존에는 하지 못했던 새로운 생각, 새로운 아이디어를 떠올릴 수 있게 되는 것이죠.

이건 어디까지나 제 생각이기 때문에 사람에 따라서는 다른 의견을 가질 수도 있겠지만 제가 보는 독서의 목적은 이렇게 크게 세 가지로 나눌 수 있을 것 같습니다. 그런데 이것들을 굳이 서열을 매겨 보자면 지식의 확장은 가장 낮은 단계이자 독서 초기의 목표이고 독서의 경륜이 쌓일수록 응용력 또는 융통성의 확장 단계로 진화해 나간다고 할 수 있을 것 같습니다.

한 번 생각해 보세요. 수영을 아주 잘하는 사람이 있습니다. 그 사람이 무릎 깊이밖에 안 되는 풀장에서 자유자재로 수영을 할 수 있을까요? 기껏해야 자유형이나 평행으로 앞으로 가는 정도밖에 못 할 겁니다. 하지만 물의 높이가 점점 깊어지면 여러 가지 동작들이 가능해지겠죠. 온갖 영법은 물론이고 물속에서 자유자재로 방향을 바꾸어 가며 인어처럼 헤엄을 치거나 깊은 곳까지 잠수도 가능해지겠죠.

사고의 응용도 이와 마찬가지입니다. 지식이 얼마 쌓이지 않은 상태에서는 지식 간 결합이나 융합이 일어나기 힘들지만, 지식이 쌓이고 그 깊이가 깊어지면 그 안에서 전에는 서로 연관되지 않았던 지식들이 반응하고 결합하여 새로운 생각이나 혁신적인 아이디어를 떠올릴 수 있게 되는 것입니다. 그러니 꾸준하게 책을 많이 읽으면서 점차 자기 스스로를 변화시켜 나가려는 노력이 필요합니다.

그렇다면 어떤 책을 읽어야 할까요?

저는 여러분에게 회사 대표의 입장에서 말씀드리고 있습니다. 여러 분들이 회사에 도움이 되려면 어떻게 해야 하나요?

당연히 맡은 일을 잘하는 것입니다. 따라서 기본적으로는 자신의 업무에 도움이 될 수 있는 것들을 중심으로 읽어야 합니다. 자신의 전문분야와 정렬될 수 있는 독서를 해야 하죠. 업무 따로, 독서 따로가 아니라 독서를 통해 업무에 필요한 지식을 얻고 업무에 대한 간접적인 경험을 쌓으며 다양한 사례를 접해 볼 기회를 가져야 한다는 겁니다. 예를 들어 여러분이 마케팅 분야에 종사한다고 하면 요즘 화제가 되고 있는 '빅데이터'와 관련된 책이나 IT와 마케팅을 결합한 책들을 읽을 필요가 있습니다. 그렇게 자신의 전문분야와 관련된 책을 읽는 데 시간을 할애하십시오.

하지만 조금 더 욕심을 내 볼 필요가 있습니다. 마케팅 업무를 맡았다고 해서 늘 마케팅만 생각하면 생각이 정체되거나 고착화될 수도 있습니다. 주변으로 조금씩 영역을 넓혀 나가면 조금 더 유연하면서도 새로운 시각에서 자신의 업무를 바라볼 수 있고, 자기 분야에만 집착하였을 때보다 신선한 아이디어를 얻을 수 있는 심리학이나 행동과학 등의 분야로 관심을 넓혀 나간다면 훨씬 더 자유로운 발상이 가능해질 것입니다.

이렇듯 서로 다른 분야의 아이디어가 결합하여 혁신적인 아이디어를 떠올릴 수 있도록 만들기 위해서는 여러 분야의 책에 관심을 가지고 독서를 하는 습관이 좋습니다. 예전에 인문학 열풍이 불었다가 주춤거리더니 요즘 다시 인문학 바람이 불고 있습니다. 인문학은 기본적으로 '사람'을 중심에 두고 있는 학문인데 직장 생활이라는 것도 결국은 사람과 사람 사이의 인터페이스를 통해 성과를 창출하는 행위이기 때문에 인문학을 잘 이해한다면 업무의 성과도 높아질 수 있습니다. 그래서 인문학이나 정치, 경제, 예술 등 폭넓게 책을 읽을 필요가 있습니다.

여러분들이 이제 본격적으로 업무를 맡아 일을 시작하게 되면 시간이 그리 여유롭지는 않을 것입니다.

회사 일도 해야 하고, 인간관계도 쌓아야 하고, 외부 사람들과 만나 네트워크도 넓혀야 하고, 공부도 해야 하니 남는 시간이 그리 많지는 않겠지만 비록 시간이 넉넉하지 않다고 해도 짧은 시간들을 이어 붙여서라도 책을 가까이하는 습관을 들여보길 바랍니다.

대표이사 조원석

생각해 보니 우석 자신도 책을 거의 읽지 않은 것 같았다. 대학 시절에도 학점관리니 입사준비니 해서 정신없이 지내다 보니 책을 거의 가까이하지 않았다는 생각이 들어 우석은 부끄러워졌다. 업무에 필요한 책을 골라 들면서 우석은 요즘 떠오르는 철학자 K 씨의 책 한 권도 집어 들었다.

몽상가가 되지 말고, 람보가 되라

창밖에 비가 내리고 있었다. 제법 굵은 빗줄기였다. 이 비가 지나고 나면 봄이 더 빨리 오리라는 생각에 우석은 빗소리가 듣기 좋다고 여겨졌다. 직장인들이 가장 힘들게 여긴다는 수요일. 우석도 조금은 피곤하다는 생각이 들었다. 4주차가 되고 보니 아무리 입사 첫날과 같은 마음가짐을 가지려고 해도 조금씩 흐트러지는 것은 어쩔 수가 없었다. 어제 퇴근길에 구입한 책을 지하철에서 읽으며 출근했다.

사무실에 들어서니 다들 어디 갔는지 아무도 보이지 않았다. 이때 전화벨 소리가 들렸다. 우석은 자리에서 전화를 당겨 받았다.

"홍기훈 팀장 자리 아닌가? 나 헌병대인데 홍기훈 팀장 바꿔."

다짜고짜 전화해서 반말을 하는 것하며 무시하듯 대하는 태도가 영 마음에 안 들었다.

"헌병대요? 팀장님 지금 자리에 안 계신데 누구신가요?"

상대는 어이가 없다는 듯 목소리를 높였다.

"헌병대라니까. 홍 팀장 오면 전화하라고 해."

그리고는 일방적으로 전화를 끊어버렸다. 우석은 '뭐 이런 사람이 다 있어?'하며 그래도 메모를 남기기 위해 메모지로 손을 뻗는 순간, 자신이 고민하고 있던 업무에 관한 좋은 아이디어가 떠올랐다. 우석은 메모지를 집어 들어 떠오른 아이디어를 적기 시작했다.

그날 오후 홍기훈 팀장이 우석을 찾았다.

"혹시 오늘 현병대 상무님 전화 받았어요?"

"네? 헌병대요?"

우석은 그제서야 아차 싶었다. 육감적으로 그가 중요한 사람이라는 느낌이 왔다.

"헌병대가 아니라 현병대 상무님. 우리 OO 사업부장님 말이에요."

우석은 그제서야 상황이 파악되었다.

"그게… 오전에 전화가 오긴 했는데…"

"그런데 왜 말을 안 하고 있었어요? 전화 오면 메모를 남겨줘야 하는 건 기본 아닌가요?"

"그게 아니라…."

우석은 깜빡 잊고 메모를 전하지 못했다는 말을 할 수 없어 그냥

서 있기만 했다.

"M&A 건으로 급하게 전화를 하신 모양인데 전달이 안 돼서 엄청 혼났습니다. 벌써 4주 쨌는데 아직도 그런 실수를 하면 어떡해요?"

우석은 땅을 파고 숨고 싶었다. 이제 겨우 자리가 잡히는 것 같다고 생각했건만 그건 자신만의 착각이었음을 우석은 깨달았다. 직장인다운 직장인이 되기 위해서는 갈 길이 멀었다는 생각이 들었다. 대표이사의 편지는 오늘도 어김없이 제시간에 배달되었다.

여러분, 안녕하세요. 오늘은 봄을 재촉하는 비가 촉촉하게 내리고 있네요. 여러분에게 보내는 편지도 어느덧 막바지를 향해 달려가고 있습니다.

입사 둘째 날 직장 생활의 목표를 분명히 정하고 그곳에 이르기 위한 세부계획을 수립하여 꾸준히 실행해 나가라고 얘기했는데, 여러분 중에는 목표를 세운 사람도 있을 것이고 아직 고민 중인 사람도 있을 것이며 그냥 잊어버린 사람도 있을 겁니다. 그런데 중요한 것은 목표를 세우는 것이 아니라 그것을 실천하는 것입니다. 사람에 따라서는 평생 꿈만 꾸다 끝나는 사람도 있습니다.

제 친구 이야기를 해 보겠습니다. 그 친구는 저와 함께 직장 생활을 시작했는데 10년쯤 지나자 자신의 사업을 하겠다며 아이템을 찾기 시작했습니다. 제 대학 동기들은 1년에 한 번씩 정기적으로 모임을 갖는

258

데 지금부터 20년 전쯤에 동기 모임에서 만났을 때 그 친구가 자기 사업을 하겠다는 말을 하더군요. 그래서 어떤 사업을 할 계획인지 물었더니 아직은 구체화되지 않았다며 나중에 알려 주겠다고 하더군요. 그런데 그 이후로 몇 년이 지나도록 그 친구는 여전히 직장 생활을 하고 있었습니다.

그렇게 5년쯤 지난 후에 드디어 그 친구가 사업 아이템을 찾았다며 자랑을 하더군요. 다소 부족한 면이 있어서 보완해야 할 것도 있었지만 열심히 한다면 분명 성공할만한 아이템이라는 생각을 했습니다. 그리고 몇 년간 모임에 잘 나오지 않기에 사업을 하느라 바쁜 모양이다 생각했는데 알고 보니 여전히 직장 생활을 하고 있더군요. 그래서 함께 저녁을 먹으며 사업에 대해 물었더니 그 사업 아이템은 여전히 유효하며 준비 중이라고 했습니다. 다시 또 몇 년이 지나갔습니다. 또다시 그 친구를 만났는데 사업은 어찌 됐느냐고 물었더니 자신이 없어서 그만두었다고 합니다. 꿈만 꾸다가 결국 그 꿈은 실행해 보지도 못하고 그만 접고 말았던 것입니다. 제가 보기에는 나름대로 괜찮은 아이템이었고 끝까지 밀고 나갔더라면 성공했을 수도 있었을 텐데 말이죠.

그 친구는 몇 년 전에 퇴직해서 지금은 집 근처에서 작은 음식점을 하고 있는데 동기 모임에도 잘 나오지 않고 형편이 그리 좋아 보이지는 않는 것 같습니다.

그런데 공교롭게도 그 친구가 사업을 포기하고 불과 2, 3년 후에 그 친구가 구상했던 아이템이 누군가에 의해 사업화되었고, 지금은 꽤 큰 규모의 회사로 성장했습니다. 그 아이템이 뭔지 아십니까?

전 세계의 사람들이 여행객들을 대상으로 사용하지 않는 빈방을 빌려주고 사용료를 받을 수 있도록 중개를 해 주는 사업이었습니다. 전세계에서 빈방을 가지고 있는 사람들과 비싼 호텔에서 묵고 싶지 않은 사람들을 연결해 주고 일정한 수수료를 받는 사업이죠. 유명 관광지는 늘 물가가 비싸서 숙소를 잡으려면 비싼 돈을 줘야 하고 그나마 원하는 지역에 방을 구하기도 쉽지 않은데 관광객들은 좀 더 싸고 좋은 숙소를 구하고 싶어 하죠. 그래서 서로 이해관계가 맞아떨어지기만 한다면 꽤 성공할 것 같았는데 제 친구는 사업을 구상하는 과정에서 예상되는 어려움들 때문에 망설이며 꿈만 꾸다 결국엔 포기하고만 것이죠.

지금도 생각하면 매우 안타까운 마음을 금할 수 없지만 그 친구의 사업 구상을 직접 들은 지 몇 년 후에 같은 생각을 가지고 사업을 일으켜 성공한 사람이 있습니다.

바로 '에어비앤비'라는 회사입니다. 지금은 무려 28조 원에 가까운 가치를 가진 기업으로 성장했습니다. 무일푼으로 시작한 사업이 불과 7년 만에 28조 원의 가치를 가지게 된 것입니다. 최근에 이 기업의 CEO인 조 게비아에 관한 기사가 모 잡지에 실려 유심히 살펴봤는데 그는 우연히 사업 아이템을 떠올리게 되었고 가능성이 있다고 판단되자 망설이지 않고 실행에 옮겼다고 하더군요. 프로그래머를 영입하여 수요와 공급을 연결해 줄 시스템을 개발하고 투자자들에게 끊임없이 메일을 보내고 그들을 찾아가 자금을 확보했다고 합니다. 초기에는 아무리 먼 거리라도 마다하지 않고 빈방을 빌려주겠다는 사람이 있으면 직접 찾아가 사진을 찍고 사이트에 올리는 열성을 보였다고 합니다. 이렇게 해서 지금은 웬만한 호텔 체인을 능가하는 세계적인 대기업으로 성장하게 된 것입니다.

'에어비앤비'의 성장에 대해 창립자인 조 게비아는 '누군가는 한 번쯤 생각해 봤을 아이디어'지만 '관건은 강력한 실행력'이라고 말합니다.

제 다른 친구 얘기도 함께 해 드리고 싶네요. 이 친구는 고등학교 친구입니다. 이 친구는 은행원으로 사회생활을 시작했습니다. 부동산과 관련된 업무를 담당하였는데 담보대출을 받았다가 제때 원금을 상환하지 못해 차압당한 땅이나 건물을 경매에 넘기고 그것을 처분하는 일이었죠. 처음 이 일을 맡았을 때 이 친구는 무척이나 실망스러웠다고 합니다. 한직같이 여겨지기도 했고 특별한 역량이 필요한 것 같지도 않았으며 일을 통해 보람을 느끼기도 어려웠다는 거죠. 하지만 이왕 자신에게 주어진 임무에 최선을 다해보자는 생각을 하게 되었고 그 일을 통해 자신이 이루고 싶었던 목표를 분명히 정했습니다. 회사 내에서 최고의 부동산 전문 컨설턴트가 되는 것이었죠.

그렇게 목표가 정해지자 이 친구는 자신의 꿈을 실현하기 위해 전국 방방곡곡을 누비고 다녔습니다. 책상 앞에 앉아 서류만 가지고 업무를 처리할 수도 있었지만 경매물건이 나오면 그곳이 어느 곳이든 상관없이 직접 현장에 찾아갔습니다.

그렇게 10여 년의 시간이 지나자 우리나라에서 부동산 관련해서는 최고 전문가의 경지에 오르게 되었고 전국에 있는 모든 노른자 위 땅이나 건물 등에 대해 '빠삭하게' 알게 되었답니다. 그러자 사람들 사이에서 입소문이 나기 시작했고 대기업의 회장님을 비롯하여 정치권이나 학계 등 내로라하는 유명 인사들이 부동산 컨설팅을 해달라고 이 친구를 찾아오기 시작했답니다.

결국 이 친구는 직장 내에서 크게 성공했고 지금은 독립된 회사를 차려 전문적으로 컨설팅을 해 주고 있습니다. 대부분의 친구들이 회사를 그만두고 어려움에 처해 있는데 이 친구는 아직도 활발하게 활동 중입니다. 작년에 이 친구를 만나 한 해 얼마나 버는지 넌지시 물어봤더니 자신도 잘 모른다고 하더군요. 돈이 아쉬울 때가 없어 세어 보질 않았기 때문에 자신의 재산이 얼마나 되는지도 모른답니다.

제 대학 동기와 고등학교 친구, 두 사람의 이야기를 들려드렸습니다. 물론 모두 실제 이야기입니다. 여러분은 어떤 사람이 되고 싶은가요? 꿈만 꾸다가 아까운 기회를 놓쳐버리고 남은 인생을 후회하며 살아가고 싶은가요, 아니면 자신에게 찾아온 기회를 놓치지 않고 잘 활용하여 후회 없는 삶을 살고 싶은가요?

그렇다면 두 사람의 차이는 무엇일까요? 그들 모두 똑같은 입장에서 사회생활을 시작했음에도 불구하고 30년이 지난 후에는 두 사람의 위치가 극명하게 벌어져 있습니다. 한 사람은 까마득히 높은 곳에 올라 있고, 한 사람은 자신이 꿈꿨던 삶에서 아주 멀어져 있습니다.

무엇이 두 사람을 그렇게 갈라놓았을까요? 저는 여러 가지 요인이 있겠지만 가장 큰 차이는 실행력이라고 생각합니다. 대학 친구는 꿈은 있었으되 머릿속에서 상상만 했고 고등학교 친구는 비록 만족스럽지 못한 환경이었지만 자신에게 주어진 환경에서 최고가 되겠다는 계획을 수립하였고 그것을 이루기 위해 밤낮 안 가리고 열심히 뛴 것이죠. 그 차이가 지금 두 사람의 서 있는 자리의 차이를 가져왔다고 생각합니다.

저는 여러분들에게 '몽상가가 되지 말고, 람보가 되라.'고 말씀드리고 싶습니다. 몽상가는 몸은 움직이지 않으면서 머릿속으로만 꿈을 꾸는 사람입니다.

머릿속에서는 못 이룰 것이 없습니다. 그럴듯한 계획을 세우고 무엇이든 척척 진행되며 성과도 아주 잘 나옵니다. 그러나 그것은 늘 상상의 세계를 빠져나오지 못하기에 현실은 언제나 제자리입니다. 아무리 시간이 지나도 달라지는 것이 없습니다. 언제나 모든 계획과 실행은 머릿속에서만 일어나기 때문입니다.

그런 일은 우리 일상에서 너무나 자주 일어납니다. 체중이 너무 많이 나가 의사로부터 살을 빼라는 권유를 받은 사람이 머릿속에서는 '살을 빼야지.'하고 생각하지만 실제 살을 빼기 위해 운동이나 식이요법을 하지 않고 차일피일 미루다가 또다시 고도비만이라는 판정을 받는다거나, 담배를 끊어야겠다고 생각하면서도 그것을 실천하지 못해 계속 담배를 피우는 등 머릿속에서만 꿈꾸고 현실에서는 이루어지지 않는 일들이 주위에 너무나 많습니다.

직장에서도 마찬가지입니다. 일이 주어지면 처음에는 그럴듯한 계획을 세웁니다. 누구를 만나서 어떻게 일을 하고, 어떤 접근을 통해서 어떠한 결과를 끌어낼 것인지 나무랄 데 없이 근사한 계획을 세웁니다. 하지만 시간이 지나면서 어렵기도 하고 귀찮기도 해서 차일피일 미루기 시작합니다. 계획상으로는 외부의 전문가들을 다양하게 만나서 의견을 들어보고 그것을 종합해서 나름대로의 관점을 가지고 분석해 보는 것이었지만 실제로는 책상 앞에 앉아서 인터넷 검색을 통해 얻은 결과물들을 바탕으로 기초적인 분석만 하고 있는 경우가 많습니다.

그래서 저는 여러분에게 '람보'가 되라고 말씀드리는 것입니다. 람보는 아무리 위험한 상황에서도 물불 안 가리고 뛰어들어 원하는 것을 손에 넣지 않습니까?

무언가가 머릿속에서 떠오르면 미루지 말고 바로 실행하여야 합니다. 실행하지 않고 그냥 지나치는 생각은 아예 처음부터 떠올리지 않는 것이나 마찬가지입니다. 무언가 머릿속에서 떠올랐을 때 즉시 실행하지 않고 뒤로 미루게 되면 그것은 습관이 되고 맙니다. 작은 것들을 미루기 시작하면 큰일도 미루게 됩니다. 그리고 여러분들의 인생도 경쟁자들에 의해 밀려나게 됩니다.

실행력을 높이기 위해서는 뒷심이 강해야 합니다. 일을 시작했다고 해도 그 일을 끝까지 마무리하지 못하면 애초부터 하지 않은 것과 다를 바 없습니다. 일을 시작했다는 것이 중요한 것이 아니라 원하는 대로 결과를 얻었느냐 그렇지 못하느냐가 더 중요한 것입니다. 일을 하다 보면 마음대로 잘 진행되지 않는 경우도 많습니다. 모든 일이 마음먹은 대로 술술 풀린다면 이 세상에 일 못한다고 구박받을 사람도 없겠죠.

여러분들에게 때로는 감당하기 힘든 일도 주어질 수 있습니다. 그러나 어렵고 힘들다고 해서 포기하면 절대 안 됩니다.

날개 없는 선풍기를 만든 다이슨사의 CEO 다이슨은 먼지봉투 없는 청소기를 개발하는 과정에서 무려 5,127번의 시제품 제작에 실패했다고 합니다. 만일 그가 끝까지 자신이 원했던 제품을 만들겠다는 의지와 포기하지 않고 밀어붙일 수 있는 뒷심이 없었다면 500번쯤 실패를 거듭했을 때 포기하고 말았을 겁니다. 그렇다면 이 세상에 먼지봉투 없는 청소기는 탄생되지 않았을지도 모릅니다.

실행력을 높이기 위해서는 다양한 분야에서 다양한 경험을 쌓을 필요가 있습니다. 실행력이 낮은 이유 중 하나는 경험 부족 때문입니다. 여러분과 같은 신입 사원들은 경험이 부족하다 보니 주어진 일을 처리하기 위해서는 누구를 만나야 하고, 어떤 정보를 어디에서 얻어야 하는지, 어떤 방법으로 해결책을 찾아야 하는지 모르는 경우가 많습니다. 시간이 지나면서 여러 가지 상황들을 맞닥뜨리게 되고 그때마다 노하우를 쌓아나가다 보면 경험의 축적과 함께 문제 해결 역량도 쌓이게 되는 것입니다. 그래서 경험은 무엇보다 중요한 자산이 될 수 있습니다. 흔히 '산전수전 다 겪은 사람'이라는 표현을 쓰지만 그런 사람은 그만큼 다양한 상황에서 다양한 경험을 한 것이고 그 경험으로 인해 어떤 상황에서도 당황하지 않고 문제를 해결할 수 있는 역량이 갖추어져 있다는 것을 나타내는 말이기도 합니다.

여러분은 나이 많은 선배들을 '노땅'이라며 무시할지도 모릅니다. 어떤 사람은 자신이 알고 있는 것보다 많은 것을 알지 못한다는 이유로, 또는 자신보다 무능하다는 이유로 상사조차 무시하고 안하무인으로 행동하는 경우도 있습니다. 하지만 그들이 여러분들보다 최신 이론이나 지식에서는 뒤처질지 몰라도 그들에게는 여러분이 가지고 있지 못한 더욱 강력한 무기가 있습니다. 바로 풍부한 경험입니다. 그러한 경험들은 결정적인 순간에 힘이 되곤 합니다.

경험은 다양한 분야에서 폭넓게 쌓아야 합니다. 자신의 전문분야에 대해서는 깊이 있게 파고 들어가되 주변의 일까지 경험을 쌓아 나가야 합니다. 직급이 높아지고 리더가 될수록 이러한 경험은 소중한 자산이 됩니다.

리더의 역할을 할 수 있는 것은 부서원들보다 아는 것이 많아서가 아니라 문제 해결의 경험이 많기 때문입니다. 경험이 많은 사람은 자신의 경험을 바탕으로 그것들을 조합해서 다양한 해결책을 제시할 수 있습니다.

정리해 볼까요?

머릿속에 떠오른 생각들을 미루지 말고 과감하게 추진해 나갈 수 있는 실행력을 기르세요. 그리고 포기하지 말고 끝까지 최선을 다하십시오. 다양한 경험을 통해 실행력을 높여나갈 방법을 찾도록 항상 노력하기 바랍니다.

대표이사 조원석

사장이 보낸 편지를 읽으며 우석은 실행의 중요성에 대해 깨닫게 되었다. 지난주에 현수막 때문에 홍 팀장에게 야단을 맞은 것도 그렇고, 책을 사놓고 하루도 지나기 전에 결심이 흐트러진 것, 모두 작은 일이긴 하지만 실행력의 부족이 원인이었다. 마음먹은 순간, 그리고 해야 하는 그 순간에 하면 문제가 없는 것인데 그것을 잠깐의 편의를 위해 미루기 때문에 실행력에 지장이 생기는 것이라는 깨달음을 얻게 되었다. 우석은 다시 한 번 업무 수첩에 크게 실행이라 적어 넣었다. 그리고 그 옆에 '몽상가, 람보'라고 적어 넣었다.

시간을 지배하는
사람이 되라

어젯밤 늦게까지 내리던 비는 완전히 멈추고 완연하게 봄을 알리는 햇살이 기분 좋게 퍼져 있었다. 주말이 다가오고 있다는 생각이 우석을 들뜨게 만들었다.

우석에게 주어진 첫 번째 임무인 신규라인 증설 타당성 검토의 납기가 다가오고 있는데 우석은 아직도 갈팡질팡하고 있었다. 시간을 잘 관리하지 않으면 납기에 맞추기 어려울지도 몰랐다. 게다가 다음 주에는 전사 전략워크숍도 예정되어 있어 시간도 부족했다. 자칫 잘못하면 첫 번째 임무부터 어그러질 판이었다. 우석은 시간에 쫓기는 마음이 들어 초조하고 불안해졌다. 여차하면 주말에도 회사에 나와 일을 할 생각이었지만 가급적이면 제시간에 일을 마치고 싶었다.

사업부에서 보내온 자료를 검토하고 있는데 홍기훈 팀장이 옆자리의 조 대리를 찾았다. 중국 생산법인의 공장이전 검토에 대한 결과를 확인하기 위해서였다.

"뭐라고요? 아니 여태 준비가 안 되면 어떻게 합니까? 다음 주 전략 워크숍에서 그 내용도 공유를 할 생각인데 여태 준비가 안 되면 언제 마무리해서 발표한단 말이에요? 그 일 맡긴 지가 언젠데 아직까지 그러고 있어요?"

갑자기 홍 팀장이 언성을 높이며 조 대리를 몰아붙이기 시작했다.

"그게, 다음 주 전략워크숍 자료 준비하는 것도 있고 또 우석 씨 투자 타당성 검토하는 것도 도와줘야 해서…."

조 대리가 기어들어가는 목소리로 변명하는 것이 들렸다.

'응? 이건 또 무슨 소리?'

사실 신규라인 증설 타당성 검토와 관련해서는 오 과장이 잠깐 도와준 것 외에 조 대리는 별로 관여한 것이 없었다. 몇 가지 궁금한 것을 물어보았을 뿐인데 조 대리는 우석의 핑계를 대고 있었다.

"그건 그거고 맡은 일은 제시간에 끝내야 할 거 아니에요. 전략워크숍에서 발표할 자료니까 납기 꼭 지키라고 몇 번을 말했어요? 어쨌든 내일 오전까지 완료해서 보고하세요."

홍 팀장이 나가자 조 대리가 한숨을 푹 내쉬며 자리로 와 앉았다. 팀 분위기가 싸늘하게 가라앉았다. 우석은 자신이 야단맞은 것도 아닌데 마치 바늘방석에 앉은 것처럼 불편하게 느껴졌다. 언제 자기에게도 불똥이 튈지 몰라 우석은 얼른 전화기를 집어 들고 사업부 담당자의 번호를 눌렀다.

그날 오후 늦게 우석은 겨우 짬을 내어 사장이 보낸 편지를 열어 보았다.

여러분, 좋은 아침입니다. 여러 가지 일로 바쁘죠? 직장인들은 늘 바쁘기만 합니다. 또 정신없이 바쁜 직원들이 어떤 면에서는 부럽기도 합니다.

제 친구들은 대부분 현직에서 은퇴해서 이제는 시간적인 여유가 좀 생겼습니다만 젊은 시절에는 서로 한번 얼굴 보기도 쉽지 않았습니다. 무슨 일이 그리도 많은지 늘 일에 쫓겨 지냈고 시간이 부족했습니다.

왜 직장인들은 그렇게 바쁜 것일까요? 시대에 뒤처지지 않기 위해서는 공부도 해야 하고 책도 읽어야 하는데 그렇게 바쁘다면 과연 공부하고 책 읽을 시간이 있을까요? 그래서 오늘은 여러분에게 시간의 활용에 대해 얘기해 보고자 합니다.

앞서 여러분에게 일에 치여서 지내지 말고 일을 지배하라고 말씀드렸습니다. 기억하나요? 그런데 아무리 일을 잘한다고 해도 시간을 잘 관리하지 못하면 일을 지배하는 것이 아니라, 일에 치여 지낼 수도 있습니다. 늘 납기에 쫓기고 제때에 일을 마무리하지 못해서 일이 쌓이게 되고 그러다 보면 자주 야근에 시달리고 주말에도 일을 하기 위해 사무실에 나와야 하는 일이 반복되게 됩니다. 그래서 직장 생활을 성공적으로 하기 위해서는 시간을 잘 관리하는 것이 필수적입니다.

여러분들이 회사에서 보내는 시간은 하루에 얼마나 되나요? 우리 회사는 오전 9시에 출근해서 오후 6시까지 근무하도록 되어 있으니 하루에 9시간을 회사에서 보내도록 되어 있습니다. 그중 한 시간은 점심시간이니 실제로 근무하는 시간은 8시간입니다. 그런데 종종 보면 일이 많아 야근을 하는 분들도 많고 대부분은 정해진 시간보다 더 오래 근무하는 것 같더군요. 어떤 분들은 퇴근하는 시간에 저녁을 먹으러 몰려나가는 사람들도 있고, 어떤 경우에는 '월화수목금금금'이라고 말할 정도로 휴일 없이 일에 매달리는 직원도 있는 것 같습니다.

그런데 제가 재미있는 통계를 가지고 있는데요, 어느 통계 업체에서 우리나라 직장인 522명을 대상으로 설문조사를 했다고 합니다. 하루 근무 시간 중 업무와 상관없이 보내는 시간이 어느 정도나 되는지 조사한 것이죠. 그 결과 놀랍게도 평균 2시간 20분 정도를 업무와 관련 없는 다른 시간에 사용한다고 합니다.

인터넷 서핑, 게임, 잡담, 채팅, 쇼핑 등 업무와는 전혀 관련 없는 일을 하면서 시간을 보내는 것이죠. 그런데 이렇게 허투루 시간을 보낸 사람들의 대부분은 근무시간에 일을 안 한 탓에 늦게까지 남아 야근을 해야 하는 경우가 생긴다고 하는군요.

제가 이 말씀을 드리는 이유는 아무리 바빠도 시간을 제대로 활용한다면 야근이나 주말 특근을 하지 않고서도 주어진 일을 제시간에 마칠 수 있다는 것을 말씀드리기 위해서입니다.

하루에 두 시간, 세 시간씩 인터넷 서핑을 하고 관리자 몰래 눈치 보면서 게임을 한다면 실질적으로 일을 할 수 있는 시간은 그만큼 줄어듭니다. 하지만 해야만 하는 일이 있으니 늦게까지 남아서 일을 할 수밖에 없지요. 그런 사람들이 주위에는 늘 일이 많아서 바쁘다고 하소연하고, 시간이 없어서 공부를 못하겠다느니 핑계를 댑니다.

아무튼 이렇게 시간을 허투루 사용하게 되면 정작 일의 품질을 높이기 위해 그리고 자기 자신의 발전을 위해 써야 할 시간이 사라지게 됩니다. 시간이 부족하면 납기를 맞추기 위해 일을 엉성하게 할 수밖에 없고, 그에 비례하여 품질은 낮아질 수밖에 없습니다. 엉성한 업무 결과는 재작업을 불러올 가능성이 높습니다. 일이 더 늘어나는 것이죠. 그러면 시간은 더 부족해지게 됩니다. 자기 발전을 위한 공부나 책 읽기는 귀찮아지고 맙니다. 그럴수록 모처럼 시간이 나면 스트레스를 해소하기 위해 친구들을 만나거나 직장 동료들과 어울려 술을 마십니다. 이래저래 나쁜 쪽으로 흐르게 되는 것이죠. 그렇게 오랜 시간이 지나고 어느 순간 보면 직장 내에서 자신의 위치가 불안해지고 맙니다. 뒤늦게 후회해 보지만 다 소용없는 짓이죠.

많은 직장인들이 언제 해고당할지 몰라 불안해하는 이유도 바로 이런 것 때문입니다. 자신에게 주어진 시간을 일과 자기 계발에 할애하지 못하고 순간의 편함을 위해 생각 없이 흘려보냈기 때문에 나이가 들면 들수록 불안해지는 것입니다. 자신에게 주어진 시간을 허투루 흘려보내지 않고 자신의 계발을 위해 적극적으로 활용하였다고 하면 나이가 들었다고 해서 불안할 이유는 없죠.

적어도 나이 들어 불안한 삶을 살지 않기 위해서 시간을 효율적으로 활용하기 위한 몇 가지 방법을 말씀드리도록 하겠습니다.

먼저, 시간 활용의 첫 번째 원칙은 시간을 가급적이면 덩어리로 모아서 활용해야 한다는 것입니다.

막힘없이 시원하게 쭉 뻗은 고속도로를 달리는 차와 도심을 주행하는 차의 이동 거리는 고속도로의 차량이 시내 주행을 하는 차보다 똑같이 주어진 시간에 훨씬 먼 거리를 갈 수 있을 겁니다.

시내에서의 주행은 신호도 많고 교통량이 많아 정체 가능성도 있으므로 같은 시간을 가더라도 속도를 낼 수 없고 따라서 실제 달릴 수 있는 거리는 그리 많지 않을 수 있으니까요.

업무도 이와 마찬가지입니다. 업무를 할 때 주위의 방해 없이 해야 할 일에만 몰입하는 경우와 이런저런 다른 일들로 인해 자주 방해를 받는 경우의 업무 효율은 분명한 차이가 날 수밖에 없습니다. 몰입하지 못하면 그만큼 업무 효율이 낮아지고 업무 효율이 낮아지면 일을 처리해야 하는 시간이 길어질 수밖에 없게 되죠. 그래서 업무를 효율적으로 하는 방법으로 시간을 가급적 큰 덩어리로 묶어 활용하는 것입니다.

시간을 큰 덩어리로 묶어 활용한다는 것은 예를 들어 오늘 오후에 내부 회의가 한 건 예정되어 있고, 외부업체와의 회의가 한 건, 업무 결과 보고가 한 건 잡혀 있다고 해 보죠.

내부회의는 1시간, 외부업체와의 회의도 1시간, 보고는 30분 정도 소요된다고 하면 시간을 덩어리로 활용하는 경우에는 내부회의와 외부회의, 업무보고를 연이어 처리함으로써 나머지 시간은 업무에 집중할 수 있도록 하는 것입니다. 즉 1시부터 시작하여 두 건의 회의를 처리하고, 보고를 연이어 처리하게 되면 3시 30분경에는 모든 일들이 마무리될 것이고 이후 6시 퇴근 시간까지 2시간 30분 정도의 시간을 다른 일에 방해 받지 않고 집중하여 나의 일을 처리하는 데 쓸 수 있습니다.

그러나 오후 1시 30분에 내부회의, 3시에 다시 외부업체 회의, 5시에 보고 등으로 시간이 배치되어 있다고 가정해 보면, 이 경우 혼자서 자유롭게 일을 할 수 있는 시간은 오후 1시부터 1시 30분까지 30분, 회의가 끝난 후 2시 30분부터 3시까지 30분, 외부업체와의 회의가 끝난 후 보고가 있기까지 1시간, 그리고 보고가 끝난 후 30분 등이 될 것입니다. 총합은 2시간 30분으로 동일하지만 30분, 30분, 1시간, 30분 등으로 일을 할 수 있는 시간이 토막 나 있어 효율적으로 사용하기 어렵게 됩니다. 달아오를 만하면 멈추어야 하고, 다시 달아오를 만하면 멈추어야 하니 효율이 오를 리 없죠. 게다가 일을 할 수 있는 시간이 30분이라면 무언가 집중하기 어렵다는 생각, 그리고 다음 활동에 대한 준비 등으로 인해 아무것도 못한 채 시간을 흐지부지 흘려보낼 수 있습니다. 그 30분조차 제대로 활용하기 어려워지는 것이죠. 실제 이런 일들이 직장 내에서 수시로 일어나고 있습니다.

팀장이나 부서장과 같이 시간을 비교적 자유롭게 조절할 수 있는 위치에 있는 사람이라면 가급적 회의나 보고, 손님접대, 외출 등의 활동을 줄이거나 줄이기 힘들 경우 몰아서 함으로써 그 외의 시간을 덩어리로 뭉쳐서 쓸 수 있겠지만 여러분들처럼 자신이 시간을 자유롭게 활용할 수 없는 입장이라면 회의나 보고, 또는 업무협의 시간을 가급적 유리한 시간으로 변경해달라고 요청하거나 휴식시간 등 내가 자율적으로 활용할 수 있는 시간을 조정하여 가급적 덩어리 시간을 만들려고 노력해야 합니다.

두 번째는 일을 탁구처럼 하는 것입니다. 이 말은 해야 할 일을 빨리빨리 다른 사람에게 넘겨주라는 얘긴데요, 폭탄 돌리기 게임 해보았나요? 거기서 항상 폭탄이 터지는 사람은 그것을 들고 미적대는 사람입니다.

일을 빨리빨리 다른 사람에게 넘겨주라고 해서 자신이 해야 할 일을 회피하거나 책임을 다른 사람에게 떠넘기라는 말은 아닙니다. 어떤 일이 주어지면 누구의 협조가 필요한 일인지를 신속하게 파악하고 문제 해결에 필요한 키맨을 찾아 협조를 구하는 등 일의 완성에 도움을 줄 수 있는 사람들을 적극적으로 끌어들이고 초기 단계부터 그들에게 일을 의뢰하라는 것입니다. 자신이 오래 가지고 있어봐야 문제가 해결되지 않는 일이라면 신속하게 키맨들에게 일을 넘기는 것이 요령이죠. 만약 주어진 일이 전적으로 내가 해야 할 일이라면 받은 즉시 중요도에 따라 업무를 처리해야 하지만 회사에서 이루어지는 업무는 누군가의 도움을 받아 해결해야 하는 일들이 많으므로 그들에게 빨리 일을 넘기는 것은 그만큼 전체 프로세스를 빠르게 하면서 나의 업무 성과도 높일 수 있는 방안입니다.

세 번째는 일을 미루지 않는 것입니다. 가끔 귀찮은 생각이 들거나 몸이 피곤하면 오늘 할 일을 내일로 미루는 경우도 있고, 다음 주부터는 정말 열심히 하자고 마음먹으며 이번 주에 해야 할 일을 다음 주로 미루는 경우도 있습니다. 하지만 일을 해야 할 때 하지 않고 뒤로 미루게 되면 시간이 더 오래 걸릴 가능성이 큽니다. 미루는 것만큼 나쁜 습관은 없는데 한 번 일을 미루게 되면 시간이 지나면서 점점 더 그 일이 하기 싫어집니다.

일을 미루는 데는 여러 가지 이유가 있을 것입니다. 자신이 없을 수도 있고, 일을 어떻게 해야 할지를 모를 수도 있고, 지금 너무 바빠서 그 일을 들여다볼 시간이 없어서일 수도 있습니다. 무엇이 되었든 한 번 미루어 둔 일은 다시 꺼내 보는 것이 힘들어집니다. 당연히 업무효율은 줄어들 수밖에 없습니다. 오늘 할 일을 내일로 미루지 마세요.

네 번째는 불필요한 일을 버리라는 것입니다. 우리는 버려야 할 것을 버리지 못하는 경우가 너무 많습니다. 버리지 못하면 몸이 무거워질 수밖에 없고 몸이 무거우면 빨리 움직일 수가 없죠. 일도 마찬가집니다. 군더더기가 있으면 늦어질 수밖에 없습니다.

예를 들어 보기 좋은 클립아트나 배경 그림을 사용하여 화려하고 예쁘게 만든 표지는 시간 낭비일 뿐입니다. 보기 좋은 떡이 먹기에도 좋은 법이지만 보고서에 있어서만은 보기 좋은 떡은 시간만 잡아먹는 방해 요소일 뿐입니다.

우리나라 사람들은 선진국의 직장인들에 비하면 보고 장표가 화려하기 그지없습니다. 아무런 꾸밈없이 단 몇 개의 문장으로 문서를 만들고 설명하는 그들에 비해 얼마나 낭비적인가요?

우리 주위에는 아직도 하지 않아도 될 일들을 그대로 간직하고 있는 경우가 상당히 많습니다. 생산적이지 못한 회의, 형식적인 업무보고, 굳이 할 필요가 없는 업무지시, 시간 때우기 식의 업무 등 버려야 할 낭비 요인들이 곳곳에 넘쳐나고 있습니다. 스스로 자신의 낭비 요인들을 찾아 제거함으로써 보다 가치 있고 중요한 일을 하는 데 투입할 수 있는 시간을 늘리도록 해야 합니다. 이러한 불필요한 요소들을 제거하고 스마트하게 일을 처리함으로써 업무처리 역량을 높이고 시간을 활용할 수 있어야 하겠습니다.

다섯 번째는 오전 시간의 활용을 극대화하라는 것입니다. 사람마다 차이가 있을 수도 있겠지만 일반적으로 오후 시간에 비해 오전 시간이 업무 능률이 더 많이 오릅니다. 그러므로 오전 시간은 상대적으로 다른 사람들과의 인터페이스 없이 혼자 맡은 일에 전념하기 좋은 시간입니다. 따라서 오전 시간을 잘 활용하여 집중력 있게 업무를 처리하는 것이 바람직합니다.

그런데 오전 시간은 오후 시간에 비해 상대적으로 짧습니다. 9시에 출근하여 오후 6시에 퇴근한다면, 오전 시간은 3시간, 오후 시간은 5시간이 됩니다. 능률이 높은 오전 시간은 짧고 능률이 떨어지는 오후 시간은 상대적으로 긴 것이죠. 그러므로 보다 일을 효율적으로 하려면 오전 시간을 늘리고 오후 시간을 짧게 가져가는 것이 좋습니다.

오전 시간을 길게 활용하기 위해서는 일찍 일과를 시작하는 것이 좋습니다. 예를 들어 오전 9시 출근이라면 이를 앞당겨 오전 7시에 출근하면 오전 시간은 3시간에서 5시간으로 늘어나는 셈이죠. 다른 사람들보다 회사에 일찍 출근해서 조용하고 방해받지 않는 상태에서 일과를 시작하게 되면 그만큼 오전 시간이 길어지게 되고 집중할 수 있는 시간도 늘어나니 업무 능률도 최대로 끌어올릴 수 있습니다. 남들보다 일찍 출근해서 더 많은 시간을 근무한다고 해서 억울해할 것 없습니다. 그렇게 세이브한 시간을 업무효율이 떨어지는 오후 시간을 이용하여 자기 계발 활동에 사용하면 되니까요.

시간관리 전문가들은 이구동성으로 중요한 일을 우선적으로 처리하라고 조언하는데 오전에는 다른 시간에 비해 업무 집중이 잘 되고 업무 효율이 높으므로 중요한 업무는 가급적 오전에 처리하도록 하세요.

오전에 바짝 집중하여 중요한 일을 마쳐 놓고 나면 남는 것은 상대적으로 덜 중요하거나 다른 사람들과의 협업이 필요한 일들이 됩니다. 오후에는 그러한 업무를 중심으로 처리하면 됩니다. 혼자 해야 할 부분은 오전 중에 다 마무리하고 다른 사람들과 협업이 필요한 일은 오후에 함으로써 가급적 오전 시간을 활용하는 방안을 높이라는 것입니다.

마지막으로 여섯 번째 방법은 평소 부서장이나 선배 사원, 주위의 동료들과 대화를 많이 하라는 것입니다. 대화와 시간관리가 무슨 상관이냐고 하겠지만 대화를 자주 해서 윗사람이 지시하는 일의 의도를 정확히 파악하고 주변 동료가 나의 의도를 정확히 파악하도록 함으로써 엉뚱한 일을 하고 재작업으로 인한 시간낭비를 최소화해야 한다는 뜻입니다.

신입 사원들의 경우 일을 하다 보면 자주 지시한 일을 정확히 이해하지 못해서 원점으로 돌아가는 일이 발생하곤 하는데 이는 일을 시킨 사람이나 지시를 받고 일을 한 사람이나 모두 손해입니다. 그만큼 시간을 헛되이 써버렸기 때문이죠. 그런데 이러한 오류는 기본적으로 대화의 부족과 소통의 방법이 잘못된 데 있습니다. 그러므로 평소 상사나 선배 사원, 주위 동료들과 대화를 자주 나누면 그러한 의사소통의 오류로 인해 발생하는 재작업을 줄일 수 있게 됩니다.

제 경험을 바탕으로 말씀드렸습니다만 중요한 것은 여러분 스스로 시간을 지배하려고 노력해야 한다는 것입니다. 다시 말씀드리지만 시간을 지배하는 사람은 자기 업무를 자신이 원하는 대로 여유 있게 끌고 갈 수 있지만 그렇지 못한 사람은 일에 치여 지내게 됩니다. 그러므로 좀 더 적극적으로 자신에게 주어진 시간을 내 것으로 만들려고 노력하기 바랍니다.

대표이사 조원석

사장의 편지를 다 읽고 난 우석은 업무 수첩을 펼쳐 사장이 제시한 시간관리의 여섯 가지 꼭지를 수첩에 기록하였다. 앞으로 일을 할 때마다 한 번씩 펼쳐보고 머릿속에 되새겨 둘 생각이었다. 직장 생활을 30년이나 한 사장의 경륜에서 우러난 충고이니 잘 알아두고 따른다면 시간을 관리하는 데 도움이 되지 않을까 싶었다. 마지막 문장을 적고 수첩을 덮는 순간 홍기훈 팀장이 자신을 찾는 소리가 들렸다.

　　"네. 갑니다."

　　우석은 큰 소리로 대답하며 업무 수첩을 들고 자리에서 일어섰다.

브레이크를
잘 활용하라

직장인에게 금요일은 늘 즐겁다. 벌써 부서에 배치받은 지 4주가 지나고 있었다. 사무실과 전략기획팀의 분위기에도 어느 정도 적응이 되어 가고, 직장 생활에도 편안함을 느낀다. 비록 몇 번의 작은 실수로 인해 야단을 맞긴 했지만 그래도 늘 엄하면서도 자상하게 대해 주려고 하는 팀장과 선배 사원들 덕분에 우석은 직장 생활이 즐거웠다.

'오늘은 불금인데 뭘 하지?' 우석은 출근길에 무엇을 할까 떠올려 봤다. 정신없이 많은 것을 습득해야 할 신입사원의 삶을 사느라 친구들과 연락도 하지 못했다는 생각이 들자 갑자기 친구들이 보고팠다.

'녀석들, 다들 뭘 하면서 지낼까? 오늘은 대학 친구들이랑 술 한잔

하고 내일은 놀이공원에나 가야겠다.'

평소보다 일찍 귀가해서 주말 이틀을 푹 쉴 생각을 하니 우석의 발걸음이 가벼워졌다. 오늘이 사장의 마지막 편지인지도 모른 채 무심코 메일을 클릭했다.

여러분 안녕하세요. 즐거운 금요일입니다. 어느덧 여러분이 부서에 배치받고 직장 생활을 시작한 지도 한 달이 지났네요. 여러분들도 직장 생활에 서서히 익숙해지고 있으리라 여겨집니다.

제가 여러분에게 드리는 편지는 오늘이 마지막입니다. 저는 다소 아쉬움이 남는데 여러분들은 어떤지 모르겠네요. 오늘은 꼭 해주고 싶었던 이야기를 여러분에게 들려주려고 합니다.

여러분들 중에는 차를 가지고 있는 사람들이 많겠지만, 저는 입사한 지 10년 정도 지나 과장이 되어서야 겨우 차 한 대를 구입할 수 있었습니다. 하지만 요즘은 소득수준도 올라가고 차에 대한 개념 자체가 바뀌어서 그런지 젊은 사람들도 좋은 차를 많이 가지고 다니더군요.

그런데 차를 사면 보통 몇 년이나 사용하나요? 아마 잘 관리한다면 10년 정도는 문제없이 쓸 수 있을 겁니다. 쉽게 싫증을 느끼는 사람들은 자주 바꾸기도 하지만요.

그런데 만일 하루 24시간, 1년 365일 동안 쉬지 않고 차를 사용한다면 10년을 쓸 수 있을까요? 아마도 어려울 겁니다. 여기저기 고장 나는 곳도 많고 부품도 마모되어 제 기능을 하지 못하겠죠. 차를 10년 이상 쓸 수 있는 것은 자주 휴식을 취하고 고장 나거나 마모된 부품을 제때 교체하며 문제가 생기기 전에 미리미리 관리를 하기 때문입니다.

여러분의 직장 생활도 마찬가지입니다. 직장 생활을 통해 성공을 이루기 위해서는 남들보다 치열하게 고민하고 열심히 뛰어야 합니다. 자기 자신을 위해서도 투자를 많이 해야 합니다. 일도 열심히 해야 하지만 책도 많이 읽어야 하고 공부도 게을리해서는 안 됩니다. 그러나 지나치게 앞만 보고 달리면 오래갈 수 없습니다.

여러분의 직장 생활은 마라톤에 비교할 수 있을 겁니다. 마라톤은 일정한 속도로 무리하지 않고 오랫동안 달려야만 하는 경기입니다. 초반에 지나치게 욕심을 내서 앞으로 치고 나간다고 해서 우승을 장담할 수는 없습니다. 초반의 지나친 욕심은 실패를 가져올 확률이 높습니다. 앞으로 30년 가까운 세월 동안 직장 생활을 해야 하는데 초반부터 무리하게 몰아붙인다면 아무리 끈기 있는 사람이라고 해도 골인 지점에 이르지 못한 채 어느 순간 지쳐 버리고 말 것입니다. 지쳐서 경쟁에서 뒤떨어지지 않기 위해서는 열심히 노력하는 것만큼 브레이크를 잘 활용할 줄 알아야 합니다. 즉 휴식을 잘 취해야 한다는 거죠. 휴식을 통해 지친 몸과 마음을 추스르고 재충전을 통해 앞으로 달려나갈 원기를 보충해야 합니다.

여러분도 잘 알고 있는 두 나무꾼 얘기를 들려드리는 게 좋을 것 같습니다.

두 나무꾼이 나무를 하고 있었습니다. 한 사람은 이른 아침부터 저녁까지 단 한 순간도 쉬지 않고 열심히 일만 했습니다. 쉴 새 없이 도끼질을 했고 꾀부리지 않고 정말 성실하게 일했습니다. 반면 옆에서 같이 일하던 나무꾼은 중간중간 휴식도 취하며 느긋하게 나무를 베었습니다. 그렇게 일주일이 지나서 서로 벌목한 나무의 양을 비교해 보았습니다.

쉬지 않고 일만 한 나무꾼은 당연히 자신이 벌목한 나무가 더 많을 것이라고 기대하고 있었습니다. 하지만 실제로는 쉬엄쉬엄 일한 나무꾼의 양이 더 많았습니다. 그 나무꾼은 열심히 일하지 않은 것같이 보였지만 쉴 때마다 체력을 보충하고 무뎌진 도끼날을 날카롭게 갈면서 재충전의 시간을 보냈던 겁니다.

두 나무꾼의 예를 들었지만 쉴 새 없이 일을 한 나무꾼은 스스로 역량이 바닥나지 않도록 꾸준히 관리하고 충전해 주었어야 하는데 일에만 몰두하다 보니 그러지 못한 것이죠. 안타깝게도 이런 분들은 경쟁에서 밀려날 가능성이 높습니다.

그리고 경쟁에서 밀려나는 순간 '내가 이 회사를 위해서 얼마나 열심히 일했는데 어떻게 나한테 이럴 수가 있어?' 하면서 분노를 느끼게 됩니다.

분노의 단계를 넘어서면 절망의 단계로 이릅니다. 정말 안타깝고 가슴 아픈 일이죠. 하지만 냉정하게 말하자면 스스로를 관리하지 못한 본인의 책임이 크다고 할 수밖에 없을 겁니다.

여러분은 기계가 아닙니다. 기계는 창조적인 활동을 할 수 없습니다. 기계는 사전에 정해진 대로, 프로그램된 대로 움직일 뿐입니다. 그것을 벗어나는 일이 없습니다. 만일 기계가 이미 세팅되어 있는 역할을 벗어나 새로운 행동을 하게 된다면 그건 고장이 됩니다.

그러나 여러분은 사전에 정해진 대로 움직이기만 해서는 안 됩니다. 늘 새로운 길을 찾고 새로운 방식으로 사고하고 행동하려고 노력해야 합니다. 기계처럼 이미 세팅되어 있는 대로만 움직이면 그것 역시 고장입니다.

새로운 사고나 새로운 문제 해결 방법을 떠올리는 것, 새로운 아이디어를 끄집어내는 일은 모두 창조적인 활동이고 기계가 할 수 없는 일입니다. 그래서 여러분들은 늘 창조적인 사고를 하고 창조적인 활동을 하려고 노력해야 합니다.

창조적인 사고는 책상 앞에 앉아서 늘 하던 방식대로 열심히 한다고 해서 떠오르는 것이 아닙니다. 여러분도 그런 경험이 있겠지만 무언가 꽉 막혀 있던 문제가 어느 순간 번쩍하고 해법이 떠올랐던 순간이 있지 않나요? 그게 어느 순간이었던가요?

대부분 좋은 아이디어는 일에서부터 멀어져서 일을 잊어버릴 때 떠오르는 경우가 많습니다. '유레카'를 외쳤던 아르키메데스는 휴식을 취하기 위해 찾아간 목욕탕에서 부력의 원리를 발견했습니다.

최근 뇌 과학 분야에서 떠오르는 석학으로 인정받고 있는 미국 노스웨스턴 대학의 애덤 웨이츠 교수에 의하면 인간의 뇌는 초월적인 능력을 발휘할 수 있는데 이는 의식적으로 머리를 쓰지 않아도 획기적인 아이디어를 떠올리는 힘이라고 합니다.

이렇게 갑자기 깨달음을 얻고 혁신적인 아이디어를 떠올릴 수 있는 것을 '유레카 모멘트'라고 하는데 뇌 안에는 이러한 작용이 가능하도록 하는 영역이 있으며 그것은 뇌의 뒤편(후두엽)에 자리 잡고 있다고 합니다.

애덤 웨이츠 교수는 이 부분을 '디폴트 네트워크'라고 부르며 평상시의 익숙한 일이나 구체적인 목표에 집중하지 않고 우리의 마음이 다른 시간과 다른 장소를 자유롭게 넘나들도록 할 때 활성화된다고 합니다. 즉 익숙하고 반복적인 일로부터 벗어날 때 활성화된다는 것이죠. 또 그는 디폴트 네트워크를 더욱 활성화시키기 위해서는 여행을 하거나 구글의 '20% 타임' 또는 3M의 '15% 룰'처럼 기존 업무로부터 단절되는 시간을 가질 필요가 있다고 말합니다.

구글의 '20% 타임'은 일주일 중 하루는 업무와 관계없이 창의적인 일에 시간을 할애하는 제도이고, 3M의 '15% 룰' 역시 자신의 업무 시간 중 15%를 창의적인 일에 집중하도록 하는 제도입니다.

위의 연구 결과는 평소의 낯익은 환경에서 벗어나 낯선 환경을 접하게 되면 뇌는 자극을 받아 '디폴트 네트워크'가 활성화되고 그로부터 창의적인 아이디어가 떠오를 수 있다는 것입니다.

여러분들이 바쁜 일상에서 벗어나 자주 휴식을 취해야 하는 이유도 바로 여기에 있습니다. 늘 하던 일에 파묻혀서 지내다 보면 뇌가 새로운 것을 떠올릴 수 있는 환경이 갖춰지지 못하게 되고 매일 똑같은 생각밖에 할 수 없게 됩니다. 그러나 하던 일을 멈추고 일에서 벗어나 새로운 환경을 접하게 되면 뇌가 무의식중에 좋은 아이디어를 떠올릴 수 있는 가능성이 높아지는 것이죠.

우리 회사는 6시 정시 퇴근을 시행하고 있습니다. 물론 부서에 따라 사람에 따라 야근을 하는 분들도 많이 있는 것으로 알고 있습니다만 원칙은 6시 정시에 퇴근하는 것입니다. 그 이유는 바로 지금까지 얘기했던 이유 때문입니다.

여러분들이 일에만 매달리지 말고 충분히 휴식을 취하고 스스로를 충전시킬 수 있는 활동을 통해 지치거나 방전되지 않고 결승점까지 오래 달리라는 의미입니다.

앞서 얘기했지만 브레이크 없이 달리는 자동차는 오래갈 수가 없습니다. 그래서 열심히 일하는 것만큼 효율적으로 휴식을 취해야 한다는 것도 명심하기 바랍니다.

휴식을 취하기 위해서는 무언가 버릴 줄도 알아야 합니다. 사소하고 중요하지 않은 것들까지 손에 꼭 쥐고 놓지 않으려고 하면 휴식을 취할 수 있는 시간도, 마음의 여유도 가질 수 없습니다. 불필요한 것은 모두 버리세요. 그리고 자신을 위해서, 자신의 재충전을 위해서 활용하기 바랍니다.

그런데 정시 퇴근제를 도입하면서 아쉬운 것도 있습니다. 그것은 자신에게 도움이 되는 활동들을 찾아서 자기 계발을 하고 자신을 충전시키라는 의미입니다. 그러나 많은 사람들이 아직도 그 취지를 제대로 이해하지 못하고 안타깝게도 여가 시간을 제대로 활용할 줄 모르는 것 같습니다.

급격한 산업화 시대를 거치면서 '빨리빨리' 문화가 자리 잡았고, 주어진 일을 빨리하려면 일에만 몰두할 수밖에 없었으며, 시간의 여유가 없으니 오로지 술과 유흥으로만 스트레스를 해소하려고 했던 것이죠. 아직도 이러한 잔재가 남아 있다 보니 시간이 주어지면 그 시간을 어떻게 해야 할지 몰라 우왕좌왕합니다. 마치 어린아이가 낯선 물건을 손에 쥐고 어찌할 줄 모르는 것처럼 말입니다.

여러분에게 주어지는 시간을 의미 있게 활용하세요. 친한 친구들과 어울려 여행을 하거나 등산을 하는 것도 좋습니다. 금요일 밤에 떠나 월요일 새벽에 도착하는 짧은 해외여행을 떠나는 것도 좋습니다. 낯선 환경에 노출되면 그만큼 뇌가 활성화되어 좋은 아이디어가 떠오를 가능성이 높으니까요. 또는 스포츠 동아리 활동을 해도 좋습니다. 무엇을 해야 한다고 딱히 정해져 있는 것은 아니므로 무엇이든 좋습니다.

다만 한 가지, 가급적 휴식을 취할 때는 자신의 일과 관련되어 있는 분야로부터 멀리 떨어진 것을 선택하라는 것입니다. 마케팅 업무를 담당하고 있는 사람이 주말에 마케팅과 관련된 스터디 모임을 한다고 하면 업무에는 도움이 될지 모르겠지만 재충전의 차원에서는 그리 바람직해 보이지는 않습니다. 여러분들은 창의적이라는 말을 어떻게 받아들일지 모르겠지만 인간의 뇌는 구조적으로 무에서 유를 창조할 수 없게 되어 있다고 합니다. 그래서 좋은 아이디어는 이미 누군가 만들어 놓은 것을 보고 더 좋은 생각을 떠올리는 것입니다.

예를 들어 아주 오래전 어느 날, 산꼭대기에서 돌이 굴러 내려가는 것을 보고 누군가 돌을 둥글게 깎아 돌바퀴를 만들었고 다시 그것을 보고 좀 더 가볍고 만들기 쉬운 나무바퀴를 만들고, 다시 그것에 고무를 씌워 탄력을 보강하고, 나무 이외에 좀 더 단단하고 가벼운 재료를 사용하여 새로운 형태의 바퀴를 만드는 과정을 되풀이하면서 오늘날의 자동차나 자전거 바퀴가 만들어진 것입니다.

창조적인 아이디어는 문을 걸어 잠그고 혼자 머리 쥐어뜯으며 끙끙거린다고 해서 나오는 것이 아닙니다. 그것은 이미 누군가가 만들어 놓은 것을 잘 관찰하고 분석함으로써 나올 수 있습니다. 그래서 재충전을 위해 휴식을 취할 때는 가급적이면 여러분들이 경험해 보지 못한 새로운 세계에 도전해 보는 것이 좋습니다.

마지막으로 한 가지만 덧붙이고자 합니다. 건강관리에 신경 쓰세요. 직장 생활에 쫓기다 보면 제대로 휴식을 취할 수 없어 잠이 부족해지거나 잦은 야근과 음주로 인해 몸이 상하는 경우가 많습니다.

대한민국 직장인들의 상당수가 온갖 정신질환에 시달리고 있고, 40대의 돌연사는 세계에서 1위라고 합니다.

몸이 건강하지 못하면 늘 피곤하고 만사가 귀찮아지며 성격이 예민해져서 작은 일에도 지나치게 반응할 때가 많아져 주위에서 '까칠한' 사람이라는 평을 들을 수가 있습니다. 속으로는 그렇지 않은데 몸이 피곤하다 보니 겉으로 드러난 반응이 달라질 수 있는 것이죠. 그렇게 까칠한 사람으로 인식되면 인간관계에 좋지 않은 영향을 받을 수 있습니다. 직장 생활을 하면서 인간관계가 좋지 못하면 언젠가는 그것에 발이 걸려 자빠질 수 있습니다. 인간관계뿐 아니라 업무에도 집중할 수 없게 되겠죠. 그러니 비록 바쁘고 힘들다고 해도 꼭 운동과 휴식은 거르지 말기 바랍니다.

4주에 걸쳐 여러분에게 편지를 쓰면서 저는 참 즐겁고 행복했습니다. 저도 신입 사원들에게 편지를 써 본 것이 처음이고, 제 편지를 받아본 신입 사원도 여러분이 처음입니다. 그렇기에 제가 보내는 편지에 많은 애정을 가지고 있었고 여러분이 근무하는 회사의 대표로서 그리고 30년을 먼저 직장 생활을 경험한 선배로서 어떤 말을 해 주는 것이 좋을까 고민을 많이 했습니다. 부디 제 편지가 여러분이 앞으로 정글 같은 직장 생활을 해나가는 데 많은 도움이 되길 진심으로 바랍니다.

여러분 모두의 앞날에 큰 영광이 있길 바랍니다. 감사합니다.

대표이사 조원석

메일을 닫으며 우석은 짧은 감상에 젖었다. 4주 전에 멋모르던 신입 사원의 모습으로 처음 편지를 읽기 시작했는데 그 사이에 4주가 훌쩍 지나 버렸다니….

낯선 세계에 첫발을 들여놓으면서 기대도 걱정도 많았는데 사장으로부터 직접 편지를 받는다는 것은 전혀 뜻밖이었다. 늘 멘토처럼 좋은 이야기를 들려주었고 아무것도 모르는 햇병아리들에게 어두운 면까지 가리지 않고 솔직한 이야기를 들려주어 늘 편지를 읽을 때면 많은 배움을 얻어가는 것 같았는데 이젠 더 이상 편지를 받을 수 없다니 아쉬웠다.

자리에서 일어나 커피를 한 잔 뽑기 위해 자판기를 향해 가면서 우석은 속으로 다짐하였다. 선배로서 아낌없이 조언해 주는 사장의 진심 어린 격려와 관심에 어긋나지 않도록 성공적인 직장 생활을 해나가겠노라고.

창밖으로 3월의 봄 햇살이 눈부시게 쏟아져 내리고 있었다.

40대, 다시 한 번 공부에 미쳐라

김병완 지음 | 284쪽 | 값 14,000원

이룰 수 있는 목표가 남아있는 젊은 나이 40대, 진짜 공부를 시작하자!
삼성전자에서 10년 이상 연구원으로 직장생활을 해온 저자 김병완이 자신의 경험을 바탕으로, 꿈을 포기해야 하는 가로 고민하는 40대들을 위해 세상의 빠른 변화와 흐름을 따라잡는 방법으로 '참된 공부'를 키워드로 제시하였다. 저자는 40대야말로 공부하는 사람이 갖추어야 할 조건을 제대로 갖춘 시기라고 말하며, 진짜 인생을 살기 위해 진짜 공부를 시작하라고 조언한다. 공부로 인생을 역전시킨 인물들의 이야기와 다양한 사례를 통해 공부로 인생의 참된 주인이 되는 법을 알려주고, 공부함으로써 인생에 끼치는 다양한 효과들을 소개한다.

그저 그런 20대를 보낸 사람이 30대에 변화하기 위해 알아야 할
좋은 습관 리스트 100

센다 타쿠야 지음 | 박은희 옮김 | 양장 | 236쪽 | 값 13,000원

당신의 인생을 업그레이드 해줄 좋은 습관을 기르자!
뇌는 어떤 자극도 주지 않고 가만히 내버려두면 일상적으로 반복되는 거의 모든 일을 무차별적으로 습관화시킨다. 이 무차별적으로 행동을 습관화하기 때문에 이른바 나쁜 버릇이 생긴다. 습관을 근절할 수는 없지만, 습관을 바꿀 수는 있다. 나쁜 습관을 좋은 습관으로 바꾸는 노력이 필요하다. 열망은 습관을 만드는 원동력이다. 열망을 자극하면 새로운 습관을 더 쉽게 형성할 수 있다. 하루아침에 습관을 바꾸고 또 새로운 습관을 쌓는 것은 절대 쉬운 일이 아니다. 원하던 계획대로 되지 않아 실패하더라도 실패해서 포기하지 않는다면 자신이 원하는 좋은 습관을 쌓을 수 있다.

성공하는 30대가 되기 위해 절대로 물들지 말아야 할 70가지 습관

센다 타쿠야 지음 | 유가영 옮김 | 양장 | 172쪽 | 값 12,000원

회사에서는 가르쳐주지 않는 사회인의 마음가짐!
회사에서는 잘 가르쳐 주지 않는, 하지만 모르고 있으면 손해인 사회인의 마음가짐에 대해 이야기하고 있다. 회사에서 성장하는 사람과 그렇지 못한 사람의 차이는 지능지수도 운도 아니다. 그렇다고 열심히 노력만 한다고 해서 누구나 성공하는 것도 아니다. 바로 24시간, 365일 무심코 하고 있는 사소한 습관이 결정타가 되는 것이다. 사회인으로서의 습관은 처음 사회인이 되었을 때부터 어엿한 한 사람 몫을 하기 시작하는 입사 5년차 때까지 형성된다. 이 책은 70가지 악습을 구체적으로 소개하며, 이러한 습관에 물들지 말고 책임감을 갖고 꿋꿋이, 주어진 일에 최선을 다해야 함을 강조하고 있다.

따르는 리더십: 빈자리를 채워주면서 마음을 이끄는 사람

정은일 지음 | 양장 | 276쪽 | 값 14,500원

이 시대를 살아가는 젊은이라면 누구나 한 번쯤은 읽어보아야 할 필독서!
리더가 도약하는데 필요한 깨달음의 3원칙을 흥미로운 기법으로 소개한 책이다. 적극적이고 성실하지만 대인관계의 어려움을 느끼는 김 팀장과 친화력이 좋지만 실적 앞에서는 고개를 들지 못하는 이 팀장의 작전타임을 통해 다양한 리더십 스타일을 배우게 된다. 리더십의 품격이 높아지는 과정, 가족관계나 직장에서의 관계들이 원활하게 소통되는 과정을 풀어냈다.

신뢰가 실력이다

존 더글라스 지음 | 최유리 옮김 | 356쪽 | 값 15,000원

인간관계의 성패를 결정하는 신뢰를 얻는 비결!
인간관계 분야 최고의 강좌라고 찬사를 얻고 있는 카네기 강좌 코스 중 '사람의 신뢰를 얻기 위한 강좌'를 수
강하는 사람들의 생생한 사례와 경험을 수록하였다. 신뢰를 얻기 위한 여행을 떠나고 있는 이 책은 사람들
마음속에 심어야 할 꽃씨는 무엇이며 어떻게 준비해야 하는지 어떻게 심어야 하는지 등을 알려준다.

실행만이 살 길이다

김이율 지음 | 양장 | 278쪽 | 13,000원

망설이다가 후회와 자책만 남기기보다는 과감히 결단하고
자신의 선택에 확신하고 행동하라!
지나친 망설임은 새로운 일을 시작하는 데 방해가 된다. 망설이다가 후회와 자책만 남기기보다는 과감히
결단하고 자신의 선택에 확신하고 행동하는 것이 좋다. 설령 실패한다 해도 망설이다가 아무것도 하지 않
는 것보다는 훨씬 가치 있다. 이 책은 결단과 실행이 바로 인생을 바꿀 것이라 조언한다. 지나친 망설임은
새로운 일을 시작하는 데 방해가 된다. 망설이다가 후회와 자책만 남기기보다는 과감히 결단하고 자신의
선택에 확신하고 행동하는 것이 좋다. 행운과 성공은 망설임을 거부하는 용기 있는 자에게 찾아온다. 설령
실패한다 해도 망설이다가 아무것도 하지 않는 것보다는 훨씬 가치 있다. 결단과 실행이 바로 당신의 인생
을 바꿀 것이다.

20대 변화해야 할 사고방식 50가지

김시현 지음 | 260쪽 | 12,000원

개미지옥에서 탈출하기 위해 20대가 탑재해야 할 생각 혁명!
20대는 온몸에 '뜨거운 생각'이 흐르게 해야 한다. 생각은 모든 것을 바꿀 수 있는 엄청난 파괴력을 지닌 도구
다. 제대로 생각하는 법만 배울 수 있다면 그대가 원하는 대로 살 수 있게 될 것이다. 하지만 정작 생각의 중
요성은 외면한 채 스펙에 매달리고 취업 전쟁에 시달리느라 기성세대에게서 주입된 잘못된 생각이 바뀌어야
할 것이라는 것도 모른 채 힘겨운 개미지옥의 일상을 살아가고 있다.
미래의 주인공은 20대다. 아무리 세상이 미치고 날뛰어도 나이가 많은 사람들은 일찍 세상을 뜨게 되어 있
다. 지금까지 기성세대가 그대들에게 주입한 패배자의 생각은 과감하게 휴지통에 폐기 처분하라. 기성세대
가 만든 암울한 세상을 반복하고 싶지 않다면 20대, 그대들이여! 항상 깨어 있어라. 생각의 방향을 바꿔라!

하루하루 인생의 마지막 날처럼 살아라

이대희 지음 | 함께북스 | 320쪽 | 값 14,500원

날마다 오늘이 당신의 맨 마지막 날이라고 생각하라.
날마다 오늘이 맨 처음 날이라고 생각하라.
《하루하루 인생의 마지막 날처럼 살아라》는 유대인의 탈무드를 한국인의 시각에서 정리한 책이다. 탈무드
는 유대인의 책이지만, 모든 인간에게 해당되는 보편적인 진리의 내용을 담고 있다. 이미 잘 알려진 탈무드
의 짧은 격언을 오늘의 삶에 적용하고 대안을 찾는 방식으로 정리했다. 이 책을 통하여 5천 년의 역사를 갖
고 있는 한국인에게도 유대인의 탈무드 교육과 같은 놀라운 시도가 시작되길 기대한다.